시설사회

표지 설명
시계 방향으로 90도 돌린 한 장의 사진이 표지 전면을 채우고 있다. 강에 놓인 다리 위로 열차가 지나가는 회색빛 도시의 전경이다. 표지 좌측에는 다리를 떠받치는 콘크리트 구조물들이, 표지 중앙에는 위아래로 길게 뻗은 다리 위를 건너가는 열차가 보인다. 표지 우측에서는 수많은 아파트가 강 건너편을 가득 메우고 있다. 좌측 상단에서 우측 하단으로 문구가 흘러내리듯 배치되어 있다. '시설사회', '우리는', '시설이라는', '폭력적인 운명을', '거부한다', '장애여성공감 엮음', '와온' 순이다.

시설사회

우리는

　　시설이라는
　　　폭력적인 운명을

　　　　　　거부한다

장애여성공감 엮음

와온

일러두기
단행본에는 『 』를, 정기간행물에는 「 」를 사용했다.
논문, 보고서, 결정문, 선언문, 영화, 예술작품에는 〈 〉를,
언론사, 프로젝트, 행사, 사업에는 《 》를 사용했다.

책머리에

근대 국가의 출발과 함께 수용의 역사는 시작되었다. 시대의 흐름에 따라 사회가 변화하면서 '시설'에 수용될 필요가 있는 사람들이 조금씩 변했을 뿐이다. 장애여성공감은 장애인 거주시설이 폐쇄되어야 한다는 굳은 믿음으로, 다양한 '비정상인'을 시설화 施設化하는 양상을 살피며 '장애여성'을 찾아내야겠다고 생각했다. 장애여성이 경험하는 것과 같은 사회적 배제, 보호를 가장한 격리, 폭력과 착취가 일어나는 현장을 찾아 무급 노동을 하며 은폐되는 존재들, 권리의 주체가 아닌 사람들, 특별히 통제당하는 정체성을 가진 이들을 만나려 한 것이다. 이를 위해 시설화를 역사적으로, 구조적으로, 현재적으로 경험하고 있는 집단에 만남을 청했다. 이 만남에 응한 사람들과 함께 2018년부터 간담회를 진행했고(2020년 현재도 진행 중이다), 그들 대부분이 이 책의 필자가 되었다.

장애여성공감은 '시설사회'라는 말을 포착하여, 이 책을 관통하는 문제의식을 담아 보려고 한다. 고병권은 "삶에 대한 포기가 존재하고 생명에 대한 관리를 누군가에게 의탁해야 하는 사회는 '시설' 사회"[1]라고 규정한다. 그는 시설은 번지수를 가진 물리적 장소이지만, 장애인이 거기에 들어가는 순간 '자립할 수 없는 존재', '버림받은 존재'라는 낙인이 부여되는 도덕적 장소라는 점에서 구별된다고 말한다. 그리고 장애인을 시설로 보내고, 거기서 살/죽게 하는 권력은 국가와 자본, 가족의 신성 동맹을 통해서 만들어진다고 주장한다. 가족의 '포기'를 통해서 장애인이 시설로 이동하지만 그것은 국가의 배치를 통해서 가능해진다. 국가는 그 안에서 벌어지는 학대와 폭력에 눈감음으로써 치외법권 지대를 만들어 낸다. 또한 시설 내 거주인을 일정 수로 유지함으로써 그의 상품성을 발견하고 '보호노동'을 강제한다. 이때 얻게 되는 이익은 사회 전체의 경제적 이익을 증진시킨다는 이유로 정당화된다.

이 책은 교차적intersectional 관점을 견지함으로써, 가족(집), 도시, 보호소 등의 장소에서 장애인뿐만 아니라 구체적으로 누가 어떻게 시설화되는지 드러내고 다양한 얼굴과 이름으로 억압의 구조를 증언할 것이다. 또한 일라이 클레어Eli Clare가 제시

1   고병권, 『살아가겠다: 고병권이 만난 삶, 사건, 사람』, 삶창, 2014, 80쪽.
2   일라이 클레어, 『망명과 자긍심: 교차하는 퀴어 장애 정치학』, 전혜은·제이 옮김, 현실문화, 2020, 28-35쪽.

한 "다중 쟁점multi-issue적 사유"[2]를 통해서, 시설을 만들고 유지해 온 억압에 대항하기 위해서 어떠한 정치적인 비전과 실천이 필요한지 모색할 것이다. 이를 통해 시설의 문제를 가족 사이, 혹은 종사자와 거주인 사이의 갈등과 학대의 문제로 축소하는 것에 맞서고, 시설을 만들어 그곳에서 살아야 하는 사람을 배치함으로써 시설 밖의 사회를 정상화하는 권력에 대항하려고 한다. 그것을 위해서 우리는 장애인 해방 담론과 정치뿐만 아니라 페미니즘, 퀴어 이론, 반차별 담론, 국가와 자본의 폭력에 맞서는 인권 규범과 반자본주의적 기획과도 연결되고자 한다. 가족, 특히 여성에게 돌봄노동을 전가하는 것에 맞섬으로써 장애인을 시설로 보내는 가족의 '선택'에 새롭게 문제를 제기하고, 시설 폐쇄 후 일자리를 잃을 시설 종사자의 노동권에 대해서는 시설권력이 책임지게 함으로써 종사자와 거주인의 갈등을 다르게 만들 것이다. 장애인과 활동지원사의 관계를 바우처로 묶어 소비자와 취약한 노동자로 만드는 권력에 저항하여 모두가 해방되는 관계를 지향할 것이다.

●

이 책은 5부로 구성된다. 1부 '가족', 2부 '도시', 3부 '보호소'는 이 책에서 주목하는 시설화된 장소이다. 가족은 사회의 기본 단위로서 자본주의 경제의 재생산을 위해 기능적인 역할을 수행하길 기대받는다. 하지만 돌봄노동에 대한 무급화를 통해, 가족

내에서 가사·돌봄을 전담하는 존재와 돌봄을 받는 존재는 시설화된다. 가족 안에서 생존과 보호가 담보되지 못한 이들은 탈가정하여 거리나 보호소로 이동하게 된다. 도시에서 주거나 이동수단을 확보하기 어려운 이들은 '보이지 않는 감옥'에 갇힌 상태에 놓이고, 폭력에 쉽게 노출되며, 위험한 환경에서 장시간 노동하면서 심신의 건강이 심대하게 파괴되는 상황에 몰린다. 도시에서 생존이 어려운 이들에게 국가가 제시하는 것은 보호소이다. 다른 선택지를 갖지 못한 이들이 '무능력'과 '취약성'을 이유로 모여 집단적으로 거주할 때 관리자와 위계가 발생하고, 필연적으로 규율과 통제, 폭력이 뒤따른다. 보호소는 가족으로부터 버림받은, 노동시장으로부터 밀려난 이들이 선택할 수 있는 최후의 보루가 아니다. "국가가 취약한 시민을 지원하기 위해서 만든 정책이 오히려 사회로부터 배제와 고립을 만드는 원인이다."[3]

4부 '담론과 제도', 5부 '저항의 현장'에서는 법제도가 어떻게 시설사회를 구축하는지 밝혀내고 이에 대항할 수 있는 담론을 형성한다. 또한 시설화된 장소에서 살아가는 존재들의 경험을 바탕으로 현장에서 어떠한 저항이 일어나고 있는지에 주목한다. 시설사회를 구축하고 유지해 온 법과 질서를 바꾸기 위해서는, 법제도가 구획해 놓은 배제와 격리의 장소에서 길어 올린

---

[3] 브렌던 글리슨 지음, 『장애의 지리학』, 최병두·임석회·이영아 옮김, 그린비, 2020, 267쪽.

문제의식을 가지고, 그 현장에 존재하는 사람들의 목소리를 통해서 저항하는 것이 필요하다. 시설 안팎의 존재들이 어떻게 동료시민으로 관계 맺으면서 시설사회를 변화시키는 주체가 될 수 있는지 질문함으로써, 물리적인 시설뿐만 아니라 보이지 않는 감금을 두드리는 몸들이 되고자 한다.

●

이 책은 장애여성공감 장애여성독립생활센터 [숨]이 제안한《IL과 젠더 포럼》에 참여한 활동가와 연구자가 없었다면 쓰일 수 없었다. 그들은 장애인 시설에서 잘 보이지 않던 장애여성을 비롯한 은폐된 존재를 함께 찾아 나서자는 막연하고 막막한 제안에 응해 주었다. 법제도가 구획한 각각의 정책에 대응하는 활동으로는 시도하기 어려웠던 새로운 상상을 나누었고 용기를 얻었다. 그리고 청소년, 한부모, 난민, 노숙인 등을 지원하는 활동이, 시설사회를 정상화하지 않고 그것을 부수며 나아가기 위해 동료들을 절실하게 원하고 있다는 점을 확인했다.《IL과 젠더 포럼》과 산담회에 참여한 활동가와 연구자 중에서 필자로 함께 하지 못한 이들에게도 계속 시설사회에 저항하는 동료로 연결되길 바라는 마음을 전한다.

　기획팀에서 함께 이 결과물을 만들어 온 장애여성공감의 전/현직 활동가 중 글을 싣지 않은 김난슬, 김다정, 이은지, 이진희, 장은희, 조경미, 진성선의 수고도 빼놓을 수 없다. 같이 운동의 현장을 일구고 담론을 만들어 가는 장애여성공감 모든 구성원에게 감사드린다.

또한 이 책의 상당 부분은 장애인 언론《비마이너》를 통해서 발표된 글이다. "교차적 관점으로 시설화 비판하기"라는 제목으로 연재할 수 있도록 소중한 지면을 허락해 준《비마이너》에 깊이 감사드린다. 최한별 전 기자와 강혜민 편집장의 독려와 지지, 정성스러운 편집이 없었다면 출간 작업으로 이어가는 데 많은 어려움을 겪었을 것이다.

마지막으로 출판을 제안하고, 21명의 필자가 글을 마감할 수 있도록 인내심을 가지고 기다려 주고, 적절하고 사려 깊게 수정 방향을 제시해 준 와온 출판사의 하늘 편집자에게 존경과 감사를 전한다. 더듬더듬 길을 찾아가면서 조심스럽게 써 내려갔던 고민들이 좀 더 정갈한 언어로 기록되고, 좀 더 많은 이들에게 전해질 수 있도록 책을 만드는 편집자의 태도를 만나면서 우리의 자세를 고치게 된다.

●

코로나19 시대를 통과하고 있는 지금, 취약한 사람들이 함께 살고 있는 거주시설은 전 세계적으로 그 어느 때보다 위험한 장소가 되었다. 청도대남병원 폐쇄병동에서 발생한 집단감염과 죽음은 코로나19가 비춘 시설사회의 적나라한 단면이다. 청도대남병원의 첫 번째 사망자는 무연고자였고, 폐쇄병동에 20년 넘게 입원 중이었다. 두 번째 사망자는 다른 병원으로 이송되는 과정에서 숨을 거두었는데, 그것이 15년 만의 외출이었다. 지금은 '사회적 거리 두기', '생활 속 거리 두기'라고 이름 붙은 예방 수칙을 지킴으로써 시민들이 서로를 보호하려고 애쓰고 있지만, '접촉과 거리 두기'에 대해 새롭게 정의하지 않으면 코로나19 이후 사회적 격리는 더욱 고착화되고, 상호의존성을 실현할 수 있는 조건이 파괴될지도 모른다는 위기감이 엄습하기도 한다. 하지만 코로나19는 불평등으로 인해 은폐되었던 장소와 존재들을 확대해서 비추었고, 더 이상 이전의 방식으로 사회를 유지하는 것이 불가능하리라는 경종을 울렸다.

시설 문제가 우리 사회의 불평등을 모두 설명할 수는 없지만 불평등이 어디서 나타나는지, 어떤 사람들이 삶의 터전과 관계를 잃어버리고 보이지 않는 곳으로 이동함으로써 불평등이 심화되는지 드러낼 수는 있다. 시설사회에 대해서 우리가 제대로 인식한다면, 누구도 이 부정의에서 자유로울 수 없다는 점을 인정하고, 그 연결성을 통해 불평등에 공모하는 것이 아니라 해방을 위한 조직화에 기여할 수 있을 것이다. 은폐된 존재와 문제기 드러나 위기로 인식되는 지금, 위기를 재정의하고 돌파하기 위해서 저항하는 몸들의 움직임에 주목해 주길 바란다.

2020년 8월
필자들을 대신하여, 나영정 씀

차례

책머리에 5
들어가며 누구와 함께 시설사회에 맞설 것인가 15

1부 가족

1 강제된 장소, 강제된 관계를 질문하는 탈시설 운동 35
2 해외입양과 미혼모, 그리고 한국의 정상가족 45
3 탈가정 청소년의 주거, 보호가 아닌 권리로 59
4 한부모, 장소가 만들어 내는 차이
 : 탈시설에서 답을 찾다 69
5 친밀한 통제, 시설화의 또 다른 얼굴 79

2부 도시

6 도시의 감금회로망적 상상: 유동하는 수용시설의
 경계와 그 사이의 몸들을 언어화하기 위하여 93
7 노숙인의 도시에 대한 권리 110
8 '지역사회'라는 유일한 선택을 위해: 대구시립희망원
 중증·중복 발달장애인의 탈시설과 함께 살기 120

3부 보호소

9 한국사회와 난민, 그리고 탈시설   139

10 난민은 어떻게 시설에 갇히는가
: 외국인보호소와 동향조사   155

11 요양병원이 종착지가 된 에이즈 환자들   167

12 정신장애인의 안전할 권리 찾기
: 치안이 아닌 '치료', 관리가 아닌 '권리'   178

4부 담론과 제도

13 탈시설 운동은 '없애는 것' 넘어 '만드는 것'   191

14 '좋은 왕'과 '나쁜 왕'이 사라진 자리: 불온한 타자의
삶을 가능케 할 반폭력, 탈시설의 윤리   201

15 탈시설과 중증장애인 노동권: '현저히 낮은
근로 능력'이라는 기준은 누가 정하는가   221

16 장애인의 권리를 빼앗는 소비자주의와 바우처제도   228

5부 저항의 현장

17 쉼터는 어떻게 시설화를 넘어설 수 있을까   241

18 탈시설 운동으로 나아가는 엑시트와 자립팸
: 청소년과 '동료-하기'를 수행하는 현장에서   252

19 시설화된 관계를 넘어 동료시민으로 살아가기
: 발달장애인과 조력자의 관계를 중심으로   267

20 장애인 탈시설 운동에서 이뤄질
'불구의 정치' 간 연대를 기대하며   279

들어가며

누구와 함께
시설사회에 맞설 것인가

나영정 ○ 장애여성공감 활동가

왜 장애여성은 시설에서 보이지 않는가

IL(Independent Living) 운동은 1960년대 서구에서 시작된 시설수용 중심의 장애인 정책을 반대하며, 장애인이 지역사회에서 함께 살아갈 수 있도록 정책의 방향을 수정하도록 했다. 일본을 거쳐 한국에서 시작된 IL 운동은 그동안 부양의무제와 장애등급제로 인해 빈곤했던 장애인이 서서히, 갑자기, 어처구니없이, 소리 없이 죽어 갈 수밖에 없는 구조에 있었다는 것을 드러내고, 더 이상 국가가 죽음을 방조하고 공모하지 말라고 주장하는 장애인 운동의 한가운데에 있다. 장애인활동지원법을 만들어 냈고, 활동지원사를 통해서 장애인이 일상생활에서 결정권을 행사할 수 있는 지평을 넓혔으며, 최근에는 탈시설을 지원하는 활동을 정책으로 구현시켰다.

최근 몇 년간 장애여성공감은 탈시설, 성과 재생산, 의존과 돌봄에 대한 화두를 가지고 끈질기게 고민하고 있다. 특히 장애여성독립생활센터 [숨]은 2016년부터 《거주시설 연계 자립생활 지원사업》을 통해서 시설에 방문해, 거주인에게 탈시설을 위한 상담과 교육, 성과 재생산 권리에 대한 교육, 종사자 인권교육 등을 진행하고 있다. 이 지원사업은 서울시에서 처음 탈시설 정책을 실행하면서 만들어졌고, IL 운동가가 직접 시설에 방문해서 거주인과 종사자를 만날 수 있는 통로로 기능하고 있다.

이 활동을 지속하면서 장애인 시설 내 공간/시간의 배치, 관계의 방식 등 시설의 질서와 규범을 구체적으로 알게 되었다. 프라이버시가 어떻게 침해되는지(그것을 지킬 수 있는 조건 자체가 박탈되어 있다), 호칭을 통해서 어떤 권력관계가 드러나거나 은폐되는지(거주인은 종사자를 '엄마, 아빠'라고 불렀다), 정상성과 이성애 중심성, 능력주의가 어떻게 추구되면서 동시에 포기되는지(남녀 간 결혼을 전제로 한 성교육이 이루어지지만, 거주인이 시설에 사는 한 실천은 불가능하다) 등의 문제에 대해서도 고민이 깊어졌다.

한 해를 정리하는 활동가 워크숍에서 《거주시설 연계 자립생활 지원사업》을 평가하면서, 우리에게는 "왜 장애여성은 시설에서 보이지 않는가?"라는 질문이 생겼다. 등록장애인의 성별 비율은 남성이 58%, 여성이 42%인데,[1] 거주시설을 방문해 보면 장애여성이 이런 통계에 비해서 극명하게 적었기 때문이다. 장애여성이 시설에 덜 수용된 이유는 무엇일까? 활동가들은 토론을 통해서 다양한 가설을 세웠다.

◇ 장애영유아 시설에서는 장애여아 비율이 장애남아와 비등하게 기록[2]된 것을 근거로 생각해 볼 때, 장애여아가 더 많이 입양되어 성인 시설에서 보이지 않는 게 아닐까?

◇ 가족과 함께 살다가 더 이상 가족이 부양과 돌봄을 감당하지 못하게 되면서 시설로 가게 되는 경우가 많은데, 장애여성은 경제활동을 하지 못해도 집에서 돌봄노동을 조금이라도 수행할 수 있어서 필요한 존재로 생각되는 게 아닐까?

◇ 가끔 뉴스를 통해서 수십 년간 노예노동을 감수해 온 지적장애인이 알려지고 있지만, 누군가의 사적인 '보호' 아래 수십 년간 가사노동, 돌봄노동, 성적 노동을 무급으로 수행하고 있는 장애여성이 훨씬 많지 않을까? 지역사회에서 살다가 생계가 어려워지거나 누군가의 '보호'가 철회된 지적장애여성은 비장애인과 마찬가지로 때로 성판매에 나서기도 한다. 성매매피해여성 쉼터에서 꽤 많은 수를 차지하고 있는 (경계성) 장애여성의 존재를 현장은 알고 있다.

---

1   단 자폐성 장애는 남성이 85%, 여성이 15%로 좀 더 비율의 차이가 크다. 〈등록장애인 현황〉, 보건복지부, 2017.
2   〈한국 장애인복지 현황〉(한국장애인복지시설협회, 1996)을 참고했다. 전국 장애인 복지시설 현황에서 수용자의 연령, 장애 유형, 성별 정보를 볼 수 있는 거의 유일한 자료이다.

만족스러운 답은 아직 얻지 못했지만, 이 질문은 탈시설에 대한 고민의 폭을 넓히고 방향을 여러 갈래로 만들었다. 강민수는 가족과 함께 거주하더라도 권력에서 배제되거나 안전감을 가지지 못한 채 살아가는 여성은 집에서 '홈리스 상태'를 경험한다고 주장하며, 가부장적 구조에서 '경제적 소외'와 '성적 타자화'가 전 생애에 걸쳐 일어난다고 지적한다.[3] 그렇기 때문에 특정한 위기를 겪은 이들에게 정부가 제공하는 '사회복귀' 정책이 적절하지 않은 것이다. 김윤영은 홈리스 여성이 거리나 노숙인을 위한 쉼터보다 사설 기도원과 같은 은폐된 '보호'를 선택하는 경향이 있다고 지적한다.[4] 이렇게 홈리스 여성은 공적 공간이나 지원체계에서 더욱 불안을 느끼고 정책에서 배제되며, 은폐된 곳에서 어떤 위험에 처하는지 사회적으로 알려지지 않는다.[5]

장애여성공감은 2018년부터 시작한 《교차적 관점으로 시설화에 저항하기》 간담회를 통해 문제의식을 나누고 공동행동을 기획할 동료들을 찾아 나섰다. 이를 통해 가장 대규모로, 오랫동

---

[3] 강민수, 『타자 종로3가/종로3가 타자』, 서퀴콜 프레스, 2020, 252-253쪽.
[4] 김윤영의 글(110쪽)을 참고하라.
[5] 정신질환을 가진 사람들에 대한 정책이 1960년대에 본격화되기 시작했다. 군사정부에 의해서 사회방위적 차원으로 만들어졌으며, 수용 위주의 정책을 펼쳤으나 당시 수용 가능한 기관이 부족했기 때문에 기도원, 복지시설, 사설 학원과 같은 형태의 무허가 시설에 보내지는 환자가 많았다. 이러한 무허가 시설의 문제점이 이슈화되자 1984년 '정신질환 관리 종합대책'을 마련하면서 무허가 시설의 일부를 양성화했는데, 그때 양성화된 47개 정신요양시설의 거주인은 10,719명으로 당시 정신병원의 환자 수보다 많았다. 최정기, 『감금의 정치』, 책세상, 2005, 122쪽.

안, 체계적으로 시설화되고 있는 정신장애인과 한국에 거주하기 위해 심사를 거치면서 시설화를 경험하는 탈북민과 난민, 추방을 위한 시설보호를 강요당하는 미등록 이주민, 살 곳과 일할 곳이 마땅치 않아 거리에 있다가 강제로 '보호'되면서 사회로부터 격리되는 부랑인과 노숙인의 이야기를 들을 수 있었다. 한국사회 복지 정책의 출발이었던 요보호여성과 요보호아동은 보호자와 가장이 부재하거나 그들에 의해서 내쳐진 이들이었다. '윤락'과 '비행'을 방지하기 위해서 만들어진 시설은 입양 산업과 연결되면서 외화벌이의 수단이 되기도 했다. 한편으로는 국가가 '경제 안보'를 위한다면서 미군 기지에 형성된 성매매 집결지 여성들의 성병을 관리하고, 외화벌이에 최선을 다하라는 지시를 내리기도 했다.[6]

정책에서 호명하는 '성폭력 피해자', '가정폭력 피해자', '성매매피해여성', '미혼모', '가출 청소년'을 위한 쉼터는 권리의 장

---

[6] 이진경은 자신의 책 『서비스 이코노미: 한국의 군사주의·성노동·이주노동』 (나병철 옮김, 소명출판, 2015)에서 "죽음정치적 노동은 '죽음에 이르도록 운명 지어진' 사람들로부터의 노동의 착취(추출)이며, 그로 인해 이미 죽음이나 생명의 처분 가능성이 전제된 삶의 '부양'은 국가나 제국의 노동의 요구에 응하도록 하는 선에서 제한된다"(40쪽)고 하였다. 그러면서 그러한 죽음정치적 노동의 예시로 한국 근대사에서 나타난 군사노동, 성노동, 군대성노동, 이주노동을 들고 있다. 이 책에 따르면, 국가와 자본이 공모하여 만들어 낸 죽음정치적 노동이란, 노동의 결과 불가피하게 신체와 정신이 훼손되는 대가로 생존할 수 있는 집과 음식을 얻을 수 있도록 기획된 노동을 뜻한다. 국가가 이러한 노동을 기획하고 관리하기에 그 성격은 은폐되고 민족이나 안보 등의 가치로 대체된다.

소가 될 수 있을까? 김지혜가 지적하듯이, 사회복지서비스가 거소성(머무르는 장소의 성격)과 결합될 때 그 서비스의 목표, 대상, 기간은 보편적 복지와 멀어진다.[7] 김순남이 지적하듯이, 시설에 수용된 사람은 정상가족을 이룰 수 없을 것으로 판단되어 가족을 구성할 권리를 부정당하고 이들을 위한 주거 정책의 부재는 정당화된다.[8] 또한 이들이 수행하는 노동은 은폐되고, 가치를 인정받지 못하고, 보상되지 않는다. 이렇듯 간담회를 통해 서로가 겪고 있는 시설화의 폭력들과 서로를 분할하는 통치의 방식들을 발견함으로써, 시설 폐쇄를 위해 운동의 근본성과 급진성, 연대성을 구축해 나가야 한다는 점을 구체적으로 생각하게 되었다.

장애여성공감은 독립생활 운동과 탈시설 운동을 해 나가면서 '시설'과 '지역사회'라는 이분법에 대해서도 다루어야 한다고 주장해 왔다. 소위 가족과 함께 지역사회 안에서 살아가면서도 장애, 성별 정체성, 나이 등을 이유로 자기결정권이 박탈되고, 생계를 위해서 누군가에게 삶의 주도권을 빼앗기며 폭력의 경계에서 살아가야 했던 수많은 존재를 알고 있기 때문이다. 탈시설 운동이 단지 '시설'이라는 물리적인 공간에서 벗어나는 것만을 의미할 때, 여성과 소수자들이 '지역사회' 안에서 겪는 시설화의 문제는 장애인 운동 안에서 의제화되지 못할 위험이 있

7 김지혜의 글(191쪽)을 참고하라.
8 김순남의 글(35쪽)을 참고하라.

다.⁹

2020년의 탈시설 운동은 시설의 소규모화나 민주화 같은 '탈시설화'가 아니라 '시설 폐쇄'를 목표로 한다. 장애인복지법 제6조 "국가와 지방자치단체는 장애 정도가 심하여 자립하기가 매우 곤란한 장애인이 필요한 보호 등을 평생 받을 수 있도록 알맞은 정책을 강구하여야 한다"는 법조문이 만드는 '누군가는 시설에서 살아갈 수(밖에) 있다(없다)'는 전제 자체에 도전한다.¹⁰

성과 재생산 권리, 독립과 의존의 문제를 탈시설 운동의 의제로

장애여성공감은 2014년부터 장애/여성의 성과 재생산 권리 의제에 대한 활동을 본격적으로 시작했다. 2015년에는 성과재생산포럼이 결성되면서, 성과 재생산 이슈를 단지 여성의 임신·출산에 대한 선택/결정의 문제가 아닌 지금의 체제 안에서 어떤 생명이 태어나고, 어떠한 미래가 보장되며, 누가 무슨 이유로 성과 재생산 권리를 박탈당하는가에 대한 질문과 고민으로 이어 갔다.

9   김상희·나영정, "탈시설", 『장애여성운동 15년 동안의 사고』, 장애여성공감, 2013, 92-96쪽.
10 최나은, "탈시설: 보호와 분리라는 차별의 정치를 거부하고 동등한 시민으로 살겠다는 선언", 《2018년 서울시 탈시설 정책 제안 토론회》 자료집(2018년 6월 26일), 장애여성공감·장애여성독립생활센터 [숨] 공동주최.

장애여성공감이 탈시설 운동에 대한 깊은 문제의식을 가지고 장애인 거주시설에 방문하기 시작하면서, 시설 안에서 성과 재생산 권리가 어떻게 통제되고 박탈되는지 피부로 느낄 수 있었다. 보건복지부가 만든 '거주시설 인권보장 가이드라인'에서는 성생활 보장권과 가족생활 보장권을 다음과 같이 설명하고 있다.

성생활 보장권이라 함은 장애인 스스로가 비장애인과 같이 동등한 성적 권리를 가지며, 스스로 성을 표현하고 건전한 성생활을 영위할 수 있는 권리를 의미한다. 또한 이용자가 건전한 성생활을 영위하기 위해 필요한 성에 대한 지식 및 정보를 교육받을 권리를 의미한다.

가족생활 보장권은 이용자가 희망하는 경우 결혼을 할 수 있으며, 이로 인해 부부가 되면 시설 내에서 그들만을 위한 별도의 공간에서 가족으로서 함께 살아갈 권리를 의미한다. 또한 비장애인처럼 결혼한 장애인인 이용자도 자신의 자녀를 양육할 권리가 있으며, 자신의 동의 없이는 자녀를 자신에게서 분리시킬 수 없음을 의미한다.[11]

---

11 이은지, "거주시설 인권보장 가이드라인을 중심으로 살펴본 시설 안의 성과 재생산", 《장애여성 독립생활 운동과 성과 재생산: 탈시설을 중심으로》 자료집(2016년 11월 22일), 성과재생산포럼×IL과젠더포럼, 7-10쪽에서 재인용.

하지만 가이드라인의 명시에도 불구하고 '건전한 성적 주체가 되기 위한 성교육을 받을 권리' 이외에 어떤 성생활 보장이 이루어지는지 알려진 바가 없고, 시설 안에서 출산과 양육이 이루어진다는 소식 또한 전해진 바가 없다. 더 근본적으로 시설에 거주하고 있는 장애여성의 월경 경험이나 피임 실천에 대해서도 알려진 바가 없다. 누구에게 그 책임이 있는지 불분명할 때, 가이드라인은 시설과 전혀 불화하지 않고 어떤 반인권도 위협하지 못한 채 액자 속의 꽃처럼 시설을 돋보이게 할 뿐이다. 개인의 프라이버시가 원천적으로 부정되는 시설 안에서 '건전한' 성교육은 무엇을 목적으로 하는가? 시설 내에서 가족 형성이 가능하다 하더라도 시설에서 살아가는 가족을 어떻게 정의할 수 있는가?

탈시설한 장애여성들을 인터뷰한 조미경은 시설이 거주인을 개인이 아니라 집단으로서만 존재하게 하고, 이성애 정상성을 강요하면서도 성적 주체성은 박탈하며, 성에 대한 실제적인 정보와 교육을 제공하지 않고, 재생산권을 '나와는 전혀 상관없는 문제'로 인식하게 하는 구조라고 지적하였다.[12] 시설화의 메커니즘은 성과 재생산을 통제하는 인구 정책과 한 몸이기 때문에 탈시설의 문제와 성과 재생산 권리를 함께 고민하는 것이 중요하다.

12 조미경, "장애인 거주시설 안의 성 규범과 문화 중심으로 본 장애여성의 성과 재생산", 《장애여성 독립생활 운동과 성과 재생산: 탈시설을 중심으로》 자료집(2016년 11월 22일), 성과재생산포럼×IL과젠더포럼.

70년대를 전후하여 과밀 인구가 경제 성장과 나라 발전에 해가 된다고 인식한 이후, 국가는 매우 직접적으로 임신·출산, 그 전후에 벌어지는 성관계와 양육 과정에 개입하였고, 그에 따라 여성의 자율성과 의사결정권은 쉽게 침해되었다. 특히 그 과정에서 빈곤층, 장애인, 나아가 노동 능력과 의지가 없는 이는 재생산 권리가 박탈되었다.[13] 이러한 국가의 시각을 현현하는 것이 바로 1973년 비상국무회의에서 제정된 모자보건법이다. 국가는 임신중단의 권리를 보장하기 위해서가 아니라 특정한 상황과 집단의 재생산 권리를 규제하기 위해서 인공임신중절 '허용' 사유를 규정하였다.

성에 대한 억압과 재생산에 대한 통제는 노동 능력과 생산성 향상과 맞닿아 있고, 이는 정상신체중심주의ablism와 가부장제, 이성애 중심성이라는 이데올로기를 떠받친다. 이러한 가치체계는 당연하게도 인구정치의 근간을 이룬다. '어떤 생명을 살릴 것인가?', '어떤 국민이 더 적절한가?', '국가 발전에 기여하는 국민에게는 어떤 자격이나 권리가 주어지는가?'라는 질문과 연결된다. 이는 재생산권이 임신·출산에 대한 개인의 자유로운 결정에서 그치는 것이 아니라, 국가의 역할과 시민권의 성격을 규정하는 데까지 연결된다는 점을 알려 준다.[14] 또한 낙태죄가 헌

---

[13] 부랑인과 장애인을 집단적으로 시설에 수용하는 정책을 펼치는 것과 재생산 권리를 박탈하는 것은 매우 긴밀하게 연결되는 사안이다.
[14] 나영정, "재생산 권리, 페미니즘과 장애정치의 만남을 통해서 길 찾기", 《비마이너》, 2016년 2월 3일자.

법불합치 결정을 받은 지금, 낙태가 '죄'임에도 불구하고 아이러니하게도 죄인에서 제외됨으로써 사회에서도 제외되었던 사람들의 경험을 떠올릴 필요가 있다. 한센인에 대한 강제적인 단종, 장애인 시설을 중심으로 이루어졌던 대규모의 불임수술, 수회에서 십수 회에 이르는 집결지 여성들의 낙태 경험이 무엇을 의미하는지 시설화와 관련해서 해석할 수 있어야 한다. 이러한 연결을 통해서 탈시설 운동은 성과 재생산을 둘러싼 사회정의의 문제, 사생활권과 가족구성권에 대한 확장된 질문과 상상으로 나아갈 수 있다.

탈시설 운동의 지평을 확장하기 위해 또 하나 주목해야 할 것이 '의존'이다. 장애여성공감은 장애여성 운동을 통해서 '누가 독립적인가?', '독립은 능력인가?', '존재의 의존성과 취약성은 왜 인간다움과 존엄성으로 설명할 수 없는가?'를 끊임없이 질문해 왔다.

아프고 장애가 있는 몸들은 의존적이고 폐를 끼치는 사람으로 구분되어 골방이나 시설에 가둬졌다. 그러나 장애의 경험은 성장과 개발이 보편인 시대에 저항할 수 있는 남다른 감각이다. 온전히 홀로 살 수 있는 사람은 없고, 누구나 돌봄에 기대 살아간다는 진실을 몸으로 보여 주며, 건강하고 젊은 사람이 아프고 늙은 사람을 돌볼 것이라는 믿음에 도전한다. 그러나 독립에 대한 우리의 열망은 번번이 꺾였고 존엄보단 쓸모의 증명을 강요받아 왔다. 우리는 긴 시간 겪어 온 부당한 경험이 개인의 불운과 능력의 결과가 아님을 정확히 알고 있다. 권리를 박탈당하고 자원이 없는 이들이 독립에 도달하지 못해 의존하는 것이 아니라 누구에게나 의존과 돌봄 없는 독립은 불가능하다.[15]

이러한 문제의식은 보호받아야 한다고 전제되는 청소년, 노인, 환자의 삶을 잇는다. 사회에 뿌리내리기 어려운 조건에 처한 탈가정 청소년, 요양병원과 요양원밖에 선택지가 없어지면서 삶의 뿌리가 뽑히는 노인, 가족을 떠나서는 신분 자체가 불안정해지는 결혼이주여성의 이야기가 시설화를 경험하는 장애여성과 만난다. 우리는 가족을 떠나서 누구와 돌봄과 의존을 나눌 수 있는가? 어떠한 조건 때문에 내가 원하는 사람과 함께 살아갈 것을 꿈꾸지 못하는가? "통제적 돌봄이 아닌, 잘 의존하는 삶"[16]을 상상하면서, 스스로 구하지 못하는 사람들의 노력과 움직임이 '불구의 정치'를 만들어 내길 바라게 된다.

누구와 함께 무엇에 맞설까

의존에 대한 고민은 결국 무력화/불능화하는 권력 구조에 대

---

15   장애여성공감, 〈20주년 선언문: 시대와 불화하는 불구의 정치〉, 2018년 2월 2일, https://wde.or.kr/20주년-선언문 (검색일: 2020. 8. 4.).
16   이은지, "통제적 돌봄을 넘어, 지역사회 안에서 '함께' 살아가기", 《2017년 제1차 IL과 젠더 포럼》 자료집(2017년 10월 18일), 장애여성공감.

한 문제 제기와 만난다. 특정한 시민의 역량을 박탈하는 그러한 권력이 시설화를 유지하는 핵심이다. 어떤 사람이 살아가기 어려울 때 그는 무능력하기 때문에 시설에 수용하면 된다고 상상하는 권력, 그 안에 존재하는 권력관계를 은폐하고 의존성이라는 인간의 기본적인 속성을 억압받아야 할 이유로 바꿔 버리는 권력 말이다. 이에 김도현은 "어떤 존재들이 '장애화/무력화disablement'되는 관계를 해체하고 평등한 관계를 재구축하기 위해 '권한강화/세력화empowerment'하는"[17] 운동을 제안한다. 황지성은 후기 식민과 냉전 안보 위협, '저개발' 상태라는 복합적 상황의 근현대 한국사회에서 '비정상성', '열등성'을 가진 집단이라는 꼬리표는 장애인에 한정되는 것이 아니라 모든 인구에게 언제든 적용될 수 있는 문제였다고 이야기한다. 또한 이들을 불능화하는 데는 국가와 사회에서 인종, 섹슈얼리티, 장애 등과 관련해 형성된 다양한 규범의 폭력이 동시에 작동되었다고 지적한

---

17 "우리 모두는 어떠한 관계, 즉 차별적·억압적이고 불평등하며 부당한 관계 속에서 자신의 의지에 따라 자유롭게 무언가를 '할 수 없게' 되며, 이는 우리의 삶과 안전을 위협하기 때문이다. 예컨대 여성들이 성적 자기결정권을 행사할 수 없게 되는 건, 그래서 성폭력이라는 피해를 입게 되는 건, 언제나 불평등한 젠더 관계 속에서의 문제인 것이다. 다른 방식으로 말하자면, 그러한 관계 속에서 그녀들의 성적 자기결정 능력은 '무력화'된다. 인권활동가들이 외쳐 왔던 '평등해야 안전하다'는 구호는 이러한 맥락에서 또한 새길 수 있을 것이며, 어떤 존재들이 '장애화/무력화'되는 관계를 해체하고 평등한 관계를 재구축하기 위한 '권한강화/세력화empowerment'는 안전이라는 권리의 확보를 위한 전제이자 핵심이 된다." 김도현, "위험, 장애화, 국가: 안전할 권리에 대한 관계론적 성찰", 《세계인권선언 70년 연속토론회: 문제적 인권, 운동의 문제》 자료집, 인권운동더하기, 2018, 10쪽.

다.[18] 이러한 인식들이 탈시설 운동의 주체와 동료를 상상하는 데 중요한 영감을 준다.

다시, 시설수용 중심의 정책을 반대하며 장애인이 지역사회에서 함께 살아갈 수 있도록 요구하는 IL 운동을 어떻게 해 나갈 것인가라는 질문으로 돌아온다. IL 운동은 전문가의 치료나 통제에 반대하고, 가족과 사회의 온정적이고 시혜적인 태도를 비판하며, 장애인 당사자가 자기 삶의 전문가로서 결정권을 가지고 살아가는 것을 핵심 이념으로 삼는다. 이러한 이념을 실현시키기 위한 방법을 고안해 내는 과정에서, 점차 복지 정책이 구매 가능한 상품으로 변화하며 장애인도 정당한 소비자로서 권리를 주장하게 되었다. 복지서비스가 바우처로 구매 가능한 상품이 되고, 그 상품을 구매할 능력이 안 되는 이들을 국가가 보조하는 형태의 정책이 만들어졌다. 인권운동, 장애해방운동은 그 누구도 기본적인 생활과 권리에서 배제되지 않는 사회를 지향하지만, 그러한 요구를 담아내는 형식은 언제나 우리의 지향과 불화한다. 그리고 바로 그 지점에서 운동은 또한 시작된다.

장애인이 자기결정권을 행사하는 시민으로서 살아가기 위해서는 무엇을, 누구와 함께 고민하고 억압에 맞서 나가야 할까? 모든 운동이 그렇겠지만 IL 운동 또한 한국사회에서 그동안 누가 왜 시설에 수용되었으며, 이것이 식민 지배, 독재 정권, 경

---

18   황지성, "비정상 신체의 궤적 읽기: 페미니즘, 탈식민주의, 장애 운동의 교차를 모색하며", 「한국장애학회 2018년 추계학술대회 발표집」, 한국장애학회, 2018, 39-54쪽.

제 성장 패러다임과 어떤 연관이 있었는지 역사 쓰기가 가능해야 이에 대한 역사적 청산도 이뤄지리라 생각한다. 젠더/섹슈얼리티의 관점을 놓치지 않는다면, 국가가 여성과 소수자의 성을 어떻게 통제하고 관리했는지, 집결지와 가정이라는 이분법적 공간이 어떻게 시설화되었는지 질문할 수밖에 없다. 낙태죄와 성풍속에 관련된 법, 우생학과 정조 관념, 위생 관념과 성 통제, 사회적 배제와 강간 문화의 관계성에 대해 고민함으로써, 시설화의 핵심인 존재에 대한 통제와 미래 박탈의 문제를 근본적으로 살펴볼 수 있다.

시설화를 차별과 지배의 메커니즘으로 이해할 때, 낙인의 누적이 예외 없이 빈곤화로 이어지고, 삶의 장소에서 소외되거나 때로 박탈당하고, 신체적·정신적 건강이 손상되며, 지식과 기술을 익히는 교육에서 제외되고, 단지 소모되는 노동에 내몰리는 도미노를 어렵지 않게 연상할 수 있다. 이러한 연결 고리를 재차 떠올리고 그림을 그리는 이유는, 탈시설 정책을 만들고 시행하는 과정에서 이 지배 메커니즘에 계속 도전하지 않는다면 (지금 체제에서 만들어지는 제도가 그러하듯) 단지 권력의 변형과 새로운 착취의 기술로 전락할 우려가 있기 때문이다. 말하자면 정부가 만들고 있는 탈시설 정책의 인프라를 제공하는 자본의 출처는 어디이고, 새로운 정책이 만들어지는 현장에 개입해서 새로운 이윤을 상상하는 (이미 국가와 결탁한) 세력은 누구인지를 세심하게 질문해야 한다는 것이다.

시설이 폐쇄되는 그 날을 떠올려 본다. 유토피아와 디스토

피아가 동시에 떠오른다. 시설이 문을 닫아서 영문도 모른 채 거리로 나와 적절한 삶의 장소를 갖지 못하고, 거리에서 혹은 또 다른 시설화된 공간에서 삶을 이어 나가야 하는 사람이 한 명도 없으리라 장담하지 못한다. 집결지는 성매매방지법으로 인해서 명시적으로 더 이상 정당하지 못한 공간이 되었지만, 집결지를 직접적으로 부순 것은 재개발이었다. 그곳에서 이주해야 했던 거주인들의 목소리는 시설 폐쇄의 방식과 그 이후를 상상하는 데 중요한 영감을 준다.[19] 국가가 주도하는 변화는 항상 그런 식이었다. 하지만 유토피아는 기다린다고 오지 않는다. 갑자기 내몰린 상황 속에서도 살아가야 하기 때문에, 소모되는 노동과 천천히 다가오는 죽음에 균열을 내기 위해서 우리는 도전행동[20]을

19 "집결지라는 특정한 울타리에서 수십 년간 살아온 이들의 역사 안에서, 현재 이주의 의미는 '추방'과 새로운 삶에 대한 '도전' 사이에 있다. 집결지 폐쇄로 인해 그곳을 떠나야 하는 상황에 대한 연구 참여자들의 불만을 표현했지만, 연구 참여자들에게는 나이 듦에 따라 "아쉬움은 남지만 (집결지 철거가 아니었어도) 어차피 떠나야 했던" 곳이라는 인식, "떠날 곳을 떠나왔다는 안도감"도 존재한다. 그들이 "돈이 있어도 나가지 못했던" 이유는, 성매매 집결지(또는 '창녀')라는 보이지 않는 경계 짓기의 힘이 연구 참여자들을 수십 년 동안 한정된 울타리 안에서 살도록 강요해 왔기 때문이다." 원미혜, "보이지 않는 '경계'에서: 용산 성매매 집결지 중·노년층 여성의 이주 체험을 중심으로", 「탈경계인문학」 7권 2호, 이화여자대학교 이화인문과학원, 2014, 250-251쪽.
20 도전행동은 소위 발달장애인의 '공격적인' 행동을 지칭하는 말이다. 많은 전문가가 이를 발달장애인의 의사 표현 방식으로 보고 소통 방법을 고안하기보다, 문제행동으로 규정하고 효과적으로 제지할 방법을 제시하곤 한다. 장애여성공감은 '도전'이라는 말이 발달장애인의 삶의 맥락에서 이렇게 변질되는 것에 문제를 제기하며, 이를《2019년 IL과 젠더 포럼》의 제목으로 채택했다.

벌이고 공동행동을 도모할 것이다. 단지 우리가 하려는 것이 무엇인지, 무엇을 지향하고 있는지, 누구를 만나서 함께 가야 하는지에 대해서 정확히 이해하고 실천할 수 있기를 바랄 뿐이다.

1부
가족

1
강제된 장소, 강제된 관계를 질문하는 탈시설 운동

김순남 ● 가족구성권연구소 대표

시설은 어디인가

시설은 단순히 물리적인 장소로서의 분리나 유예된 시간, 폐쇄된 삶만을 의미하는 것이 아니라 이상적인 인간의 상이 무엇인지를 호명하는 메커니즘이다. 장애인 시설, 미혼모 시설, 요보호 시설 등은 내가 사는 지역에서 공존하고 싶지 않은 대상이 누구인지를 적극적으로 호명하는 기제로 작동해 왔고, 어떤 이가 시설에 고립되는 원인을 존재에 내재한 문제로 만들어 왔다.

국가와 사회가 시설에서의 삶을 정당화하고 시설로 보내질 인구 집단을 분류하는 근거는 '가족을 만들 수 없는, 만들어서도 안 되는' 혹은 '가족에게조차 버림받은' 존재들에게서 찾아볼 수 있다. 많은 시설이 가족에게 짐이 되는 장애인, 가정환경의 문제를 가진 미혼모, 가장이 부재한 요보호여성, 길거리를 배회하는 고아를 선별해 왔다. 시설화 정책의 대상은 '이상적인 가정환경'으로부터 일탈된 존재와 긴밀하게 연결된다. 이상적인 가정환경은 정상신체중심주의, 능력주의, 빈곤하지 않은 이성애 가족질서를 공고히 하는 과정이며, 그것의 외곽에 선 이들은 가족질서 근간을 흔드는 존재로 배치되어 왔다. 즉 시설화는 시설 내부에서 작동하는 규율 체계일 뿐만 아니라 사회가 상상하는 이상적인 인간됨의 조건을 구성하는 과정이다.

   시설화가 시민으로서의 온전한 권리를 박탈당하는 많은 존재의 삶과 연결될 때, 시설 안과 밖의 경계는 모호해진다. 특히 시설화의 메커니즘에 동원되어 온 이상적인 가족의 상 또한 은폐된 삶의 자리와 분리되지 않는다. 국가가 '가정보호'라는 명목으로 가정폭력 가해자를 집에 돌려보낼 때, 피해여성에게 집은 고립적이고 차별적인 삶을 강제하는 시설과 명확하게 구분될까? 유방암 여성 환자 10명 중 1.5명(15.3%)이 평균 이혼율보다 세 배가 높은 비율로 이혼을 경험할 때,[1] 즉 여성을 기능이나 역할로 한정하는 가족관계 안에서 여성은 시민으로서의 권리를 가진 존재로 간주될 수 있을까? 시설이 은폐되고 감금된 자리로 상상된다면, 가족은 "사생활권과 자율성이라는 관념으로 만들

---

1   "병보다 더 아픈 건 가족에 대한 서운함… 따뜻한 말과 눈빛이 '희망의 약'", 《경향신문》, 2017년 12월 12일자.

어진 감옥"² 일 수 있다는 지적은 가족관계 내에서 여성뿐만 아니라 소수자의 삶도 반영한다.

인간을 인간으로 환대하지 않는 그곳, 존재를 사회적 시민이 아니라 기능으로 소환하는 그곳은 삶의 존엄이 단절되는 시설과 분리되지 않으며, 이때 가족과 시설의 경계는 불분명해진다. 김현경은 "사회 안에 자리/장소가 없는 사람, 사회의 바깥에 있는 사람은 자신을 위해 나서 줄 제삼자를 갖지 못했기에 사적 관계 안에서도 자신의 자리/장소를 지킬 수 없다"³고 했다. 즉 사적인 삶은 공적인 삶의 장소와 분리되지 않으며, 관계 속에서 얻는 안정감과 소속감 또한 사회적으로 어떠한 관계성이 이상적인가에 따라서 유동적으로 의미가 구성된다. 시설의 의미가 시설이라는 공간을 넘어 '다른 곳'과의 관계에 의해 구성될 때, 가족의 의미 또한 가족에 대한 우리 사회의 태도, 국가정책 등 사회적인 맥락 속에서 구성될 것이 분명하다.

대부분 시설의 설립 목적은 '건전한 사회참여 유도'와 '자활능력 회복'이다. '교정'과 '치료'를 통해 사회화의 회복을 추구할 때, 복귀할 사회는 어떤 곳이며 그 사회에서 상상하는 사회화는 어떠한 인간의 삶을 정상화하는가라는 물음으로 이동해야만 한다. 인간을 구분하는 위계에 대한 저항과 균열을 통해서 사회를 재구성하지 않는 이상 사회복귀 논리는 시설화의 논리와 정확

---

2 미셸 바렛·메리 맥킨토시, 『반사회적 가족』, 김혜경·배은경 옮김, 나름북스, 2019, 118쪽.
3 김현경, 『사람, 장소, 환대』, 문학과지성사, 2015, 203쪽.

히 일치하기에, 사회복귀라는 목표는 영원히 불가능하다. 또한 이성애-정상신체중심주의와 생산성에 따라 국가 미래에 도움이 되는 출산을 담당하고 문제적인 존재를 '지도'하는 단위로서의 가족이 공고한 상황에서, 시설과 시설이 아닌 곳의 경계를 허물기 위해 가족 자체도 도전의 대상이 되어야 한다.

강제된 장소, 강제된 관계를 질문하는 탈시설 운동

시설에만 머물 수 있는 존재가 권리를 가질 수 없듯이 가족에게만 머물 수 있는 존재 또한 권리를 가질 수 없음은 자명하다. 내가 어떠한 삶을 살고자 하는지 스스로에게 묻기 전에 국가와 가족이 결정을 대리하는 그곳에서 폭력과 차별은 은폐되고, '보호'라는 논리 아래 강제된 장소, 강제된 관계가 정당화된다. 장애여성공감에서 162건의 장애여성 상담을 분석한 결과 독립생활에 대한 상담 비율이 19%로 높게 나왔는데,[4] 이는 통제 가능한 몸으로 환원되는 곳이 곧 차별이 작동하는 장소임을 보여 준다.

> 하루에 차비가 2,400원 들어요. 그런데 엄마는 (일주일에) 만 원을 줘요. 아무리 달라고 해도 대꾸도 없어요. 월급이요? 통장을 엄마

---

4   유진아, "집중지원 사례분석을 통한 장애여성 인권상담 의제", 《불편한 옆자리: 장애여성 인권상담 이슈 간담회》 자료집(2018년 11월 13일), 장애여성공감.

가 관리해서 잘 모르겠어요.

(엄마가 화가 나면) 너 그러면 시설 가. 그렇게 말해요. 무서워요 그러면. 거기 가면 이렇게 할 수도 없고, 맨날 뭐라고 한다고 해서 무서워요.[5]

장애여성은 고정된 정체성의 범주로 구분되기보다 일상적으로 통제 가능한 몸으로 만들어지며, 그러한 존재-되기의 실천 속에서 스스로 고립된 존재, 권리가 박탈되는 존재로서의 삶을 수용하게 된다. 이렇듯 장애여성을 통제 가능한 몸으로 변화시키는 것은 국가 사회가 그들의 삶의 자리를 할당하는 방식이다. 그것은 장애여성이 보편적인 복지와 권리의 주체가 아닌 비생산적인 몸, 국가 사회에 짐이 되는 몸으로 규정되는 방식과 교차하며, 가족 내부에서의 폭력을 정당화하는 기제로 작동한다.

'시설이냐, 원가족이냐'라는 두 갈래 길 앞에 선 존재에게 "시설로 보낸다"라는 말의 공포는 단순한 위협 이상이며 선택 불가능의 상황을 반영한다. 불안전한 시민권을 가진 결혼이주여성의 경우에도 가족관계에서 발언권을 갖고자 할 때 "본국으로 돌려보내겠다"라는 말이 통제의 수단으로 사용된다. 이는 이주자의 취약한 위치성이 폭력을 정당화하는 기제로 사용됨을 보여 준다.[6]

---

5 앞의 글, 3쪽.

불안전한 삶의 핵심은 삶의 장소성을 갖지 못하는 것이며, 강제된 관계에 머물러야 한다는 것이며, 다른 삶으로의 이동이 봉쇄되는 것이다. 강제된 장소, 강제된 관계는 가정폭력의 상황에서 집을 떠나고자 하는 여성을 가정보호라는 미명 아래 그 자리에 머물게 만든다. 가정폭력은 여성이 집을 떠나는지 국가가 감시하고 관리하는 그곳에서 발생한다. 또한 여성이 임신중지를 선택할 때 '배우자 동의'가 필요한 것은 재생산 권리의 침해일 뿐만 아니라 남성의 보호 아래 놓인 관계를 정당화하며, 이성애 결혼관계를 당연한 생애과정으로 배치하고 있음을 보여 준다. 이렇듯 종속된 관계의 자리를 강제당하는 이들에게는 진정 내가 원하는 가족을 만들고 선택할 수 있는 가족구성권[7]이 존재하는지에 대한 물음이 중요할 수밖에 없다.

'보호'의 자리는 결정권을 가질 수 없는, 유예된 존재를 만들어 낸다. 그것은 청소년의 삶에서 더욱 분명히 보인다. 2018년 한국사회 전체 출생아 16명 중 1명을 청소년(만 24세 이하)이 낳은 것으로 추정되지만,[8] 청소년을 '행위 무능력자'로 법률화하는 이 사회는 주거 계약의 주체를 그들의 부모로 한정하고 있다. 부모를 떠나 또 다른 삶을 만들어 가는 청소년에게 부모를 소환

---

6   김순남, "이주여성들의 결혼, 이혼의 과정을 통해서 본 삶의 불확실성과 생애지도의 재구성", 「한국여성학」 30권 4호, 한국여성학회, 2014.
7   가족구성권에 대한 다양한 논의는 『가족을 구성할 권리, 가족을 넘어선 가족: 가족구성권연구소 창립 기념 발간자료집[2006-2018]』(가족구성권연구소, 2019)을 참고할 수 있다.
8   "열여덟 부모 벼랑에 서다", 《서울신문》, 2019년 5월 8일자.

하는 보호체계가 과연 누구를 위한 것인지에 대한 물음이 이어진다. 또한 많은 청소년 비혼여성이 동거를 하고 있음에도 불구하고 한부모가족지원법 지원을 받기 위해서 동거관계를 포기한다. 이러한 관계성의 박탈은 원가족의 동의와 국가 사회의 보호라는 미명 아래 가족을 구성할 권리를 침해하며 빈곤한 삶으로, 불안전한 관계성으로 내몰리는 무수한 존재의 삶과 연결된다.

이렇듯 가족의 동의를 강제하는 것은 국가가 개인의 시민권을 유예시키는 것을 정당화하는 기제이다. 가족의 얼굴을 한 강제적 친밀함은 장애인으로 하여금 시설 종사자를 '엄마, 아빠'라고 호칭하게 하는 구조에서도 적나라하게 드러난다.[9] 인권에 기반한 삶은 가능하지 않다고, 인권에 기반한 삶의 자립은 불가능하다고 보는 사회의 태도가 순환적으로 가족 내의 고립된 삶을 정당화해 왔다. 이 사회에서 '보호'받는 존재는 이미 '문제적'이라고 규정되었으며, 사회적 소수자가 수행하는 삶의 재생산을 위한 상호 돌봄과 관계성을 만들어 가는 무수한 실천은 부수적이고 주변적인 가치로만 여겨진다.

조미경은 탈시설 운동의 의미를 "장애인이 시설에 수용되지 않고 인간의 존엄성을 회복할 것과 가치 절하를 당한 개인이나 집단이 생애주기별로 다양한 경험을 선택할 자유를 가져야"[10] 하는 것으로 본다. 이러한 맥락에서 탈시설 운동은 생애와

---

9   나영정의 글(16쪽)을 참고하라.
10 조미경, "장애인 탈시설 운동에서 이뤄질 '불구의 정치' 간 연대를 기대하며", 《비마이너》, 2019년 4월 10일자.

정에서 다양한 삶을 선택하고 꿈꿀 수 있는 권리를 침해당하며 통제 가능한 몸으로 구성된 많은 이들의 삶과 연결된다. 탈시설 운동이 단순히 시설로부터 떠나는 것을 넘어 주류가 상상해 온 가치의 변형을 의미할 때, 강제된 장소, 강제된 관계에서 벗어나려는 다양한 삶의 영역과 교차하게 된다.

정주할 권리, 이동할 권리, 관계를 맺을 권리

느끼지 못하게, 꿈꾸지 못하게, 관계 맺지 못하게, 에로틱함과 무관하게 만드는 것이 지금까지 국가가 채택한 시설 정책이었다. 이러한 전략은 국가가 인간됨을 무력화시키는 최고의 전략이자 '나는 어떻게 살고자 하는가?', '나는 누구와 어떠한 방식으로 관계 맺기를 욕망하는가?'를 상상하지 못하게 만드는 가장 잔인한 전략이었다.

보건복지부가 만든 '거주시설 인권보장 가이드라인'에는 시설에 사는 이들의 성생활 보장권과 가족생활 보장권이 포함되어 있다. 하지만 그들은 건전한 성적 주체가 되기 위한 '교육'의 대상으로만 존재할 뿐 실제 가족생활을 영위한 사례는 어디에도 전해진 바가 없다.[11] 관계 맺을 권리를 침해당한 이들에게 가족을 구성할 권리란, 원가족과 다른 가족을 만드는 것을 넘어 가

---

11 나영정의 글(22-23쪽)을 참고하라.

족을 만들면 안 되는 사람으로 낙인찍으며 보이지 않는 존재가 될 것을 강제해 온 사회에 개입하는 것이다. 친밀성과 성적인 욕망을 드러내는 것, 정주할 주거를 요청하는 것, 폭력과 차별적 관계를 떠날 자유를 외치는 것은 국가가 인정하고 승인하는 이상적인 가족 모델의 억압성을 폭로하는 것이다. 이는 가족을 단위로 개인의 시민권을 침해해 온 제도적 가족주의의 균열과 연결된다.[12]

탈시설을 하면서 "우리 같이 살래요"라는 선택지를 가질 때, 그리고 그 선택지를 함께 만들어 갈 수 있는 친밀한 타자를 내 삶의 자리에 초대할 수 있을 때, 그것을 자유의 출발이라고 이야기한다.[13] 정주할 수 있는 삶, 이동할 수 있는 삶, 관계적으로 사는 삶을 선언하는 것은 나를 '쓸모없고' '무력하고' '불구화된' 존재로 만드는 무수한 권력으로부터 나의 삶을 마주하는 여정이며 낙인찍힌 존재들의 삶의 변화를 추동하는 과정이다.

장애여성공감의 한 회원이 시설을 떠나면서 던진 "내가 나를 책임질 수 있을까?"라는 물음은 강제된 장소, 강제된 관계를 떠나면서 삶을 찾아가는 많은 사람들의 여정과 만날 것이다. "내 친구, 내 가족을 만들고 싶다. 나를 영원히 기억해 줄 사람, 나를 묻어 줄 수 있는 사람이 있으면 좋겠다"[14]는 그의 바람은

---

12   가족구성권연구소, 《가족구성권연구소 창립 심포지엄》 자료집(2019년 1월 24일).
13   "'우리 같이 살래요' 시설에선 꿈도 못 꿨던 사랑", 《한겨레신문》, 2019년 2월 9일자.

단독자 개인으로서의 삶이 아니라 상호 돌봄을 추구해 온 '이상한 몸'들의 역사와 그 삶의 계보를 당당히 이어가고자 하는 소망일 것이다.

사회는 '성스러운 신체 규범'을 갖지 못하고 어울리지 않는 존재로 간주되던 사회적 소수자가 공간을 점유하고 교란할 때 새로운 가치를 만들어 낸다.[15] 탈시설 운동은 시설을 떠나는 문제가 아니라 시설에서의 삶이 어떠했고, 고립된 삶을 강제한 주체가 누구이며, 왜 그렇게 살도록 '내버려 두었는가'를 사회와 국가에 묻고, 시설과 시설이 아닌 곳을 그토록 분리해 온 폭력적인 가치에 개입하는 과정일 것이다. 관계를 맺을 수 없는 존재로, 가족을 만들어서는 안 되는 존재로, 결정 가능한 존재가 아닌 의존하는 존재로 환원되어 온 삶들. "아무도 내게 꿈을 묻지 않는"[16] 불구화된 존재였던 소수자들의 탈시설 운동은 '정상적인' 인간의 가치와 관계적 삶의 규범을 '퀴어링' 하는 저항적인 실천의 과정일 수밖에 없다.

---

14 장애여성공감, 『어쩌면 이상한 몸: 장애여성의 노동, 관계, 고통, 쾌락에 대하여』, 오월의봄, 2018, 219쪽.
15 너멀 퓨워, 『공간 침입자: 중심을 교란하는 낯선 신체들』, 김미덕 옮김, 현실문화, 2017.
16 하금철 외, 『아무도 내게 꿈을 묻지 않았다: 선감학원 피해생존자 구술 기록집』, 오월의봄, 2019.

2

해외입양과 미혼모, 그리고 한국의 정상가족[1]

김호수 ◦ 뉴욕시립대학교 사회학과 교수

한국전쟁 당시 구호 사업으로 시작되었던 '해외입양'은 지난 65년 동안 20여만 명의 한국 태생 아동을 세계 15여 개국에 송출했다. 그중 12여만 명의 아동이 미혼모의 자녀였다.[2] 혼혈아동이 태어난 한국전쟁 전후부터 현재에 이르기까지, 미혼모는 입양아동들의 가장 큰 공통분모였다. 이 글은 미혼모와 입양이 인과관계로 이해되던 1980년대부터 국가의 저출산 대책에 미혼모자 가정이 편입되기 시작하던 2000년대 중반까지를 배경으로

1   이 글은 필자의 논문 "The Biopolitics of Transnational Adoption in South Korea"(*Body and Society*, Vol. 21, 2015, pp. 58-79)를 바탕으로 미혼모 시설 논의를 확대시킨 것이다.
2   이 수치는 입양 기관의 신고를 바탕으로, 보건복지부의 통계를 취합해 나온 것이다.

미혼모 시설을 살펴보고자 한다. 특히 미혼모 시설에서 대다수의 미혼모가 입양을 '선택'하게 되는 과정을 살펴보면서, 미혼모에 대한 '낙인'과 '배제'가 어떻게 그들을 재생산 권리를 요구할 수조차 없는 자들로 만들어 왔는가에 주목한다. 미혼모의 시설 수용 경험을 바탕으로 미혼모 자녀의 입양을 정당화했던 '정상가족'이라는 폭력적 가치를 비판하고, 시설화된 삶에서 재생산 권리를 억압받았던 여러 '비정상' 집단과의 연대를 통해 소거된 미혼모의 기억을 수용의 역사에 편입시킴으로써 탈시설 운동의 의미를 확장하고자 한다.

미혼모의 낙인, '사생아'

흔히 미혼모는 10대에서 20대의 미혼 여성으로서 법적으로 혼인하기 이전에 출산한 여성이라고 여겨진다. 하지만 법적인 의미에서 미혼모는 결혼제도 밖에서 출산한 여성으로서,[3] 미혼모의 정의와 낙인은 이제는 사어가 되어 가는 '사생아'의 법적·사회적 의미망을 통해 살펴볼 수 있다. 사생아란 혼인관계에 있지 않은 남녀 사이에서 태어난 자를 뜻하며, 법적 신분인 동시에 비천한 존재라는 낙인을 내포하고 있다. 역사학자 홍양희는 사생

---

3 미혼모의 범주에는 기혼여성이 법률혼 외의 관계에서 출산하는 경우와 사실혼 관계의 여성이 출산하는 경우 등이 모두 포함된다.

아 법제화의 계보를 일본의 민법에서 찾는다. 일부일처 법률혼과 부계혈통주의를 중심으로 한 일본의 민법이 식민지 조선의 가족법으로 이식되는 과정에서 사생아의 법률적 지위는 아버지의 인지認知[4] 행위에 따라 결정되었다.[5] 법률혼과 남계 혈통의 가족구성 원리는 한국 근대 가족법의 근간을 이루는 호주제로 계승되었고, 2005년 호주제가 폐지되기까지 법적으로 미혼모와 혼외출생 자녀는 가족으로 인정되지 않았다.

부계 혈통의 가족법 안에서 사생아는 '어머니가 있다 하더라도 아버지를 확보하지 못한 아이', '혈통을 모르는, 즉 근본과 뿌리가 없는 비정상적이고 불온한 존재'라는 사회적 낙인이 꼬리표처럼 붙어 다녔다. 법적 신분에서 '가족' 바깥으로 밀려난 사생아는 1972년 이전 출생인 경우 혼혈아, 고아와 더불어 군 복무의 차별적 면제부터 직업 및 주거 선택의 부자유까지 신원보증이 필요한 모든 일상에서 차별과 배제를 경험하였다. 법적인 배제와 일상화된 차별은 사생아 본인뿐만 아니라 미혼모에게도 해당되어, 미혼모는 부적절한 관계를 통해 아이를 낳은 타락하고 불결한 여성이라고 낙인찍혔다. 2005년 150,467건(추정치)의 미혼 임신 중 95.7%가 임신중절을 했다는 통계에서 드러나듯 사생아의 출산은 미연에 예방하는 것이 사회적 통념이자

---

4 혼인 외 출생 자녀에 대해 생부모가 자기 자식임을 확인하는 일.
5 홍양희, "'애비 없는' 자식, 그 '낙인'의 정치학: 식민지 시기 '사생아' 문제의 법적 구조", 「아시아여성연구」 52권, 숙명여자대학교 아시아여성연구소, 2013, 207-208쪽.

기대된 행동이었고, 2016년 통계청 조사에서도 혼외출산에 대한 부정적 인식이 75.8%로 높게 나타났다.[6] 한국의 혼외출생률은 비슷한 경제 규모의 국가들보다 현저히 낮은 1~2%이다.

미혼모 시설의 확대: 입양 산업으로의 이행[7]

미혼모의 출생 자녀는 왜, 어떤 역사적 맥락에서 해외입양 아동으로 선별·선택되었는가? 한국의 해외입양 역사를 보면, 혼인하지 않은 남녀 사이에서 출생한 자녀가 해외입양을 간 첫 사례는 한국여성과 주둔 미군 사이에서 태어난 혼혈아동이다. 이들은 1950년대부터 1960년대까지 해외입양 아동의 다수를 차지했고,

---

6   김희경, "아이들에게 가족은 울타리인가?", 「황해문화」 98호, 새얼문화재단, 2018.
7   2010년 기준으로 전체 미혼모 시설 27곳 중 절반 이상을 3곳의 입양 기관(홀트, 동방, 대한사회복지회)에서 설립·운영했다. 미혼모 시설 증가의 배경은 둘로 나눠 볼 수 있다. 하나는 입양 기관에서 미혼모 시설을 설립함으로써 입양아동을 확보하려 노력한 것이다. 다른 하나는 2000년대 중반 저출산, 고령화로 인한 재생산 위기 대책의 일환으로 국고 보조가 시작되면서 기존의 미혼모 시설이 미혼모자 보호시설로 확대된 것이다. 그때부터 미혼모자 가정과 보호시설에 대한 인정과 지원이 시작되었지만, 매우 적은 수의 시설 이용자들은 꾸준히 입양을 선택했다.
8   혼혈아동이 미국인 아버지의 인지를 받지 못하게 되는 상황은 다양했다. 첫째, 미국인 아버지가 아이의 존재를 모르는 경우, 둘째, 아이의 존재를 알고도 법적 책임을 지지 않는 경우, 셋째, 미군 아버지가 결혼과 이주를 추진하였으나 이동 명령 혹은 상관의 허락을 받지 못해 성사되지 못하는 경우 등이 있었다고 전해진다.

모두 미국인 아버지의 인지를 받지 못했던 사생아였다.[8] 1952년 당시 대통령 이승만은 늘어나는 혼혈아동 사생아를 한국에서 내보내는 것이 급선무라고 판단, 내무부와 경찰국에 혼혈아동의 수를 파악하라고 지시하고 1954년 외원으로 대한양연회를 설립하였다.

당시 혼혈아동은 인종적 이질감으로 인해 한국인과 함께 살아갈 수 없는 존재, '단일 민족', '단일 국가'라는 민족주의에 기반한 제1공화국의 정통성을 위협하는 존재로 인식되었다. 또한 혼혈아동을 자녀로 둔 미혼모는 부도덕하고 타락한 여성, 어머니가 될 수 없는 여성으로 분류되었다. 해외입양의 선두 주자라 할 수 있는 홀트아동복지회의 기록을 보면, 1950년대 혼혈아동의 입양은 입양 기관의 상담원이 지역 경찰의 도움으로 혼혈아동을 찾아 나서면서 시작되었음을 알 수 있다. 즉 한국의 해외입양 역사는 국가와 지역사회, 그리고 입양 기관이 앞장서 입양을 독려하고 혼혈아동과 미혼모를 분리시키면서 시작된 것이다.

혼혈아동의 강제이주 정책으로 시작되었던 해외입양은 1970년대에 이르러 본격적으로 입양 산업의 면모를 갖추었다. 특히 1980년대는 네 곳의 주요 입양 기관이 입양 가능한 아동을 확보하기 위해 치열하게 경쟁하던 시기였다. 이후 20년 동안 미혼모 시설이 급격히 늘어났으며, 입양아동 중 미혼모 자녀가 차지하는 비율이 70%에서 90% 이상으로 증가하는 변화가 관찰된다. 1970년대까지 3곳이었던 미혼모 시설이 1980년대 말에는 9곳으로, 1990년대엔 13곳, 그리고 2000년대 중반에는 27곳으로 늘어난다.

    2009년 통계자료에 따르면, 2003년부터 2008년까지 미혼모 시설을 통한 혼외출생 비율은 해당 연도 총 혼외출생아의 31~43%를 차지했다.[9] 2000년대 중반까지 시설 이용자의 입양 비율은 꾸준히 80~90%를 기록하고 있다. 즉 미혼모 시설 이용자의 입양률이 시설 밖 혼외출생 아동의 입양률에 비해 현저히 높다고 볼 수 있다. 이 높은 입양률을 어떻게 이해할 수 있을까? 미혼모 시설의 설립 근거와 취지, 시설 이용자들의 증언, 출산 후 결정을 돕는 상담 프로그램의 예시를 통해 지원과 배제, 보호와 억압의 모순적 면모가 어떤 방식으로 입양의 경로가 되었는지 살펴보자.[10]

입양의 메커니즘: 보호와 지원 = 배제와 구속

미혼모 시설은 위기를 맞은 미혼 임산부에게 임신과 출산을 지원하는 총체적인 거주시설이다. 안전한 출산을 위해 주거, 숙식, 의료 지원과 출산, 퇴소 후의 진로 상담을 제공하는 유일한

---

[9] 이미정, "사회적 편견과 미혼모 관련 통계",《제60차 여성정책포럼: 미혼모의 현실과 자립지원 방안》자료집(2010년 2월 24일), 한국여성정책연구원.
[10] 모든 미혼모 시설이 입양을 위한 프로그램만을 선정한 것은 아니었다. 애란원은 1990년대 말부터 미혼모의 자기결정권과 양육지지 프로그램을 선도적으로 모색해 나갔다.

사회복지시설이다. 초기 미혼모 시설은 기독교 신앙을 바탕으로 한 '생명존중' 사상에 입각하여 낙태를 반대하고, 갑작스러운 임신으로 고민하는 이들이 건강한 사회인으로 복귀할 수 있도록 돕고자 설립되었다. 초창기 미혼모 시설은 윤락행위등방지법에 따른 직업보도시설로서, 미군을 상대하는 '윤락여성' 및 고아를 돌보다가 1970년대 이후 점차 미혼모만을 위한 시설로 변모했다.[11] 시설 일과에 참여해야 하고 일정 정도 신체적 자유를 통제받는 단체거주시설이라는 특성상, 이용자는 가능한 한 입소를 늦추려 했으며 평균 입소 기간은 1~3개월이었다. 일단 시설에 입소하게 되면 양육과 입양 중 하나를 선택해야 했고, 거주 기간 동안 이 선택을 위한 상담이 이루어졌다.

1983년 구세군 여자관에 입주하여 아이를 입양 보냈던 차명숙(가명, 당시 18세)은 자신이 미혼모 시설에 입소하게 된 경위를 이렇게 밝히고 있다.

> 우리 형님이 저를 동네 조산소에 데리고 갔어요. 조산소를 데리고 갔는데 거기에서 저를 그리로 보냈어요. 구세군 여자관으로 저를 보냈어요. 저는 어디로 가는지도 모르고 무조건 따라갔어요. (…) 봉고차에 나를 태우고 갔어요. 근데 거기를 우리 신랑 허락도 안 받고 내 허락도 안 받고 그렇게 가게 되었어요. 거기를….[12]

---

11 애란원, 『애란원 50년사[1960-2010]』, 한국장로교복지재단 애란원, 2010, 55쪽.
12 김호수, 〈해외입양 친모 구술작업〉, 2011, 미공개.

당시 미혼모 시설은 윤락행위등방지법에 의거 직업보도시설로 분류되었다. 이 법령의 제7조에 근거, 차명숙은 "윤락 행위의 상습이 있는 자와 환경 또는 성행으로 보아 윤락 행위를 하게 될 현저한 우려가 있는 여자를 선도·보호하기 위하여" 설립되었던 보호지도소에 미혼모라는 이유로 감금되었다. 입소와 동시에 자신의 옷과 소지품을 압수당하고, 밖에 나가지도 밖으로 연락하지도 못하는 상태로 직업훈련에 해당하는 자수, 꽃 만들기를 배우면서 출산을 기다렸다. 오직 갈 수 있었던 곳은 구세군 여자관 옆 동의 교회였다고 한다. 차명숙이 시설에서 보호, 아니 감금 생활을 하는 동안 아이의 장래는 입양으로 결정되었다.

> (1984년) 당시에는 병원에서 아이를 낳으면 무조건 입양이에요. 상담 뭐 이런 것도 없었고….[13]

차명숙의 증언처럼, 1996년 미혼모 시설의 법적 근거가 모자복지법으로 전환, 확대되기까지 미혼모 시설에서 상담은 거의 전무한 실정이었다. 1996년부터 사회복지사와 상담 전문 인력을 고용하고 상담을 제공할 수 있었다.[14]

그러나 2000년도 중반에 미혼모 시설 이용자였던 희영(가

---

13 앞의 글.
14 애란원, 앞의 책, 42쪽.
15 희영의 증언은 2011년 3월 전화를 통한 심층 인터뷰와 2012년 《싱글맘의 날》 행사 자료집을 토대로 재구성되었다.

명, 당시 35세)에 따르면 미혼모 시설에서 받을 수 있었던 상담은 매우 한정적이었다.[15] 한 달에 한 번 꼴로 입양 기관에서 직접 나와 입양에 대한 설명과 홍보를 한 반면, 양육에 관한 정보는 제대로 취득할 수 없었다고 증언한다. 입양은 아이를 위해 엄마가 할 수 있는 최대한의 희생이자 본인과 아이의 인생을 돕는 해결책으로 제시되었다. 설명회에서는 국내입양과 해외입양의 장단점을 짚는데, 국내입양은 비밀인 반면 해외입양은 편지 및 사진 교환이 가능하며 아이가 성인이 된 후 상봉할 수도 있다고 소개되었다. 또한 미혼모 시설에서는 해외입양인과 정기적으로 만나는 프로그램을 운영했는데, 이는 입양 예정일을 기다리는 미혼모와 자신의 출생 환경 및 배경에 관심을 가진 입양인에게 소중한 기회가 되었고 치유의 효과도 있었다. 하지만 양육에 대한 실질적인 지지와 프로그램이 빈약한 상태에서 이런 만남은 추상적이기만 했던 입양을, 특히 해외입양을 긍정적인 사례만을 통해 장려하는 효과를 낳았다.

일단 입양을 '결정'하게 되면 입양 기관에서 소위 '관리'에 들어가는데, 희영은 자신이 개인 면담을 요청하자 세 곳의 입양 기관에서 일제히 '입양동의서'와 '친권포기각서'를 들고 왔다고 증언한다. 입양동의서에는 "자신과 아이 아빠의 취미, 특기, 학력, 가족관계, 혈액형, 좋아하는 꽃과 색깔, 체중과 키 등의 신체 정보"를 적었고, 이후 한 번 더 시설에 들른 입양 기관 직원들과 5분 정도 안부 인사를 나눴다고 한다. 그것이 희영이 받은 개별화된 입양 상담의 전부였다. 때때로 그들은 아이가 태어나기도

전에 미혼모 시설 이용자에게 입양동의서 서명을 종용했으며, 서명 후에는 출산과 동시에 아이를 병원에서 입양 기관으로 인도했다. 분만 후 아이와 한 번도 만나지 못하는 경우도 종종 있었다. 이 과정에서 쓴 친권포기각서는 법적 효력이 없음에도 불구하고 입양 선택을 번복할 수 없게 만드는 구속 기제로 쓰였다. 입양 기관 상담원은 미혼모의 불안한 현재를 양부모의 안정된 경제 상황과 끊임없이 비교하면서 입양을 최선의 선택으로 제시하였다.

만일 시설 이용자가 양육과 입양 사이에서 결정을 내리지 못한 채로 아이를 분만하게 되면, 결정의 유보, 망설임 자체가 양육을 책임지고 할 수 없는 증거라고 판단하여 재차 입양을 선택하도록 종용했다. 2005년 당시 16세였던 또 다른 시설 이용자 김유미(가명)는 결정을 유보하고 있던 상황에서 예정일보다 빠르게 분만했는데, 아이를 낳고 보니 입양을 보내고 싶지 않았다. 하지만 어떤 지원도 준비물도 없이 분만한 그녀는 출산 후 채 몇 시간도 되지 않아 도착한 입양 기관 직원 앞에서 친권포기각서와 입양동의서에 서명하고 아이를 입양 보낸 기억을 가지고 있다.[16]

앞의 예에서 살펴본 바와 같이 미혼모 시설 이용자는 요보호여성으로서 지역사회로부터 분리되어 시설의 보호를 받게 된다. 시설을 통해 임신과 출산 과정에서는 지지와 보호를 받지만

---

16 김호수, 앞의 글.

지원제도의 결핍, 사회적 낙인, 지역사회와 원가족으로부터의 공간적·시간적 분리를 경험하면서 양육에 관한 충분한 정보를 받지 못한 채 양육을 포기하게 된다. 자신이 친권자로서 갖는 권리에 대한 어떠한 이해 없이 단지 입양 기관에서 제공하는 편파적이고 피상적인 정보 앞에서, 미혼모는 양육의 불가함을 다시 한번 확인하게 되고 입양을 선택하게 된다. 숙려 기간이 전무한 상태에서 5분, 10분 정도의 상담으로 삶의 중요한 문제인 입양을 결정하게 만드는 방식에 대해 이명숙 변호사는 "민법상 강박에 따른 의사 표시로도 볼 수 있다"고 일갈한다.[17] 다시 말하면, 미혼모 시설에서 입양에 관한 독려와 함께 입양 절차가 이루어지는 것은 명백히 미혼모의 재생산 결정권을 침해할 소지가 있다는 것이다.

또한 미혼모 시설은 미혼모에 대한 인구학적 특징을 파악하고 미혼모 인구 집단에 대한 지식을 생산하는 장이 되었다. 1970년대부터 2000년대에 이르기까지 사회복지, 형사학, 간호학, 사회문제 연구 등 다양한 지식의 발전 과정에서 시설에 거주하는 미혼모들이 미혼모 인구 집단의 표본 집단으로 상정된 것이다. IQ 지수, 교육 정도, 가정환경, 성장 배경, 고용 상태부터 성 경험, 임신 횟수, 흡연 여부, 약물 사용 등에 이르기까지 미혼모들의 신체 정보 및 사회인구학적 행위 패턴 정보는 전문가의

---

17 이명숙, "'미혼모들이 경험한 입양 상담 서비스'에 대한 토론문", 《제60차 여성정책포럼: 미혼모의 현실과 자립지원 방안》 자료집(2010년 2월 24일), 한국여성정책연구원, 111쪽.

언어로 가공되었고, 미혼모는 양육이 불가능한, 입양을 '선택'해야만 하는 이들로 분류되었다. 이렇듯 미혼모 시설은 특정 인구 집단을 '비정상' '요보호' 집단으로 범주화하고, 집단의 인구학적 특징의 일반화를 가능케 함으로써 통치의 기제 역할을 해 왔다.

미혼모 통치의 핵심은 정상가족을 보전하는 것에 있다. 미혼모 시설에서 입양 기관으로 이어지는 미혼모의 선택은, 태어나는 아이에게 편모보다는 부모가 있는 '정상적인' 환경이 좋다는 상식, 경제적으로 부유한 가정에 아이를 입양 보내고 새롭게 출발하는 것이 좋다는 모두를 위한 선택처럼 포장된다. 상식이 된 정상가족의 가치와 편견 앞에서 미혼모는 가족의 바깥으로 내몰린다. 이때 미혼모의 입양 결정은 단순히 개인의 결정이라기보다는 미혼모 시설에서 입양 기관으로 이어지는 경로로 포획되는 과정은 아니었는지 반문하게 된다. 몇 세대에 걸쳐 미혼모와 사생아, 혼혈아동, 기아, 장애아동 등 '비정상적인 인구 집단'의 배제의 기제로 자리한 입양은, 미혼모는 가족을 만들 수 없는 존재임을 증명하고 이성애-정상가족주의라는 배타적이고 폭력적인 질서를 지켜 내는 과정이었다.

시설 밖으로: 입양을 보낸 미혼모

많은 시설 이용자는 자신이 아이를 출산하여 입양 보냈다는 사실을 감추고 시설의 담장 너머 사회로 돌아온다. 그들은 미혼모 시설의 설립 취지처럼 위기의 순간을 극복하고 '정상적인' 사회인으로 재활할 수 있을까?

사회복지학자 최승희는 퇴소 후 미혼모가 겪는 만성적 슬픔에 주목하면서 이 슬픔을 죄의식, 불안, 두려움, 분노 등을 동반하는 복합적 슬픔으로 표현한다. 최승희의 연구에 따르면, 이러한 복합적 슬픔은 "유예된 만성적인 비탄의 감정으로 남게 되어 슬퍼해야 하는 시기에 슬퍼하지 못하고, 상실에 대해서 심리적으로 갈등하며, 오래도록 지속되는 특성을 가진다"고 한다.[18] 입양을 보낸 미혼모의 복합적이고 만성적인 슬픔에 대해, 그보다 더 무거운 미혼모의 침묵에 대해 탈시설 운동은 무엇을 말하고 어떻게 연대할 것인가? 그들의 시설에서의 경험과 시설 밖의 비가시화는 탈시설 운동에 어떤 질문을 던지는가?

장애여성공감의 IL활동가 조미경은 탈시설 운동의 목적과 의미를 "시설화를 유지하는 지배권력이 무엇인지 분석하고 이에 대항하여 상실되었던 삶에 대한 주체성과 권리를 되찾는 일, 나아가 시설화를 추동하는 정상성에 도전하는" 일로 정리한다.[19] 지금은 노년에 이른 기지촌 미혼모부터 최근 입양을 보낸 미혼모에 이르기까지, 자신이 '선택'했지만 실은 '선택이 아니었

---

18 최승희, "자녀를 입양 보낸 미혼모의 상실", 《제60차 여성정책포럼: 미혼모의 현실과 자립지원 방안》 자료집(2010년 2월 24일), 한국여성정책연구원, 33쪽.
19 조미경, "탈시설 운동의 확장을 위한 진지로서의 IL센터", 《2018년 IL과 젠더 포럼》 자료집(2018년 10월 23일), 장애여성공감, 44쪽.

던' 그 과정에서 상실된 주체성과 권리를 회복한다는 것은 무엇을 의미할까?

이는 입양 서사로부터 너무나도 강력한 미담과 성공 신화를 걷어 내고, '가슴으로 낳은 아이'가 있기까지 필연적으로 겪어야 했던 생모의 복합적이고 만성적인 슬픔을 정상성의 구조적 폭력으로 기억하는 일이다. 무수한 미혼모들의 호명되지 못한 슬픔을 구조적 폭력으로 애도하려면, 김순남의 제언처럼 탈시설 운동은 "분리와 시설의 삶을 강제했던 사회와 국가에 대한 질문이자 폭력적 가치에 개입하는 삶의 여정"으로 실천되어야 한다.[20] 이 여정은 비단 미혼모뿐만 아니라 장애인, 부랑인, 성판매여성 등 '비정상' '요보호' 인구 집단과 연대하는 과정이자, 정상성의 이름으로 자행된 수많은 언어적·신체적 폭력과 국가의 통치 기술에 맞서는 일이다. 또한 이것은 정상성의 이름으로 시작된 여러 수용의 역사를 다시 쓰는 일이기도 하다.[21]

---

20 김순남, "정주할 권리, 이동할 권리, 관계를 맺을 권리",《2018년 IL과 젠더 포럼》자료집(2018년 10월 23일), 장애여성공감, 57쪽.
21 나영정, "시설화를 넘어서기 위한 다양한 권리들",《2018년 IL과 젠더 포럼》자료집(2018년 10월 23일), 장애여성공감, 20쪽.

3
탈가정 청소년의 주거,
보호가 아닌 권리로

변미혜 ◦ 함께걷는아이들 활동가

"나는 이런저런 노력을 해도 다 안 돼. 내 편도 없고 어디서든 쫓겨나는 인생이야. 그러니까 나랑 같이 살면 안 될까?"

몇 년 전 청소년 한 명이 거리 아웃리치 활동가인 나에게 진지하게 물었다. 열 살이 되기 전 아버지로부터 보육원에 맡겨졌다가, 보육원 형들의 폭력에 고통을 호소하는 그를 방관하는 실무자를 믿을 수 없어 그곳을 떠나, 5년이 넘도록 쉼터를 떠돌며 살아가는 이의 치유되지 않은 고통과 정리되지 않은 마음이 절실히 느껴졌다. 그의 무력감이 고스란히 내 것이 되는 순간이었다. 탈가정을 하여 살아가는 청소년의 삶에 필요한 건 '누군가와 믿고 의지하며 살 수 있는 내 집'이라는 것을, 고통을 끊어 내기 위해서는 그것이 우선되어야 한다는 것을 그는 알고 있었다.

밤새 거리를 돌아다니며 청소년과 나름의 일상을 꾸리던 날들이 다시금 고민되었다.

많은 이들에게 거리는 일상적인 가정폭력에서의 '탈출'의 공간이고, 비슷한 어려움을 경험했기에 의지할 만한 사람을 만날 수 있는 공간이고, 새로운 기회를 접하거나 오롯이 내 것인 삶을 꾸려 가는 공간이다. 물론 무방비 상태의 거리에는 또 다른 위험이 기다리고 있기도 하다. 주거가 불안정한 이의 일자리나 소득이 안정적일 리 없다 보니 위험한 일이 일상을 삼켜 버리기도 한다. 가장 힘든 순간에 잠자리와 먹거리를 제공하며 위로가 되었던 사람으로부터 겪는 성폭력, 열악한 일상을 비집고 들어오는 성매매 제안, 스무 살이 되면서 시작되는 수천만 원의 부채와 같은 일들이 연속적으로 일어난다. 이런 일들이 거리에서는 일상적인 시간이 된다. 그러나 사회는 이들이 겪는 피해를 '자발적 선택'이라며 책임에서 발을 뺀다. 청소년이 겪는 고통이 과연 청소년 '개인의 책임'인지 되묻고 싶다.

결국 사회는 위험한 상황이 벌어지는 거리를 청소년이 있어서는 안 되는 공간, 위험하지만 책임질 수 없는 공간으로 규정하며 '시설'을 권유한다. 정부가 내놓은 유일한 대안이다. 과연 시설은 청소년에게 '살고 싶은 집'이 되고 있을까? 청소년이 집 밖에서, 시설 밖에서 각자의 방식으로 잘 살 수 있는 삶이란 불가능한 것일까? 주거 공간이라는 것이 누구에게는 필요하고 누구에게는 필요 없는 것일까?

청소년을 향한 미성숙 담론

이런 답답한 현실은 청소년을 향한 미성숙 담론에서 시작된다. '청소년은 어리고 미성숙하다'는 이유로 누군가의 보호와 교육이 반드시 필요하다고 믿는 사회. 심지어 보호자가 제 역할을 할 수 없을 때는 청소년이 문제를 일으킬 수도 있다며 '우범소년'으로 규정하여 소년원에 '강제보호' 조치를 하기도 한다. 1980년대에 일어난 '형제복지원' 사건이 오버랩 되는 것이 전혀 이상하지 않다. 청소년이 머무르는 모든 공간에는 청소년이 아닌 자들이 정해 놓은 규칙이 존재하고, 청소년이 시설에서 지내려면 자신에 대한 정보를 다 쏟아 내야 한다.

가족관계, 가족 연락처, 음주와 흡연 여부, 연애관계 등등 단 하루를 지내더라도 민감한 정보까지 다 밝혀야 한다. 이렇게 '어리다'는 이유로 벌어지는 사회적 억압과 규제는 청소년을 향한 모든 공간과 제도, 지원에 존재한다. 심지어 지금도 교육의 한 방법으로 체벌을 원하는 시설이 있다. 과연 비청소년이 머무는 공간에서도 이런 요구가 가능할까?

이렇다 보니 청소년이 일상에서 만들어 낸 대안은 사회에서 무시될 수밖에 없다. 청소년이 '위험한 어른'들의 세상에서 서로를 지키고 평등하게 소통하며 살아가는 것을 전제로 만든 공동체였던 '가출팸'[1]은 매스컴을 통해서 문제의 온상으로 지목되었다. 청소년 지원기관에서는 청소년의 욕구를 듣고 그가 원하는 방식으로 안전하게 살아갈 수 있도록 지원하기보다는 뿔

뿔이 흩어 놓거나 시설로 보내는 것에 혈안이 되어 있다. 청소년이 시도하는 다양한 방식의 주거와 공동체는 지역사회에서 섬처럼 놓여 '결국' 위험한 상황을 만나게 되는 것이다.

가정폭력의 지속을 부추기는 정상가족 이데올로기

청소년이 거리로 나와 주거를 고민하게 된 시작점에는 '가정폭력'이 있다. 가출한 청소년의 대부분은 가정에서의 학대와 방임으로 탈가정을 시도한다. 이들에 대한 사회의 입장은 '가정으로의 복귀'이다. 어떻게 이런 논리가 가능하게 되었을까?

    정상가족 이데올로기는 아직도 자연스럽게 사회가 청소년에 대한 사회적 책임을 회피하는 논리로 작동한다. 가정에서 폭력이 일어날 때 청소년은 어떤 위치에 놓이게 될까? 정상가족에 대한 환상은 결국 가부장제를 강화하고, 아버지의 권력을 극대화하며, 그 과정에서 어머니조차 무력하게 만든다. 오히려 이런 폭력적 관계 속에서는 약자인 어머니도 가장 강한 위치에 있는 아버지의 편에 서기도 한다. 가장 약한 위치에 있는 청소년이 폭력의 고리를 끊는 것은 매우 어려운 일이며 결국 살기 위해 가정에서 탈출을 시도하게 된다. 그런데 이에 대한 사회적 대책이

---

1   가출한 청소년들이 함께 살아가는 집단으로, '가출 패밀리'를 줄여서 부르는 말이다.

라고는 그런 청소년을 잘 설득하여 가족과 화해하게 하는 것밖에 없다. 그 '정상가족'으로 돌아가게 만드는 것이다.

법 또한 이 문제가 얼마나 심각한지를 보여 준다. 민법 제914조에 따르면 미성년자의 '거소지정권'이 부모에게 있기 때문에, 쉼터에서는 청소년의 거취 결정을 부모와 상의하고 폭력의 관계로 돌아가게 만들기도 한다. 안전을 위해서 가정폭력을 신고하기도 어렵다. 실제로 가정폭력의 피해를 입증하기도 쉽지 않을뿐더러 파생되는 결과를 피해 당사자가 다 감당해야 하기 때문이다. 신고하더라도 가해자인 부모는 몇 시간의 교육만 받고 다시 일상으로 돌아오기 때문에 결국 상황을 피할 수 없게 된다. 심지어 이런 폭력적 상황으로 인해 청소년이 가족과 단절되면, 해당 청소년은 가족 단위로 지원되는 모든 사회복지서비스에서 제외되기도 한다. 이렇듯 정상가족 이데올로기는 다양한 문제의 책임 회피 기제로 작동하며 폭력적 관계에서 청소년을 무기력하게 만든다.

청소년 시설은 '주거' 지원인가, '보호' 지원인가

이제 청소년이 머무는 시설에 대해 생각해 보자. 현재 청소년 주거에 대해서는 아무런 사회적 대안이 없으니 보호시설의 테두리 안에서 살펴볼 수밖에 없다. 청소년이 여러 이유로 탈가정을 하게 되는 경우 지낼 수 있는 곳은 현재 청소년 쉼터가 거의 유일하다.

여성가족부에서는 연간 가출 청소년 수를 27만 명 정도로 추산하고 있는데, 전국 청소년 쉼터는 연인원 3만 2천여 명이 이용할 수 있다.[2] 2017년 여성가족부가 공개한 '청소년 쉼터 유형별, 퇴소 사유별 인원 현황'에 따르면, 2016년 한 해 동안 청소년 쉼터를 찾은 29,256명의 청소년 중 55.9%인 16,352명이 무단이탈, 자의 퇴소, 무단 퇴소 등 제 발로 쉼터를 나간 것으로 나타났다. 이는 청소년 쉼터가 청소년이 원하는 주거가 아니라는 방증이다.

과연 쉼터를 탈가정 청소년의 '주거 지원'으로 볼 수 있을까? 청소년복지지원법 제31조 제1항에서 쉼터의 설치 목적을 살펴보면, "가출 청소년에 대하여 가정·학교·사회로 복귀하여 생활할 수 있도록 일정 기간 보호하면서 상담·주거·학업·자립 등을 지원하는 시설"이라고 되어 있다. 결국 쉼터는 '가정 복귀'라는 미션을 수행하기 위한 각종 노력을 할 수밖에 없는 것이다. 앞서 언급했지만 거소지정권 때문에 청소년이 지낼 곳은 친권자의 권한으로 정해진다. 쉼터는 해당 청소년의 상황과 상관없이 보호자에게 연락을 취해 쉼터에서 지내는 것을 허락받거나,

---

[2] 경찰청에 따르면, 2016년 말 가출 청소년 수는 21,852명으로 조사되었다. 그러나 이는 가출 신고 및 범죄 등 사건 접수가 된 경우를 바탕으로 하며, 실제 가출 경험이 있는 청소년 중 약 8~10%만이 이 통계에 포함된다. 여성가족부는 2017년 말 가출 청소년 수를 약 27만 명으로 발표했고, 그중 3만 명 정도가 시설이나 기관을 이용하고 있다고 밝혔다.

보호자가 원치 않을 경우 학대와 방임이 여전한 가정으로 돌려보내야 한다. 게다가 입소를 위해서는 여러 문서에 자신의 모든 정보를 내어놓아야 하며, 수십 개의 규칙을 지키지 않을 시 퇴소하겠다는 서류에 서명해야 한다. 쉼터에서는 당당하게 불편함을 호소할 수 없고, 말을 잘 듣고 규칙을 잘 지켜야 다른 지원을 받기도 한다.

한편 이런 열악한 상황 속에도 또 다른 소수자가 존재한다. 청소년 성소수자는 노골적으로 시설 출입이 금지되거나 존재 자체가 퇴소의 사유가 되기도 한다. 운 좋게 시설에서 지낼 수 있게 되더라도 "넌 벌 받을 거야", "빨리 정신 차려" 등 저주를 쏟아 내는 실무자를 만나거나 본인의 의사와 상관없이 정체성이 공개되는 '아웃팅'이 벌어지기도 한다. 상황이 이렇다 보니 청소년 성소수자를 지원하려는 활동가들은 믿고 연계할 수 있는 쉼터가 하나도 없다고 호소한다. 때로는 성소수자임을 밝히지 말라고 조언하는 일도 일어난다. 청소년은 많은 순간, 여러 장면에서 차별과 배제를 경험하며 살아가고 있다.

이런 시설이나 사회서비스를 평가할 때 청소년 당사자의 의견이 반드시 필요하지 않을까? 청소년의 인권을 위해 필요한 서비스이자 공간이니 당사자에게 얼마나 만족하는지, 얼마나 편하게 지내는지 묻는 것이 당연하다. 그러나 현실에서는 얼마나 '사회적으로 인정하는 방식의 자립을 이뤘는지'만이 평가 기준이 된다. 이로 인해 시설은 책임과 의무만을 강조해 청소년이 편히 쉬거나 마음껏 다음을 계획할 수 없는 공간이 되어 버린다.

쉼터를 집이라 생각하는 사람은 없다. 시설은 집이 아니다. 누군가 만들어 놓은 규칙을 반드시 지켜야 지낼 수 있는 공간이다. 이미 청소년들 사이에서 쉼터는 자율성과 다양성이 보장되지 않는 공간으로 인식되고 있다.

청소년의 주거권을 되찾기 위해서

청소년 주거와 관련한 복합적인 문제들에 대응하기 위해 20여 명의 현장·인권·법률 활동가들이 '청소년주거권네트워크'로 모이기 시작했다. 탈시설이 가능해야, 청소년 개개인에게 온전한 주거 지원이 가능해야 시설 또한 변화하고 다양한 주거 형태가 제안되리란 막연한 기대로 2019년부터 활동하고 있다. 답답한 청소년 보호정책 내에서 '좋은' 답을 찾는 것이 불가능해 보였고, 좋은 선택지가 없는데 결과와 책임은 온전히 청소년 몫으로 다가오는 것을 더 이상 지켜보고 있을 수만은 없었다.

'날마다 바뀌는 집'이 더 나은 삶을 찾아 나선 청소년들이 치러야 할 대가라면, 이는 너무 가혹합니다. 맞바꿔도 되는 인권이란 없으며, 가장 열악한 상황에서도 지켜져야 할 존엄이 있기 때문입니다. 우리는 '청소년주거권'을 열쇳말 삼아 쉽사리 가려지거나 없는 셈 쳐지는 청소년 주거 불안 문제를 세상에 알리고 함께 대안을 찾고자 합니다. 왜 청소년들이 불안과 위험을 감수하면서

까지 가족도, 시설도 아닌 황량한 거리를 선택하는지에 주목합니다. 누구나 살고 싶은 집에서 살 수 있어야 한다는 인권의 원칙을 기억하며, 가족을 떠나거나 여러 시설을 전전하는 데는 그럴 만한 '이유'가 있음을 외면하지 않으려 합니다.

_청소년주거권네트워크를 시작하며 발송한 초대장에서

그동안은 지원 현장에서 청소년 시설의 문제만을 이야기했지만, 이제는 '보호가 전제된 주거'가 아닌 '주거 먼저 보장 housing first'으로 넘어가야 한다. 청소년을 보호해야 하는 존재로 여기는 한 이들이 자신의 삶과 자립의 주체가 되기 어렵다는 것을 우리는 확인해 왔다. 이젠 보다 다양한 맥락에서 '청소년주거권'을 되찾기 위한 시도를 해 나가야 할 것이다. 단지 당장 필요해서 이용하는 서비스가 아닌, 진정 주거에 대한 권리를 누릴 수 있어야 하기 때문이다.

현재로서는 넘어야 할 산이 높기만 하다.[3] 법적으로 부모에게 '종속'되어 있는 현재 구조 안에서 청소년 개개인의 주거권을 되찾는 일이 쉽지만은 않다. 어디서부터 손을 대야 할지, 어떤 제도나 법이 바뀌면 그게 가능할지에 관해 이제 막 고민이 시작

---

3   2019년에 시작한 청소년주거권네트워크는 한국사회에서 아직은 낯선 청소년주거권 개념을 사회적으로 공유하고, 청소년 주거 정책에 대한 연구 결과와 당사자 및 활동가의 서사와 문제 제기를 통해 관련 담론을 형성하고자 한다. 또한 청소년주거권이 보장된 '실질적 주거 공간'의 확보를 위해, 당사자의 삶과 요구를 바탕으로 정책 제도 개선 및 다양한 제안 활동을 해 보고자 한다.

되었다. 청소년의 요구가 정책과 서비스에 반영되고, 또 다양한 서비스를 청소년이 선택적으로 이용할 수 있기를 바란다. 이 과정에서 청소년 당사자가 자기 경험을 나누고 요구할 기회와 직접 변화의 주체로 참여할 수 있는 장이 만들어져야 할 것이다. 청소년이 겪는 수많은 어려움과 고통은 개인의 것이 아니다. 각종 사회문제에서 파생된 어려움을 고스란히 겪는 이들이, 누군가의 종속에서 벗어나 다양한 삶의 방식을 존중받으며 살아갈 수 있기를 기대한다.

4

한부모, 장소가 만들어 내는 차이:
탈시설에서 답을 찾다

오진방 ◦ 한국한부모연합 사무국장

장소가 만들어 내는 차이

공간상의 좌표나 영토로서의 객관적 공간이 아닌 사회공간적 실천과 밀접한 관계하에 경계 지어지고 규정되는 '장소'의 개념을 제안한 린다 맥도웰Linda McDowell은 장소가 정체성과 긴밀한 연관이 있다고 보았다.[1] 갑작스런 임신으로 가족의 도움 없이 아이를 낳아야 하는 여성, 남편의 죽음으로 혼자 아이를 키워야 하는 여성, 남편의 폭력 혹은 남편과의 갈등으로 위자료나 양육비 없이 생계와 양육을 모두 감당해야 하는 여성에게 가장 필요

---

1   린다 맥도웰, 『젠더, 정체성, 장소: 페미니스트 지리학의 이해』, 여성과 공간 연구회 옮김, 한울아카데미, 2019.

한 '장소'는 어디일까?

　현재 전국 125개 생활시설과 4개의 복지상담소를 운영 중인 한부모 복지시설의 위력은 대단하다. 한국전쟁 이후 전쟁미망인과 고아들을 수용하면서 시작된 모자원 사업은 이후 모자복지 사업으로 발전했고, 1989년 모자복지법, 2007년 한부모가족지원법 제정으로 이어졌다. 한부모가족지원법 제1장 제9조와 제3장 전체가 한부모 복지시설 관련 법 조항으로, 한부모는 미혼모, 여성 한부모, 남성 한부모로 분류되어 기본생활 지원형, 공동생활 지원형, 자립생활 지원형 시설에 각각 1~3년, 모두 합쳐 5년 동안 입소할 수 있다.

　한부모 가구는 다양한 가족 형태 중 하나로 꾸준히 증가하고 있으며, 2018년 기준 154만 가구로 추정된다. 한부모 복지시설은 그중 약 0.2%인 4천 명을 보호하는데, 한부모 복지 예산 중 많은 부분이 시설 유지비와 운영비로 사용된다. 시설장 대부분은 한부모 정책 운영에 대표성을 가지고 참여한다. 시설장 또한 한부모이거나 한부모를 잘 아는 이들이 대부분이지만 이들의 인식에서 한부모는 '보호하고 지원해 주어야 하는 대상'에 머물러 있다. 그들은 '수용, 입소, 공적 지원체계, 종사자, 거주자'와 같은 표현을 사용한다. 사용하는 용어에서 보듯, 그들에게 시설은 일정 기간 경제적 비용 없이 주거를 제공함으로써 심리·정서적 안정에 큰 도움을 주는 지원일 뿐이다. 한부모의 '주거권'을 보장하기 위한 장소가 아닌 '시설'로서의 장소는 수용된 조건 안에서 양육자와 가장, 그리고 부양가족 모두를 '수혜자'로 만든다.

한부모 시설에서 답을 찾을 수 있을까

2019년 3월 국회에서 '한부모 가족의 자립, 시설에서 답을 찾다'라는 제목의 토론회가 열렸다. 최대 5년인 한부모 시설 입소 기간을 10년으로 늘리고 시설 종사자의 3교대 근무가 가능하게 지원한다면, 정원 대비 입소율을 50%에서 100%로 끌어올릴 수 있다는 것이다. 또한 적극적인 홍보와 시설 확충을 통해서 더욱 많은 한부모를 유치하면 그들의 자립을 유도할 수 있다는 주장도 나왔다.

한부모 당사자로서 토론회에 참석한 후, 과연 한부모의 자립을 시설을 통해 이룰 수 있을지 다시 한번 묻고 싶어졌다. 지금은 장애인단체를 비롯한 대다수의 인권단체가 '탈시설'을 외치며 개개인의 욕구에 맞는 복지급여와 서비스를 요구하는 때다. 한국한부모가족복지시설협회[2]는 혼자 아이를 키운다는 이유만으로 홀대받던 한부모를 '환대'한다고 말하지만, 그들의 사업을 통해 한부모가 진정으로 자립하고 삶의 질이 나아졌는지 냉정히 물어야 한다.

---

2   한국한부모가족복지시설협회는 "1950년 6·25 전쟁으로 인하여 발생된 한부모 가족들의 보호와 복지를 위해" 창립된 단체이다. 홈페이지(www.womenbokji.or.kr)에서 주요 사업을 확인할 수 있다.

그들은 한부모 복지시설에서 지역 커뮤니티 중심 사업, 즉 취업과 돌봄 패키지 프로그램까지 운영하겠다며 시설의 인프라 확대를 요구하고 있다. 전체 한부모 154만 가구 중 0.2%에 불과한 입소 정원 4천 명을 위한 인프라 구축에 2019년 예산 64억 원이 배정되었다. 이는 2018년 15억 대비 네 배 이상 증가한 금액이다. 또한 한부모 가족은 지속적으로 '취약 가족', '위기 가족'으로 분류되면서 수동적인 정책 대상에 머무르고 있다. 시설 확대를 주장하는 관계자는 한부모의 진정한 자립과 임파워먼트를 중요하게 생각하는 것이 아니라, 시설이 가진 지역 인프라를 활용해 한부모를 다시 시설로 유입시킬 방안을 마련하는 데만 집중하는 듯 보였다.

그런데 시설에 있는 한부모는 왜 주체적으로 단체행동을 하지 않는 것일까? 한부모가 '지원'만 원하는 집단으로 보이는 것에 정말 동의하는 것일까? 저소득 한부모 가족을 중심으로 하는 복지 정책은 '한부모=저소득'이라는 낙인을 유발하고, 낙인이 두려운 한부모는 단체행동을 할 수 없는 위치에 놓인다. 한부모에게 암묵적으로 가해지는 가족상황 차별은 정상가족 중심의 가족 정책과 사회문화적 배제를 통해서 작동하고 있으며, 한부모의 가족구성권 논의는 늘 뒷전이다. 한부모에게 사회적 지원이 필요한 것은 사실이지만, 가족 내 양육자 중 아빠나 엄마가 없다는 이유만으로 보이는 과도한 관심이 때로는 한부모의 개인적인 선택이나 저항과 같은 행위성을 드러낼 수 없게 만드는 기제로 작동하는 것은 아닌지 좀 더 면밀한 검토가 필요하다.

복지의 형태는 변하고 있다. 정부는 앞으로 탈시설과 지역사회 중심의 복지서비스를 구축할 예정이다.[3] '커뮤니티 케어'는 돌봄을 필요로 하는 사람이 자택이나 그룹홈 등 지역사회에 거주하면서 개개인의 욕구에 맞는 복지급여와 서비스를 받고 함께 어울려 살아가며 자아실현과 사회활동을 할 수 있도록 하는 혁신적인 사회서비스이다. 서구에서는 1980년대 후반부터 1990년대에 걸쳐 시설의 반인권적인 측면과 높은 비용 문제를 해소하기 위해 이미 실행되어 온 제도이다.[4]

탈시설 정책에는 두 가지 종류가 있다. 첫째, 거주시설에 입소한 사람이 시설을 떠나서 자신의 공간으로 이주하는 형태의 탈시설이다. 이를 위해서는 이사할 집과 생활을 유지할 수 있는 서비스가 지원되어야 한다. 구체적으로 자립정착금 지원, 임대주택 공급, 탈시설지원센터 운영 등이 필요하다.[5] 둘째, 시설의 규모, 환경, 서비스 내용과 방법 등을 변경하는 기존 시설 개혁 중심의 탈시설이다. 이때 시설과 탈시설의 경계를 어떻게 정할 것인지를 두고 복잡한 논란이 제기되는데, 자립적인 공간이 주어지는지, 개별적인 재정이 마련되는지, 적정한 지원이 있는지

---

3   이러한 정부의 계획이 어떻게 실현될 것인지는 미지수이지만, 시설수용 중심에서 지역사회 중심으로 무게가 이동하고 있는 것은 이제 되돌릴 수 없는 흐름이다.

4   김용득, "탈시설과 지역사회 중심 복지서비스 구축, 어떻게 할 것인가?: 자립과 상호의존을 융합하는 커뮤니티 케어", 「보건사회연구」 38권 3호, 한국보건사회연구원, 2018, 493쪽.

5   앞의 글, 500쪽.

등이 시설 개혁의 핵심 요소라 할 수 있다.

전쟁 후 60년이 넘는 세월 동안 유지되어 온 한부모 시설의 사회적 지위는 이제 막 흔들리기 시작했다. 자유롭게 이동할 수 없고 관계 맺을 수 없었던 장소성에 대한 한부모의 '반란'은 시설에 오지 않는 것으로 대변된다고 볼 수 있다. 가족 중심에서 개인 중심으로 이전하는 시대적 변화 속에서 독립된 장소에 거주할 권리를 주장하는 한부모들이 등장했다. 그들은 이제 힘을 모아 국가가 대신해 주지 않는 낙태죄 폐지와 양육비 이행에 대해 목소리를 내기 시작했다. 주체성 회복을 위한 자조모임은 이미 전근대적 시설 유지 담론에 틈을 내고 있다.

낮은 혼인지위[6]와 저항 가능한 공간의 부재, 탈시설에서 답을 찾다

정부는 양육비이행관리원을 통해 양육비 상담과 미지급 시 소송 진행을 지원하는데, 상담 건수와 종사자 수가 매해 늘어난다며 전 세계 유례없는 양육비이행관리원이라고 자랑하고 있다.

---

6   혼인지위란 결혼관계에서 오는 미혼, 이혼, 사별 등의 지위의 높고 낮음을 이야기하나, 여기서는 결혼 혹은 이혼 시 여성이 남성보다 지위가 낮아지는 불평등한 구조를 표현했다. 아직도 이혼 시 아이의 양육을 전담하는 이가 친권과 양육권을 행사할 수 없는 경우가 많다. 또한 비양육자의 도움 없이 여성이 아이를 전담하는 경우가 많다.

문제는 비양육자가 양육비 지급을 하지 않을 때 가해지는 법적 조치가 없다는 것이다. 한부모가 겪는 경제적 문제는 다양한 측면에서 발생한다. 성차별적 고용 시장에는 경력이 단절된 여성이 혼자 아이를 양육하며 일할 수 있는 일자리가 많지 않다. 이혼 과정에서 양육비에 대한 비양육자의 책임을 강화할 수 있는 법적 조치가 없을 뿐만 아니라,[7] 경제력을 가진 비양육자(주로 남성)에게 주 양육자와 자녀에 대한 윤리적 책임을 물을 수도 없다.[8] 가부장적 위계 사회는 혼자서 아이를 키우기 위해서는 가난을 증명해서 '보호'받아야 한다는 강박관념을 강요한다.

하지만 지금까지 고립된 채 이러한 강요에 노출되었던 개인들이 지역별로 모이기 시작했고, 2004년 전국한부모지원네트워크를 시작으로 2010년 한국한부모연합이 창립되었다. 현재는 전국에 10여 개의 단체와 온라인을 기반으로 한 모임들이 만들어져 있다. 2018년 제정된 '한부모 가족의 날'을 통해 전국의 한부모여성이 한자리에 모일 수 있게 된 것은 파편처럼 흩어져 있던 한부모들에게는 기적과도 같은 일이었다.

---

[7] "실제로 한국의 양육비 이행률은 매우 낮다. 여성가족부의 '2018년 한부모 실태조사'를 보면 "양육비를 한 번도 지급받지 않았다"고 답한 응답자가 10명 중 7명꼴이다. 처벌 수위도 미미하다. 양육비 지급 이행명령을 위반했을 때 미국·영국·프랑스 등은 징역형까지 부과하는 데 견줘 한국에선 가장 강력한 처벌이 감치명령이다." "양육비 안 주는 부모 공개한 '배드파더스' 무죄", 《한겨레신문》, 2020년 1월 15일자.

[8] "배드파더스 사건의 외양은 '아동의 생존권'과 '양육비 미지급자의 명예'의 충돌이다." "양육비 안 주는 부모들 명예보다 아동 생존권이 우선", 《더나은 미래》, 2020년 3월 9일자.

이혼 후 내가 가장 힘들었던 점은 남편 없는 여성처럼 보이지 않기 위해 더욱 '정상'적인 옷을 입고 '정상'적으로 행동하려 애쓴 것이다. 이는 나만의 노력은 아니었을 것이다. 자녀들 또한 학교에서 혹은 친구들 사이에서 아빠 없는 것을 들키지 않으려고 무던히 애썼을 것이다. 이성애에 기반한 결혼을 통해서만 가족은 이어져 왔고, 그런 가족 안에서 여성은 위축되어 왔다. 가족 해체 위기에서도 여성은 '아이만은 지켜야 한다'는 모성을 강요받는다. 이 모든 문제를 해결하기 위해서는 한부모여성의 자발적이고 주체적인 목소리로 구조적 억압을 없애려는 노력이 필요하다. 미혼모의 이야기가 낙태죄 폐지와 관련하여 정책화되고, 한부모의 의견이 양육비 정책에 반영되어야 한다.

하지만 한부모의 의견은 제대로 정책에 반영된 적이 없다. 이를 위해서는 한부모를 둘러싸고 있는 각종 법률과 정책에 대해 알 권리를 보장해야 한다. 여성 가구주이지만 한 번도 권리 행사에 관한 교육을 받아보지 못한 이들에게 가장으로서의 책임뿐 아니라 권리도 알려 주는 시민교육이 필요하다. 그러나 시설에서는 자조모임조차도 주도적으로 할 수 없으며, 듣고 싶은 교육을 받을 수도 요구할 수도 없다.

한부모는 시설이 아닌 '개인화'된 주거권을 요구함으로써 젠더 불평등 안에서의 한부모 문제를 해결해야 한다. 장소로 보장받은 독립된 주체로서, 낮은 '혼인지위'로 인한 차별의 심각성을 인식하고 가부장적 위계질서에 집단적으로 저항할 수 있어야 한다. 더 이상 가난을 증명하지 않아도, 보호 담론을 남발하지 않아도 되는 사회를 위해서 말이다. 한부모가 겪는 많은 불평등은, 결혼 여부와 상관없이 아이를 낳을 수 있어야 한다는 재생산 권리 담론과 시설을 통하지 않고도 독립된 주거를 보장받아야 한다는 주거 권리 담론으로 해결되어야 한다. 또한 한부모도 일반 시민과 똑같이 아이돌봄서비스와 육아휴직을 이용할 수 있게 하고, 비양육자가 양육비를 지급하지 않을 시 가해지는 법적 조치를 강화하거나 국가가 대신 지급하는 대지급제를 시행하여 '독박 양육'에서 벗어나게 해야 한다.

'한부모 가족증명서'는 한부모가족지원법에 따른 보호 대상자 증명으로 소득을 따져서 발급된다. 이 증명서를 발급받아 지원을 받으려면 소득이 최저임금보다 적어야 한다. 이 때문에 한부모는 스스로 최저임금에 못 미치는 일자리를 찾거나 시설에 계속 머무는 쪽을 강제당하는 것이다. 이런 점에서 우리는 '시민으로서의 보편적 권리'보다 '수혜자로서의 혜택'으로 주어지는 지원이 정말 한부모를 위한 것인지, 보호 대상자 증명 과정이 시설 유지를 위해 '가난 증명'을 강제하는 것은 아닌지 질문해야 한다.

9   2019년을 기준으로, 만 24세 미만 청소년 한부모는 아동 양육비 35만 원(일반 저소득 한부모는 20만 원)을 받고 있다. 미혼모의 경우 미혼모자 보호시설에 입소하면 본인과 자녀에 대한 의료비를 지원받는다. 청소년 한부모 자립지원 예산으로는 31억 원이 책정되어 있다(여성가족부). 이외에도 두산에서 후원하고 바보의나눔에서 진행하는 '엄마의 미래', KDB나눔재단의 '트라이앵글 프로젝트', SBS와 아모레퍼시픽, 사회복지공동모금회가 후원하는 '미혼모 홀로서기 지원사업', CJ나눔재단의 '청소년미혼한부모 직접지원사업' 등을 통해 위기임신과 출산을 사례관리 하고 있다.

더 나아가 시설을 포함해 한부모와 어린 미혼모에게 주어지는 혜택[9]이, 과연 그들이 주체적이고 자기주도적인 삶을 향해 가도록 돕는지 다시 한번 생각해 봐야 한다. 미혼모에게 제공되는 각종 사업은 오히려 그들의 자립을 저해하고 그저 저출산 대책의 일환으로 선 지원, 후 자립이라는 보호 담론을 만들어 낼 따름이다. 60년 넘게 이어 온 시설 위주의 정책 결과가 한부모의 이용 거부라면 시설 위주의 한부모 정치의 생명은 다한 것이 아닌가? 시대가 변하고 있다. 한부모와 미혼모들은 전근대적 모성 담론에 사로잡혀 '나 자신'으로 살아 보지도 못한 채 저소득 가구로 순간이동을 하고 있는 것은 아닌지 돌아봐야 한다.

5

친밀한 통제,
시설화의 또 다른 얼굴

강진경 ◦ 전 장애여성공감 활동가

'친밀한 통제자'는 2019년 장애여성공감(이하 공감)의 인권상담 키워드였다. 왜 '친밀한 통제'에 주목했을까? 공감에서는 2018년부터 인권상담을 본격적으로 진행하게 되었다. 그 전에도 오랫동안 장애여성성폭력상담소와 장애여성독립생활센터 [숨]을 통해 성폭력 상담, 독립 상담, 활동보조 관련 상담을 진행해 왔다. 회원의 요청으로 연애관계, 가족관계에서의 갈등이나 문제 상황에 때로 개입해 왔지만, '상담'이라고 이름 붙이기보다 회원을 지원하는 것으로 생각했다. 상담이라는 형태로 회원과 관계를 맺는 것에 문제의식이 있었기 때문이다. 하지만 본격적으로 지원해야 할 사건들이 생겨났고, 장애여성 운동으로서 인권상담을 보다 체계화시켜 진행해야 할 필요를 느꼈다. 장애인이 경험하는 인권침해 문제를 다루는 곳은 적지 않지만, 공감은 특히 젠더적인 관점을 가지고 사회에 잘 드러나지 않는 일상적이고 친밀한 관계 안에서의 폭력이나 인권침해를 상담하고 피해자를 지원하고자 했다.

친밀한 관계 내에서 발생하는 인권침해의 양상을 보면, 기본적으로 장애여성을 보호가 필요한 대상으로 보고 관계 맺는 방식에서 비롯된다는 것을 알 수 있다. 이에 공감에서는 2년간 관련 주제로 상담을 진행했다. 2018년에는 가족관계에서 발생하는 폭력과 차별 경험에 집중했고, 2019년에는 친밀한 관계에서의 보호와 돌봄이 어떻게 일상의 통제로 이어지는지, 이러한 일상화된 통제가 어떻게 삶을 협소하게 만들고 시설 밖에서 시설의 삶을 재현하는지를 드러내고자 했다.[1] 이 글은 지난 2년 동안 진행했던 인권상담 현장의 고민들과 두 번의 토론회[2] 내용을 기반으로 작성했다.

장애인 학대 이슈에서 드러나지 않는 친밀한 폭력

장애인 운동 진영에서는 오랫동안 차별이나 인권침해 문제를

---

1 유진아, "장애여성의 다른 삶의 전략 말하기", 《친밀성과 통제: 장애여성 피해 경험 재해석》 토론회 발제문(2019년 10월 31일), 장애여성공감.
2 장애여성공감에서 주최한 《불편한 옆자리: 장애여성 인권상담 이슈 간담회》(2018)와 《친밀성과 통제: 장애여성 피해 경험 재해석》(2019) 토론회를 기반으로 했다.

다뤄 왔다. 특히 2009년 장애인차별금지법 시행 이후 본격적으로 차별상담전화를 운영하면서 민간 영역에서 많은 역할을 해왔다.[3] 장애인 거주시설의 인권침해를 비롯해 다양한 사건이 드러났지만, 특히 2014년 신안에서 발생한 '염전노예 사건'이 알려지면서 사회적으로 장애인 학대가 크게 이슈화되었다. 그 영향으로 2015년 장애인복지법 개정안에 장애인 학대 관련 내용이 포함되었고, 이를 근거로 2017년부터 전국에 장애인권익옹호기관이 개소하면서 학대를 당한 장애인을 위한 지원체계 마련이 본격화되었다.

지난 몇 년간 장애인 거주시설이나 특수학교 등에서 발생하는 폭력·학대 사건들이 연이어 드러났고, 지원체계를 강화해야 할 필요성에 힘이 실렸다. 이런 사안들은 폭력이 지속적으로 발생할 수밖에 없는 시설의 구조적인 특성과 연결되면서 시설의 문제를 알리기도 했지만, 한편으로는 사회에 존재하는 시설화의 다른 양상을 가리기도 했다는 점을 부정하기 어렵다.

장애인 학대 사건이 이슈화되는 상황에서 드러나지 않는 문제는 무엇일까? 〈2018년 장애인 학대 현황보고서〉를 보면, 학대 행위자 중 가장 높은 비율을 차지하는 집단은 거주시설 종사자(23.1%)였다.[4] 많은 언론이 "학대 가해자 1위는 시설 종사자"

---

3 장애인차별금지추진연대가 운영하는 장애인차별상담전화 1577-1330가 활동 10년을 넘어섰다. 전국의 네트워크를 통해 50여 개 단체들이 상담전화를 운영 중이며 차별사건 상담 및 대응, 법률 지원 등을 진행한다.
4 보건복지부·중앙장애인권익옹호기관, 〈2018년 장애인 학대 현황보고서〉, 보건복지부, 2019.

라는 내용에 초점을 두고 보도했다. 하지만 학대 행위자 비율을 자세히 보면, 부모(12.9%)와 배우자(5.8%) 등 동거인을 비롯한 친인척이 33.4%에 이른다. 학대 발생 장소도 피해 장애인 거주지(35%)가 가장 많았다. 하지만 이런 결과에 대한 분석은 아직 찾아볼 수 없다.[5] 학대 사건의 35%가 거주지에서 발생한다면 '집'이 시설보다 안전한 공간이라고 말할 수 있을까? 주거 지원이나 소득 보장을 비롯하여 장애인의 일상적 생활을 위한 사회적 지원이 많지 않은 상황에서, 한국사회는 오랫동안 가족에게 모든 책임과 역할을 부여해 왔다. 가족 구성원이 희생하거나 역으로 장애인을 무시/방치하는 극단적인 상황이 생겨날 수밖에 없는 구조이며, 그럴수록 '집'은 위태롭고 불안한 공간이 된다.[6]

특정한 공간, 특정한 집단만이 문제로 여겨질 때 다른 공간과 사람들은 쉽게 초점에서 벗어난다. 학대 현황이 명확하게 보여 주고 있음에도, 가족이나 애인을 비롯한 친밀한 관계에서 발생하는 폭력과 인권침해는 아직까지 제대로 분석되거나 중요하게 다루어지지 않는다. 단지 '가족을 비롯한 친밀한 사람들도 장애인을 학대한다'는 사실을 인식하는 것을 넘어서서 왜 어떤 현상은 강조되고, 어떤 현상은 가려지는지 면밀히 파악하는 게 중

---

5   위 보고서에서는 장애인 학대 사례를 다음과 같이 나누어 분석하고 있다. 1) 발달장애인 학대 사례 2) 집단이용시설에서 발생한 학대 사례 3) 신고의무자에 의한 신고 사례.
6   장은희, "가족관계 내에서 나타나는 장애여성 차별과 폭력 경험", 《불편한 옆자리: 장애여성 인권상담 이슈 간담회》 자료집(2018년 11월 13일), 장애여성공감.

요하다.

　이동석은 한국에 재가장애인 학대 실태에 대한 정확한 자료가 없고, 실태조사도 거주시설 내 인권침해를 중심으로 이루어져 왔다고 지적한 바 있다.[7] 2017년에 경기, 경북, 전남 지역 재가장애인 1,165명을 대상으로 진행한 실태조사에서 학대 가해자는 대부분 가족 내 구성원 또는 가까운 지인으로 밝혀졌다. 이동석은 현재 인권교육이나 학대 방지교육을 실시하는 집단이 이용시설 종사자, 사회서비스 종사자에 한정되어 있는 게 문제라고 본다. 그렇지만 형식적인 차원의 인권교육 대상이 지역사회 구성원으로 확대된다고 해서 이런 폭력을 예방할 수 있는 건 아니다. 시설과 지역사회를 이분화하는 방식 자체에 대한 문제의식이 필요하다. 가족이나 친밀한 관계 안에서 폭력이나 인권침해가 발생할 가능성을 인지하면서, 긴장감을 가지고 서로 어떤 관계를 맺을지 고민하고 실천하는 태도를 확산시켜 나가는 게 중요하다.

성별에 따라 특수하게 드러나는 폭력

장애인 학대 현황이나 관련 담론을 마주할 때 생기는 또 다른

7　이동석, "2017년 재가장애인 학대 실태조사 결과 및 함의", 「장애인복지연구」 9권 1호, 한국장애인개발원, 2018.

질문은 성별에 따라 장애인 학대 사건이 어떤 양상으로 나타나는가 하는 것이다. 장애인권익옹호기관은 2018년에 장애인 학대 사건 중 경제적 착취, 특히 노동력 착취를 중점 분석한 바 있다.[8] 그 내용을 살펴보면, 피해자 대부분이 지적장애를 가지고 있었고, 총 27건의 사례 중에 4건만 피해자가 여성이고 나머지 23건은 남성이었다. 피해자들은 농사, 어업, 축사일, 건설노동 등에 종사했으며, 경제적 착취 외에도 신체적·정서적 학대, 방임 등이 복합적으로 발생한 경우가 11건이었다. 앞서 언급한 〈2018년 장애인 학대 현황보고서〉에서 학대 유형별로 피해 장애인의 성별을 살펴보면, 경제적 착취에서는 남성이 65.2%, 성적 학대에서는 여성이 82%로 큰 차이가 있다. 이 결과만 보면 장애남성은 노동력을 착취당하고, 장애여성은 성적으로 학대당하는 양상이 두드러지지만 실제로 그렇게 구분하는 것은 적절치 않다.

노동력 착취 사건에서 지급되지 않았던 임금을 제대로 보상받는 경우가 거의 없는 것도 문제지만,[9] 장애여성이 농사나 축사일 등과는 다르게 임금으로 환산되지 않고 외부로 드러나지 않는 노동을 많이 수행하고 있는 것도 큰 문제이다. 인권상담

---

8   중앙장애인권익옹호기관,《장애인 학대 현황보고 및 노동력 착취 정책대안 마련》토론회(2018년 9월 11일).

9   장애우권익문제연구소는 장애인이 10년 이상 노동착취를 당했던 사건들에 민법상 소멸시효 10년 규정이 적용되어 보상받아야 할 임금 중 극히 일부만을 인정받는 재판 결과가 이어지자, 2019년 4월에 장애인 노동착취 사건의 소멸시효 적용 헌법소원을 제기했다. "학대 기간 오래될수록 권리구제 못 받는다? 장애계 '소멸시효' 헌법소원 청구",《비마이너》, 2019년 4월 19일자.

현장에서 만나는 이들을 비롯해 공감과 관계 맺고 있는 장애여성들의 삶에서 성적인 폭력, 가사노동을 비롯한 다양한 노동착취, 금전 거래 등은 분리되지 않고 복합적으로 발생한다. 2019년 공감에서 이뤄진 인권상담을 살펴보면, 차별 및 인권침해(64건) 상담은 괴롭힘(13건)과 경제적 착취(18건)에 대한 내용이 주를 이루고 있다. 경제적 착취는 수급비 착취, 활동지원 바우처 부정수급, 명의도용 등 경제적 빈곤을 겪는 장애여성의 자원을 악용하는 사례가 주를 이룬다. 장애인 특별공급 주택청약 부정 이용, 휴대폰 명의도용, 수급비 약탈, 대출 종용, 휴대폰 소액결제를 통한 갈취 등 애정을 기반으로 한 친밀한 관계에서 다양한 방식의 착취가 자행되고 있음을 확인할 수 있다.[10]

한국에서 성적 학대가 매우 협소하게 이해되는 문제도 있다. 학대 현황에서 성적 학대의 비율이 성별에 따라 큰 차이를 보이는 것은 장애여성의 경험이 반영되었기 때문이지만, 한편으로는 시설 안팎에서 장애남성의 성을 불능화하는 양상이 간과되고 장애남성의 성적 학대 경험은 이야기되지 않기 때문이기도 하다. 수용시설의 역사 안에서 장애인의 성적 권리와 재생산 권리를 통제하고 침해했던 상황이 계속되어 왔지만,[11] 강제불임수술을 비롯한 관련 사건에 대한 실태조사도 진행된 바 없고 거

---

10 장은희, "2018~2019년 장애여성 인권상담 현황", 《친밀성과 통제: 장애여성 피해 경험 재해석》 토론회 브리핑(2019년 10월 31일), 장애여성공감.

11 조미경, "수용시설에 감금된 성과 재생산 권리", 『배틀그라운드: 낙태죄를 둘러싼 성과 재생산의 정치』, 성과재생산포럼 기획, 후마니타스, 2018, 202쪽.

주인의 구체적인 경험도 사회적으로 제대로 알려진 바 없다. 장애남성의 섹슈얼리티를 불안하고 위험하다고 인식하면서 '통제의 대상', '억압해야 할 문제행동'으로 보는 건 시설 안팎이 크게 다르지 않다. 발달장애인을 대상으로 성교육을 진행할 때 장애남성을 잠재적 가해자로, 장애여성을 잠재적 피해자로 여기고 접근하는 양상은 성적 권리를 존중하지 않는 방식이라는 점에서 연결되어 있다.

장애인권익옹호기관 외에도 전국에 발달장애인지원센터와 장애인가족지원센터가 운영되고 있으며, 장애인복지관에서 사례관리를 통해 당사자와 가족을 지원하고 있다. 지원체계가 점차 많아진다는 긍정적인 측면도 있지만 그만큼 어떤 관점으로 지원할 것인가 하는 문제가 핵심적이다. 인권상담 현장에서 외부 기관과 연계나 협력을 진행할 때 이 지점에서 고민이 생겨난다. 외부 기관에서 가정폭력 사안을 부부간 갈등으로 바라보고 갈등을 어떻게 해소할 것인지에 초점을 둘 때, 인권침해를 경험한 지적장애여성이 보이는 '성적 행동'을 '성 문제'로 규정하고 이 문제만을 해결해 달라고 요청할 때, 우리는 어디서부터 개입하고 지원할 것인지 논의하고 설득해야 한다. 폭력의 양상은 젠더화되어 있다. 젠더 불평등한 구조에서 폭력이 일어나고 유지된다는 인식 없이 피해자를 지원하는 것은 불가능하다. 젠더 관점으로 이런 폭력의 양상을 분석할 수 있을 때, 필요한 대안과 변화를 모색할 수 있을 것이다.

통제하지 않는 친밀한 관계는 어떻게 가능한가

장애여성이 가족 안에서 경험하는 상황을 생각하면 탈시설보다 탈가정이 어렵다고 이야기하게 될 때가 있다. 장애여성은 폭력을 당하거나 일상적으로 통제·무시를 당하면서도 가족을 떠날 생각을 쉽게 하지 못하는 경우가 많다. 반복적이고 장기적인 폭력으로 무력화된 영향도 있지만 자신에게 거의 유일한 관계망인 가족을 유지하고 싶기도 하고, 기초생활수급비나 임대주택을 비롯한 공적 지원체계를 활용해서 가족을 유지하는 데 기여하여 가족 구성원으로 인정받고 싶은 욕구가 있기 때문이다.[12]

집 안에서 고립·단절되어 살아가는 사람들의 삶은 포착되지 않고, 외부와 접촉할 별도의 계기가 생기기 전까지 변화되기도 어렵다. 공감이 인권상담을 통해 지원했던 한 장애여성도 거의 10년 동안 한두 번밖에 집 밖을 나가지 못한 상태에서 가족에 의한 폭력을 경험하며 지냈다. 그가 어떤 삶을 살아왔는지 드러난 것도 활동지원사가 연계되어 그 집에 방문하면서 처음으로 외부에 포착되었기 때문이다.

앞서 언급한 것처럼 장애여성들이 친밀한 관계 안에서 노동착취, 인권침해, 폭력을 복합적으로 경험하면서도 그 관계를 떠나지 못하는 이유는 가족이나 애인과의 관계가 그만큼 절대적이기 때문이다. 관계의 절대성과 친밀성이 결합되는 상황은

---

12   장은희, "가족관계 내에서 나타나는 장애여성 차별과 폭력 경험", 2018.

활동지원사와의 관계에서도 발생할 수 있다. 특히 시설에서 오랫동안 살다가 탈시설을 한 장애인의 경우, 다른 자원이나 관계망을 형성하기 어려운 상태에서 활동지원사 한 명과 밀착되어 살아가기도 한다. 가족, 친구, 지원자 등 다양한 층위의 역할을 활동지원사 한 명이 전담하게 될 때, 서로에게 불안하고 위태로운 관계가 될 수밖에 없다. 시설을 나와 독립해서 살아가지만 시설화된 삶으로 쉽게 전환될 수 있는 것이다.

이는 활동지원사 입장에서도 마찬가지다. 활동지원사로 일하는 사람 대다수가 중년 여성이다. 주부나 엄마, 아내 외에 다른 사회적 역할을 맡았던 경험이 많지 않은 상태에서 기본교육 40시간만 받고 바로 일을 시작하는 사람들이 적지 않다. '살면서 처음으로' 장애인을 만나는 입장에서는 보조를 할 때 어떤 역할을 해야 하는지, 관계를 어떻게 가져야 하는지 많이 혼란스러울 수밖에 없다. 활동보조 이용자와 활동지원사의 상호적인 변화가 중요하지만 당사자들의 노력만으로는 한계가 있다. 활동지원 제공 기관이 어떤 관점과 내용으로 상담하고 개입하는지에 따라 큰 역할을 할 수 있다. 또한 장애인 운동 영역에서도 활동지원제도를 개선하기 위한 노력과 더불어, 현장에 어떤 윤리적 원칙과 약속을 만들어 가야 할지에 대해서도 적극적으로 고민하며 실천을 지속해 나갈 필요가 있다.[13] 활동지원사가 자신이 살아왔던 환경이나 가정 내에서 고립된 채 은폐된 노동을 해 왔다면, 그리고 활동지원 노동을 통해서 자신의 삶을 돌아볼 수 있다면, 장애인과 활동지원사는 시설화된 억압에 대항해 나가는 동료가 될 수 있을 것이다.

통제하지 않는 친밀한 관계는 어떻게 가능할까? 활동지원 서비스뿐만 아니라 가족, 애인, 친구 등 전체적으로 독점하지 않는 관계가 중요하다. 공감에서는 발달장애여성을 지원할 때 각각의 영역에 따라 활동가들이 역할을 분담해서 네트워크 형태를 시도해 보기도 했다. 발달장애인의 주변인, 친구, 조력자 등이 참여하는 '서포트 서클'[14]과 비슷한 형태라고 볼 수 있다. 이때 시간과 역할을 잘 배분하고, 중요한 문제를 의논하는 상대가 어느 한두 사람으로 몰리거나 관계의 영향력이 쏠리지 않게 서로 견제하면서 영향을 주고받는 것이 중요하다. 다만 당시에는 발달장애인 당사자가 중심이 되어서 자신의 서클을 운영할 수 있는 방식을 구체적으로 마련하지 못했다. 이런 경험을 통해서 대안적인 모델을 만들어 나가는 연습과 논의가 더 필요하다는

---

13   이와 관련해서는 『활동보조 인권지침서: 이것부터 시작해요』(장애여성공감, 2010)와 스웨덴의 사례를 연구한 〈Ethical Values in Personal Assistance: Narratives of People with Disabilities〉(Barbro Wadensten & Gerd Ahlström, 2009)를 참고할 수 있다.

14   서클에 대한 아이디어는 장애여성공감 연구정책네트워크에서 김은정 님이 소개해 쥰 미카 피알카 펠드먼Micah Fialka Feldman과 그의 '서포트 서클'에서 얻었다. 미카는 미국 시라큐스 대학교에서 장애학을 공부하고 조교로 일하고 있다. 그와 그의 가족들은 초등학교 시절 서포트 서클을 만들어 30대인 지금까지도 운영하고 있다. 새로운 운동을 정하는 일상적인 고민부터 룸메이트를 정하거나 미래 계획을 세우는 중요한 결정까지, 한 달에 한 번 모이는 서클에서 함께 이야기하고 의견을 주고받는다. 서포트 서클에 대한 소개와 가이드는 다음 자료를 참고할 수 있다. https://www.sotaconference.com/uploads/1/0/3/4/103490714/il-circle-of-support-brief.pdf (검색일: 2020. 8. 4.)

점을 알게 되었다. 다양한 방식으로 가족실천을 해 나가면서 동료시민으로 함께 살아가는 경험이 서로에게 필요하다. 그럴 때 친밀성이 통제로 쉽게 전환되지 않을 수 있는 기반을, 느리지만 두텁게 만들어 갈 수 있으리라 기대한다.

2부
도시

6
도시의 감금회로망적 상상:
유동하는 수용시설의 경계와
그 사이의 몸들을 언어화하기 위하여[1]

김현철 ○ 토론토대학교 지리학과 박사과정 수료

명동성당 앞, 멀고 흐릿한 기억

먼 기억이 있다. 그날 엄마와 나는 명동성당 언저리에서 사라진 언니를 찾고 있었다. 명동에 언니가 있을지 없을지도 모르는 상황이었지만, 언니가 명동성당을 좋아하니 그곳을 안전하다고 느끼지 않을까라는 엄마의 막연한 생각 때문이었다. 한바탕 소동 후 명동성당 지하 소성당에서 언니를 찾았다. 경황이 없는 상태

---

[1] 이 글은 저자의 다음 두 글을 엮어 재구성한 것이다. "끊임없이 유동하는 시설의 경계", 《비마이너》, 2019년 8월 5일자; "수용시설의 재생산, 도시의 '감금회로망'적 차원에서 상상하기", 《2019년 IL과 젠더 포럼》 자료집(2019년 11월 5일), 장애여성공감, 33-36쪽.

로 사설 구급차에서 내린 사람과 이야기하던 엄마, 구급차를 타고 병원으로 떠나던 언니의 모습이 기억난다. 그 기억은 언니를 찾았다는 안도일지 그녀를 집이 아닌 곳으로 떠나보냈다는 자책일지 모를 감정과 함께, 내 인생에서 의미화되지 못한 채 흐릿하게 부유하고 있었다.

그날의 기억이 다시금 떠올랐던 것은 2016년 캐나다 토론토에 유학을 와 북미에서 이슈가 되어 온 대규모 감금massive incarceration[2]과 감옥 폐지운동prison abolition movement에 대해 알게 되고, 이후 감금지리carceral geography라는 분야를 배워 가면서였다. 감금지리학자들에게 있어 대규모의 감금은 '배제'의 문제이자 동시에 도시 공간의 구축 및 이동에 대한 문제이다. 특히 이들은 수용시설을 사회에서 배제된 곳―어빙 고프먼Erving Goffman의 언어를 빌리자면, 사회라는 '낙원'이 아닌 곳[3]―으로 분리하여 수동적으로 바라보는 시선에서 잠시 멈춰 서서, 시설'들'을 중심으로 자본과 몸, 물질이 어떻게 교차하며 도시 경치urban landscapes와 도시 인프라를 구축해 나가는지에 관해 논의

---

[2] 북미, 특히 미국에서는 여섯 명 중 한 명이 감금되어 있다고 할 정도로 사설 감옥과 구금소detention centres가 일상적으로 건설되고 있다. 이 과정에서 특정 인종(특히 흑인과 히스패닉 계통)과 시민이 아닌 자(난민, 미등록 이주노동자, 선주민 등)에 대한 대규모의 감금이 이루어지고 있으며, 이러한 현상은 사회적으로 중요한 이슈가 되고 있다. 더불어 이 글에서 '감금'이라는 용어는 수감과 구금, 보호관찰, 강제입원과 같은 다양한 형태의 폐쇄적 수용을 일컫는 말로 두루 사용됨을 밝힌다.

[3] 어빙 고프먼, 『수용소: 정신병 환자와 그 외 재소자들의 사회적 상황에 대한 에세이』, 심보선 옮김, 문학과지성사, 2018.

를 전개하고 있다.⁴

그중에서도 최근 영국 내 일군의 감금지리학자들은 감금회로망carceral circuitry에 관한 상상을 이론화해 가고 있다.⁵ 여기에서 '회로망'은 단순히 닫혀 있는 도식적인 회로망만을 의미하지는 않는다. 오히려 이때의 회로망은 수용시설을 도시의 인프라적 차원에서 다층적인 형태의 담론과 수행, 물질적 구조, 지역조직, 노동시장 등과 역동적으로 연계함으로써 시설이 재생산되는 형태를 구체적으로 살펴본다. 이러한 상상의 전환은 수용시설을 사회나 도시로부터 배제되어 있는 경계 '밖'의 것으로 보는 소극적인 시선에서 벗어나, 하나의 시설을 도시의 인프라와 사회체, 담론들, 몸들, 또 다른 시설들이 이동하며 교차하는 적극적인 결절점nodes으로 바라볼 것을 촉구한다.

감금회로망에서 다루는 시설 간 이동과 순환, 그 순환을 가능하게 하는 장치들에 대해 배우기 시작했을 때, 나는 그날 명동

---

4   Jordan T. Camp, *Incarcerating the Crisis: Freedom Struggles and the Rise of the Neoliberal State*, University of California Press, 2016; N. Gill, D. Conlon, D. Moran, A. Burridge, "Carceral Circuitry: New Directions in Carceral Geography", *Progress in Human Geography*, Vol. 42, No. 2, 2016, pp. 183-204; D. Mcdowell, C. Harold, J. Battle, *The Punitive Turn: New Approaches to Race and Incarceration*, University of Virginia Press, 2013; B. Story, "The Prison in the City: Tracking the Neoliberal Life of the 'Million Dollar Block'", *Theoretical Criminology*, Vol. 20, No. 3, 2016, pp. 257-276; N. Thrift, *Non-Representational Theory: Space, Politics, Affect*, Routledge, 2008; J. Turner, *The Prison Boundary: Between Society and Carceral Space*, Palgrave Macmilian, 2016.
5   N. Gill et al., 앞의 글, pp. 183-204.

성당에서 엄마와 나, 그리고 사설 구급차에서 내리던 그가 이 감금회로망에 얽혀 있었을 뿐만 아니라 그 회로망을 재생산하고 있었음을 깨달았다. 나아가 나는 그 순간을 언어화하고 싶다는 욕망을 느꼈는데, 그 욕망은 파편으로 흩어져 잔류하던 내 기억들에 얼개를 만들고 싶다는 욕망, 그럼으로써 '명동'이라는 도시 공간에 존재했지만 존재하지 않는 것처럼 여겨지던 시설 '사이'의 몸들을 적극적으로 드러내어 도시 내 존재와 이동, 시설에 대한 상상을 다시 해 나가고 싶다는 욕망이었다.

이 글은 이러한 사적인, 그러나 동시에 사적이지만은 않은 욕망을 바탕으로, 도시 감금회로망이 구축되고 재생산되는 과정을 유동하는 시설의 경계와 그 경계 사이를 이동하는 '되어 가는 몸becoming bodies'이라는 키워드로 짧게나마 논의해 보고자 한다.

유동하는 수용시설의 경계

시설은 '경계'를 가지고 있다. 여기에서 경계는 크게 세 가지로 이야기될 수 있다. 첫 번째 경계는 물질적 경계physical boundaries로, 만질 수 있는 건조물의 형태를 취한다. 예컨대 시설이 하나의 건물로 이루어져 있을 때는 해당 건물의 외벽이, 두 개 이상의 건물로 이루어져 있을 때에는 시설 전체를 아우르는 벽이나 울타리가 이러한 물질적 경계가 될 수 있다. 두 번째는 사회적 경계social boundaries로, 지속적이거나 분절적인 시간 속에서 '시설'이라는 기관의 성격과 운영 방식을 구분 짓고 정의 내리는 과정에서 형성된 담론적 경계이다. 물질적 경계와 사회적 경계는 기본적으로 내부와 외부를 나눈다는 점에서 한 줄로 길게 이어진 '단선單線'으로 인지되는 경향이 있다.

물질적 경계와 사회적 경계는 서로 완전히 다른 영역에 있지 않다. 두 경계가 상호 작용하며 형성된 것이 바로 세 번째 경계인 물질-사회적 경계physical-social boundaries이다. 물질-사회적 경계는 단선으로 자주 인식되는 물질적 경계와 사회적 경계가 특정한 사회 규범이나 물리적 상황에 따라 때로는 단선의 성격이 강화되거나 때로는 단선이 아닌 '점선點線'이 되는 경우들을 일컫는다. 예를 들어 '오후 8시 이후로 시설의 전체 현관문을 잠근다'라는 규칙이 있다면, 이때 내외를 구분하는 단선으로서의 외벽 기능은 더욱 강화된다. 반대로 오전 10시부터 오후 5시까지가 면회 시간이거나 매주 수요일 오전에는 외출이 허용되어 시설 문이 열린다면, 해당 시간 동안 외벽은 하나의 단선이 아닌 점선으로 기능하며 이 과정에서 일시적으로 내외부를 나누는 경계가 변화한다. 또한 시설 내 거주 인원에 따라서 건축물과 외벽의 형태가 축소 혹은 확대하며 변화하는 것 역시 그 예가 될 수 있다.

이러한 예들은 시설의 경계가 흔히 은유되듯 내외를 가르는 배제의 기능만을 가지고 있는 것이 아님을 보여 준다. 명확히 말하자면, '경계' 자체가 곧바로 '배제'를 의미하지는 않는다. 외벽의 존재 또한 곧바로 배제를 뜻하지는 않는다. 중요한 것은 경계의 방향과 강도가 어떠한 사회적 담론과 건축 구조, 몸의 규율을 토대로 조율되며 수행되느냐에 있다. 그러나 시설인과 방문객이라는 사회적 구분이 존재하고 특정한 기간 외에는 시설인이 외벽을 자유롭게 넘나드는 행위가 금지될 때, 그때부터 시설의 외벽은 내외를 가르고 특정 인구의 배제를 수행하기 시작한다.

시설 경계의 형성: 도시 내 반복적인 리듬을 만들기

시설의 경계가 '수행'을 한다는 것에 대해 좀 더 이야기해 볼 필요가 있다. 시설의 경계가 수행적 성격을 띤다는 것, 즉 시설 경계의 성격이 확정된 것이 아니며 지속적인 반복 속에서 유동하며 끊임없이 재구축된다는 점은, 수용시설의 재생산과 시설화 과정을 교차적으로 논의하는 과정에서 우리에게 어떤 시사점을 제공할까? 여러 방향의 논의가 가능하겠으나 이 글에서는 시설 경계의 수행을 도시 내 '리듬'과 연관시켜 보고자 한다.

  북미와 유럽의 지리학에서는 20세기 중엽까지도 양적 방법론과 인간행동중심주의적 사고로 지역과 공간을 이해했다. 1970년대 들어서 공간적 선회spatial shift가 이루어지며 공간을 이해하는 방식에 큰 변화가 생겼다. 이 선회에는 68혁명과 같은 시대적 흐름이 크게 작용했는데, 그중 앙리 르페브르Henri Lefèbvre는 기존의 마르크시즘적 통찰과 도시 공간을 연계하며 큰 인식론적 변화를 이끈 인물로 이야기되고 있다.

그의 저서 『리듬분석』(갈무리, 2013)은 바로 이러한 작업 선상에 있는 책이다. 그는 자신의 방 창문에서 도시의 사거리를 하루 종일 바라보며 도시에 일정한 흐름의 리듬이 존재한다는 사실을 깨닫는다. 신호등에 파란불이 켜지고 꺼지는 순간들 사이에서 사람과 차 등이 움직였다가 멈춰 서며 만들어지는 리듬. 르페브르는 그 리듬으로 인해 발생하고 소멸하는 소리(구두 소리, 엔진 소리 등)를 관찰하며, 특정한 도시의 구조(사거리, 차도와 인도 등)와 그 구조가 만들어 내는 리듬에 우리가 익숙해지는 것이 자본과 노동의 흐름 및 이동에 핵심적이라는 사실을 밝힌다.

여기에서 중요한 것은 도시 내에서 특정한 형태의 반복적 수행, 예를 들어 '빨간불 앞에서는 멈춰 선다'와 같은 수행은 계속 권장되어 '당연한' 리듬이 되는 반면, 비장애-성인-남성-노동자와 다른 보폭으로 걷거나 '다리'가 아닌 '휠체어'로 이동하는 행위처럼 자본과 노동의 흐름 및 이동에 규격화되지 않은 수행은 반복을 권장하지 않는 과정 속에서 '당연한' 리듬이 되지 못한다는 것이다. 즉 도시 내 리듬의 형성은 그 시작부터가 정치적인 과정으로, 한 수행이 리듬이 되는 데에는 특정한 권력과 구조의 '시선'과 '선별 작업'이 함축되어 있다.

비판지리학계는 르페브르의 생각을 다양하게 전유하여, 도시 내 공간의 리듬이 건조 환경built environment(빌딩, 자동차, 도로 등)에 새겨지는 방식이 정치·경제 권력과 자본, 헤게모니 등과 어떻게 연관되는지 논의해 왔다. 도시의 감금회로망 논의 역시 도시와 공간 구조, 리듬에 대한 논의의 연장선상에 있다. 어떠한 자본과 사회적 담론, 도시 내 물적 구조가 시설 공간을 중심으로 특정한 수행의 반복을 장려하고 이에 기반한 리듬을 만들어 내는가? 또한 그 리듬을 만들어 내는 과정은 시대적 상황과 공간적 차이 속에서 어떻게 변화하고 다시 짜이는가?

특정한 반복적 수행이 도시에서 재구성되는 과정

다양한 수용시설을 도시의 리듬과 그 리듬 속에서 짜이는 회로망의 차원에서 이해하는 것은, 기존 시설을 배제하거나 혹은 '인구'라는 키워드로만 바라볼 때 누락될 수 있는 부분을 보완한다. 특히 시설이 도시 구조와 사회 인프라 차원에서 '재생산'되는 과정에 대한 이해가 심화될 수 있다.

나이절 스리프트Nigel Thrift(2008)는 '인지 가능한 것the sensible'이 형성되는 과정에서 어떠한 개념과 관계가 질문 가능한 것이 되도록 지속적으로 수행되는지, 그 외 어떠한 것들이 질문 가능하지 않은 것으로 여겨지며 무의식에 잔류하는지에 대해 논의한다. 이 논의를 시설 경계의 실천과 더불어 생각해 보자. 기존의 시설 담론에서 시설 경계가 형성되는 데 주요한 기준으로 여긴 것은 몸에 대한 규율과 인구에 대한 통치였다. 그러나 시설 경계의 수행을 이해하려면, 규율되고 낙인찍힌 몸의 효과가 해당 몸의 '몰인격화dehumanization'와 같은 소멸적 힘으로 향하는 것과 더불어, 그 소멸적 힘이 어떻게 생산적 힘, 예컨대 자본의 새로운 가치와 이익을 창출해 내는 힘으로 나아가며 시설의 경계를 확장하는지 살펴볼 필요가 있다.

북미에서 형성되어 온 감옥산업단지Prison Industrial Complex라는 개념은 이러한 도시 감금회로망을 이해하는 예가 될 수 있다. 〈프리즌 걸스Girls Incarcerated〉(2018)라는 북미의 한 텔레비전 다큐멘터리 시리즈는 여성 청소년 감옥이라고 하는 시스템이 구축되는 과정에서 다국적 기업의 자본과 교육권력이 어떻게 이 감옥정치에 개입하는지 보여 준다. 그녀들이 쓰는 전화기와 공급되는 식사, '재활'이라는 이름으로 종종 이루어지는 교육과 노동, 그 노동에 대한 (최저임금에도 미치지 않는) 임금 체계는 특정 인구에 대한 규율과 자활이라는 담론 속에서 신자유주의적 경제 체계가 어떻게 폐쇄적인 수용 공간에 부착attachment되어 새로운 자본의 영역을 만들어 나가는지 보여 준다.

감옥산업단지의 예가 보여 주듯, 도시 감금회로망은 현재 한국에 존재하는 시설의 경계를 형성해 나가는 수행과 실천 중 어떠한 것들이 기존의 시설화 담론, 혹은 탈시설 담론에 포착되지 않고 있는지에 대해서 질문하게 한다. 시설은 저절로 건설되지 않으며 건설된 이후 하나의 형태로만 영원히 존재하지도 않는다는, 얼핏 자명해 보이는 명제에서부터 수용시설을 중심으로 한 회로망에 대해 구체적으로 생각해 나갈 가능성이 열릴 수 있다.

예컨대 장애인 '거주'시설이라는 표현 자체가 보여 주듯, 해당 시설은 주거에 필요한 상품과 도시 인프라가 경유하는 결절점으로 작동한다. 시설이 건설되기 위해서는 토지가 매각되고, 건물 용도가 '사회복지'로 확정되고, 건물 근처의 도로나 입구 쪽 길들이 정리되는 과정이 필요하다. 건축, 시멘트, 수도, 가스 등 다양한 경제적 단위뿐만 아니라 집기에서부터 식자재 구입, 녹지 조성 등에도 돈이 필요하다. 활동'서비스'와 돌봄노동과 같은 노동이자 동시에 친밀성의 영역에 속하는 행위 역시 시설을 만들고 유지하는 과정에서 지속적으로 해당 시설을 순환하는 리듬이다.

나아가 이러한 도시 인프라를 '잘 굴러가게 하는' 사회복지법의 제정 및 개정, 지역 조직, 종교와 같은 다양한 사회적 조직체가 만들어지는 과정과 그 리듬 역시 생각해 볼 수 있다. 특정 시설을 노숙인 혹은 정신질환자를 위한 시설로 분류하고 시설에 '맞는' 사람을 인계하는 경찰서와 시청 복지과 같은 기관의 존재는 이러한 리듬이 만들어지고 인프라를 구조화하는 데 중요한 역할을 한다. 더 나아가 시설은 이러한 법과 관련 부서뿐 아니라 지역 내 다른 사회체와의 관계를 통해서도 재생산된다. 자활을 목적으로 건설되는 시설 내 자활훈련소, 같은 목적으로 시설과 관계 맺는 지역 내 공장, 사랑과 봉사라는 가치하에 특정 행사나 명절 때 시설을 방문하는 지역 내 식당, 문화센터, 봉사단체, 교회 등은 해당 시설이 지역과 어떠한 관계를 맺고 있는지, 어떠한 통로를 통해 매년 시설의 재원과 운영이 순환되는지 보여 준다.

이러한 감금회로망은 생산될 뿐 아니라 시대적·공간적 조건 속에서 재구성된다. 한국은 1950년대 아동 복지시설과 부랑인 시설의 건설을 시작으로 다양한 복지군의 시설과 그것과 연계된 감금회로망을 도시에 각인해 왔다. 1980년대 이후 성장해 온 정신/노인 요양소, 1995년 제정된 정신보건법과 사설 구급차 관련 법의 제정 등은 정신질환자에 관한 감금회로망과 더불어 (준)의료 시설의 감금회로망을 정비해 왔다. 최근 정신질환자에 관한 범죄화 속에서 이 회로망들은 교정시설과의 연계로 재구성될 가능성도 보이고 있다. 정신질환을 앓고 있는 수감자가 5년 사이 50% 증가해 교도관의 확충이 필요하다는 보도[6]는, 수치의 진위 여부를 차치하더라도 정신질환자에 대한 법적 조치와 감시의 확충을 요구하는 사회의 단면을 보여 준다. 또한 난민과 관련한 감금회로망의 건설과 확충이 국가가 직접 관리하는 교정시설 망의 확장에 어떠한 영향을 끼칠지 역시 앞으로 주요하게 지켜보아야 할 사항 중 하나이다.

이처럼 시설의 경계를 '수행'으로 바라보는 관점을 통해, 규율이나 비정상성과 같은 담론뿐 아니라 자본주의와 도시 인프라, 친밀성과 노동, 감정, 인종과 젠더 규범 등이 어떻게 시설의 경계가 확장·변화·재구축되는 과정에 영향을 끼치는지 추적할 수 있다.

---

6 "정신질환 수감자 5년 새 50%↑ ··· 야근 휴무 '펑크'까지 겹쳐 교도관 스트레스 극심", 《서울경제신문》, 2019년 10월 27일자.

리듬이 되지 못하는 수행:
시설 '사이' 몸의 모호함을 지속적으로 도식화하기

앞에서 나는 도시 내 리듬이 되도록 권장되는 수행과 그렇지 못한 수행에 대해 개괄적으로 이야기했다. 특정 리듬이 수용시설을 중심으로 도시 내 인프라로, 사회복지법으로, 지역 조직의 연례행사로 만들어지는 과정 '사이'에서 몸은 권장된 리듬에 '맞춰지는' 방식으로 환원된다. 특정 시설이 수용할 수 있는 인구를 나누고 배치하는 과정은 몸 간의 확고한 '차이'에 기반한다기보다는, 오히려 인구라고 합의된 몸을 지속적으로 나누고 그 나눔을 확고함의 영역으로 위치 짓는 반복 수행을 통해 형성되어 왔다. '몸'을 인구로 환원하기 위해 법과 규범들이 생성되고 또 지속적으로 재생성되는 것은 역설적이게도 몸과 생명이 특정한 인구로 온전히 명명될 수 없다는 데에서 비롯된다.

예를 들어, 한국의 노숙인 시설 중에는 정신장애인의 비율이 높은 시설이 종종 있다. 노숙인 중에 정신장애인이 많아서 해당 시설에 정신장애인이 많은 것인지, 아니면 노숙인이 시설에서 정신장애인이 되는 것인지 그 인과관계는 분명치 않다. 중요한 것은 노숙인 시설이 그곳에 존재하는 몸의 다층적 교차점과는 상관없이 스스로를 '노숙인 시설'이라고 명명한다는 것과 '노숙인'이라는 인구의 경계에 따라서 보조금을 지원받고 건물의 경계와 구획을 구축해 나간다는 것이다. 그 사이에서 '노숙인이자 동시에 정신장애인'인 존재는 지워지고 오직 '노숙인'만이 남는다. 명명된 인구의 사이에 존재하는 몸은, 그렇기에 어떤 특정한 순간에는 입소 기준을 충족하지만 또 다른 순간에는 입소 기준을 충족하지 못한다. 장애인 거주시설에 입소하기에 '최적화'된 몸이 여성 쉼터에 입소하기에는 '마땅치 않은' 몸이 되는 것 역시 시설의 물질-사회적 경계가 형성되어 왔던 과정과 긴밀히 연관된다.

이처럼 특정한 인구로 명명할 수 없는 몸을 지속적으로 재단하는 과정은 법과 담론이 만들어지는 과정 속에서 몸들을 '시설에서 시설로' 이동하게 만든다. 즉 시설에 수용된 사람은 마냥 그 시설에 '좌표'처럼 고정되어 있지 않다. 시설이 변화하고 확장되고 재구성되듯 시설 내의 사람 역시 특정한 순간에 A시설에서 B시설로 이동하거나 이동되며, 그 과정 중에 순간순간 다른 명칭으로 분류된다. 인구 범주에 변화가 나타나거나, 혹은 시설의 분류가 세밀해지거나 통합되는 과정 사이에서 이동이 일어난다. 이러한 이동은 단순히 특정 시설이 폐쇄되거나 다른 곳에 세워질 때에도 발생한다. 이는 해당 부서의 공무원과 시설 직원, 사설 교통수단 업체 등의 '협력' 속에서 이루어진다. 이 협력은 도시 내 일종의 인프라로, 리듬으로 새겨지고 반복되면서 시설 간 이동을 재생산한다. 그리고 이동의 재생산 과정에서 시설인은 때로는 장애인으로, 때로는 노숙인으로, 때로는 정신질환자로, 때로는 범죄자로, 때로는 동성애자로 분류되며 그 분류 속에서 결핍된 혹은 과잉된 보호와 감시, 돌봄을 받는다.

또한 이는 기존의 사적 시설과 공적 시설, 복지시설, 의료시설, 교정시설, 이주민 작업장 등의 엄격한 구분이 때로는 유효하지 않다는 것을 보여 준다. 물론 각기 다른 수용시설의 성격을 흐릿하게 만드는 것은 시설을 이해하기 위한 방식으로 적절치 않다. 그러나 각각의 수용시설을 견고하게 분리하여 '다르다'라고 개념화하는 것 역시 시설 간 존재하는 연결 고리를 이해하는 데 적합하지 않다. 예를 들어, 지역의 공장이나 작업장에서는 만날 일이 없을 것 같은 시설군의 사람들이 마주치는 순간이 있다. 자활 훈련의 일환으로 지역 내 공장에 배치되는 노숙인과 지역 노동력의 부재로 해당 공장에 강제로 배정되는 이주민이 만나는 경우가 그러하다. 지방정부와 지역 공장, 노동시장의 구조, 시설의 망 속에서 각기 다르게 분류되었던 몸들이 만나는 이 상황은 지역과 시설 간 감금회로망의 얼개가 항상 인구군의 구별만을 바탕으로 형성되지는 않는다는 것을 시사한다.

시설에 수용된 사람의 가족 구성원이 시설이나 보호소, 교도소 등에 들어가게 되는 경우도 있다. 부모가 교정 기관에 수감된 후 주거의 불안정으로 인해 혹은 친척의 학대를 견디다 못해 탈가정을 한 자녀가 보호소나 쉼터에 들어가게 되는 경우가 그러하다.[7] 이러한 상황은 '개인'의 시설 수용이 그 개인과 관련된 구성원들과도 관계되어 감금·수용의 회로망이 확장됨을 보여 준다.

---

7   사단법인 아동복지실천회 세움, 〈수용자 자녀 인권상황 실태조사〉, 국가인권위원회, 2017.

이처럼 몸을 인구로 명명하고 특정한 입소 기준이라는 사회적 경계에 따라 분류하는 행위는 2019년 7월 1일, 장애등급제의 단계적 폐지와 더불어 재조정되는 과정을 거치고 있다. 정부는 조사원이 장애인이 거주하는 곳을 직접 방문해 '종합조사'를 실시, 수요자 개개인 중심의 '맞춤형 서비스'를 제공하겠다는 기조를 세웠다. 그러나 여전히 '기능제한'과 관련된 평가가 종합점수에 많이 반영되고 '심한 장애'와 '심하지 않은 장애'라는 새로운 기준이 등장했다. 아직 장애인 거주시설에 대한 종합조사표는 확정되지 않은 상황이다. 이후 그 조사표가 확정되면 장애인 거주시설에 들어갈 입소 기준과 인구를 결정짓는 분류의 경계는 어떻게 변화할 것인가? '장애등급제 폐지'라는 담론하에서 어떠한 몸이 재분류되어 시설에 수용되거나 그 문턱에서 배제되어 다른 시설로 옮겨질 것인가? 그 사이에서 생명을 나누는 과정은 또 어떠한 모호함들을 모두 뭉갠 채 도식화될 것인가?

시설 경계의 폐쇄적 수행이 '당연해지지' 않기 위해:
리듬이 깨지는 순간들에 대해 질문하기

이처럼 시설의 건설과 운영, 그리고 시설 간 몸들의 이동은 시설과 도시 인프라, 또 다른 시설 사이에 감금회로망이 만들어지는 과정을 보여 준다. 이는 또한 해당 도시의 인프라와 지역 조직의 재생산이 '자연스럽게' 여겨지도록 우리가 살아가는 일상 공간에 리듬이 각인되는 과정이기도 하다. 도시에 울리는 구급차 소리와 그 당위성에 익숙해지면 그 안에 들어 있는 몸의 이동 자체에 물음을 갖지 못한다. 특정 시설은 매주 혹은 매달 시설을 방문해 자원봉사를 하는 지역 조직에 봉사활동을 '증명'하는 서류를 떼 줄 수 있는 법적 기관이 되었다. 사람들이 그곳에서 봉사를 하고 봉사증을 받아 가는 행위는 우리의 일상이 감금회로망을 재생산하는 지점을 보여 준다.

시설 경계를 수행으로 이해하는 것은 도시 감금회로망을 살피는 데에서 그치지 않고 나아가 그 회로망을 깰 '가능성'을 남겨 놓는다. 르페브르는 도시의 리듬이 반복되는 과정 중 벌어지는 '사거리에서의 교통사고'처럼 예기치 못한 순간에 집중한다. 차와 차가 충돌하며 나는 굉음, 그 이후 찾아드는 정적, 뒤따라 들려오는 비명 등은 우리가 당연하다고 여겼던 자동차들의 흐름이 사실은 당연한 것이 아니었음을, 그 흐름은 수많은 교통법규와 반복적인 수행에 의해서만 가능했던 것임을 보여 준다.

시설의 경계는 경계 그 자체로 확정된 의미를 지니지 않는다. 경계가 수행되는 방향과 강도가 그것이 만들어지는 리듬을 형성해 가는 것이라면, 우리는 탈시설을 추구하기 위해서 궁극적으로 그 리듬이 깨지는 순간에 대해 질문해야 한다. 나아가 새롭게 형성해 나갈 시설의 물리-사회적 경계는 어떠한 방향과 강도를 전제로 한 리듬이어야 하는지에 대해 질문해야 한다.

그렇기에 하나의 시설을 사회와 떼어 내어 따로 파악하는 것만으로는 감금회로망을 충분히 이해할 수 없다. 다층적인 시설이 교차하는 과정 속에서 미끄러지는 담론과 몸들을 이해하고, 더불어 시설을 가로지르는 도시의 구조를 이해하려면 '어울리지 않을 것 같은' 운동들의 연대가 요청된다. 서로 연결되지 않았던, 혹은 연결되지 않는다고 생각했던 시설들 '사이'에서 우리는 어떻게 만나야 할까?

다시 한번, 언니가 탄 구급차가 멀어져 가는 걸 지켜보며 우두커니 서 있던 나를 회상해 본다. 그 순간을 어떻게 이해해야 할지 몰라 마치 조각으로 부유하는 것 같던 감정은 나만이 경험한 것이었을까? 이러한 감정과 기억을 말하지 않게 만드는 도시의 리듬에 맞서, 그 구조와 권력에 맞서, 나는 자책이나 회피가 아닌 어떠한 언어를 만들어 나갈 수 있을까? 그리고 그 언어를 만들어 나가는 과정에 어떠한 교차와 연대가 가능할까? 교차와 연대를 찾아 나가는 과정은 지난하겠지만 어쩌면 갑작스럽게 우리를 찾아올 수도 있다고 생각한다. 벌써 우리가 이렇게 책을 통해 만나고 있듯이.

7

노숙인의
도시에 대한 권리

김윤영 ◦ 빈곤사회연대 활동가

노숙자가 늘어날수록 서울역 광장의 경관은 더 나빠질 것이고 노숙자에 대한 시민들의 혐오감도 더 커질 것입니다. IMF 위기로 인해 모든 것을 빼앗기고 빈곤층으로 전락했다는 사실에 분노한 IMF 노숙자들이 시민에게 폭력을 행사하거나 정부를 상대로 폭동을 일으킬 가능성도 있습니다. 따라서 일반인들이 노숙자와 마주치는 일은 위험합니다. 서울시는 노숙자들에게 정부가 (임시로) 제공하는 쉼터에 입소하라고 설득하고 있지만 노숙자들이 말을 잘 듣지 않습니다. (…) 서울시에서는 거리를 배회하거나 거리에서 잠을 자는 일을 불법으로 규정해 노숙자들이 거리에 머무르지 못하도록 막을 생각입니다. 거리를 떠도는 사람들이 노숙자 쉼터에 수용되고 나면 시민들이 거리에서 노숙자와 마주치는 일이 사라질 것입니다.

_서울시 실업대책위원회 회의(1998) 중 보건복지국 고위 직원[1]

내가 사는 지역 커뮤니티 웹페이지에 구걸하는 노숙인에게 어떻게 응대해야 하냐는 질문이 올라왔다. 댓글로 달린 의견은 대부분 "그들은 뻔뻔해서 한 번 주면 계속 온다", "주다가 주지 않으면 행패를 부릴 것이다"와 같은 내용이었다. "노숙인의 자립을 위해서라도 돈을 주지 않는 것이 좋다"는 의견도 있었다. 이러한 시각은 가난한 이들을 대하는 복지 정책의 태도와 크게 다르지 않았다. 구걸의 습성, 즉 게으름과 나태함이 그들을 그렇게 만들었으며 관리되지 않는 요구를 반복하고 언제든 문제를 일으킬 수 있는 가능성을 가진 사람들이라는, 가난한 이들에 대한 '평가' 말이다.

우리 동네는 작고 평화로운 곳이다. 고급 브랜드 아파트는커녕 작은 다세대·연립 주택이 옹기종기 모여 있고, 대형마트나 프랜차이즈 상점 대신 작은 미용실과 슈퍼마켓이 여전히 골목을 지키는 곳이다. 이런 동네에서도 노숙인이 갖는 이질감은 크다. 이 이질감을 돌이켜 볼 때, 비로소 우리는 '작고 평화로운' 이곳이 얼마나 많은 동질성으로 가득 찬 곳인지 깨닫게 된다.

그러므로 웹페이지에 달린 댓글이 나에게 보여 준 것은 노숙인에 대한 정치적 입장이 아니었다. 그저 누구도 '노숙인'을

---

[1] 송제숙, 『복지의 배신』, 추선영 옮김, 이후, 2016, 118쪽에서 재인용.

알고 있지 않다는 사실이었다. 노숙인이라는 이름으로 유포된 특징이 받아들여졌을 뿐 그가 지녔을지 모르는 무수한 개별적 특징은 휘발되었다. 다양성의 집합처럼 보이는 도시는 이미 누군가가 배제된 세계였다.

배제의 시설, 통합의 지역사회라는 환상

탈시설 자립생활은 물리적 이동만을 의미하지 않는다. '지역사회로의 완전한 통합과 참여'라는 구호로 압축되듯 지역사회 구성원으로서 함께 살아가는 것이 바로 자립생활의 목적지다. 그렇기 때문에 '배제와 폭력의 시설', '통합과 참여의 지역사회'라는 이분법은 허구다. 자본주의사회에서 빈곤이 건강, 교육, 여가, 관계, 경험 등에 걸쳐 총체적 박탈을 일으킨다는 것을 고려할 때, '사는 곳'이 곧바로 지역사회로의 편입을 의미하지는 않는다.

오히려 시설에서 나와 지역사회에서 살아간다는 것은 '섬'이 될 가능성을 함께 가져온다. 영구임대아파트가 지역 슬럼화와 낙인의 요소가 된다며 매입임대주택[2]이 좋은 대안인 듯 얘기됐지만, 정작 빈곤층인 입주자들이 단절의 우울감을 견디지 못

---

2 주택공사가 매입한 다세대·다가구 주택을 공공임대로 제공하는 것을 말한다.

해 쪽방촌으로 돌아오는 것을 우리는 이미 보았다.

시설은 이질적인 집단을 배제, 관리하기 위한 목적으로 만들어지고 유지된다. 선감학원이나 형제복지원 등에서 발생한 폭력적인 부랑인 강제수용이, 2002년 한일 월드컵을 앞두고 노숙인을 지방 곳곳의 청소년 수련관으로 보내려던 계획이 그러했다. 노숙인을 유인하여 입원시키는 현재의 요양병원들도 큰 틀에서 보면 모양이 조금 달라진 시설이라고 할 수 있다. 하금철은 부랑인 강제수용을 "사회복지 실천 과정에서 벌어진 오류나 인권침해라는 협소한 시각을 넘어, 이들을 국민 내의 인종적 타자와 같은 방식으로 대하면서 벌어진 하나의 국가범죄로 인식할 필요"[3]가 있다고 지적했다. 좋은 시설, 나쁜 시설을 구분할 필요 없이 시설은 언제나 배제의 도구였다.

시설에서의 폭력의 경험

보건복지부가 2016년에 실시한 〈노숙인 등의 실태조사〉에 따르면, 전체 노숙인[4]은 11,430명이었고 그중 거리 노숙인은 2,015

---

3   하금철, 〈한국의 부랑인 강제수용: 빈곤의 범죄화와 사회 안보의 적 만들기〉, 성공회대학교 석사학위 논문, 2017, 140쪽.
4   2016년 실시된 조사에서는 쪽방 주민까지 포함해 '노숙인 등'으로 조사 대상을 정했다. 여기에 인용된 수치는 쪽방 주민을 제외한 거리와 시설의 노숙인만을 대상으로 한 것이다.

명이었다. 거리나 일시보호시설에 있는 이들을 제외한 생활시설에 있는 노숙인은 9,325명으로 조사되었다. 여기서 말하는 생활시설은 자활시설, 재활시설, 요양시설로 한정되기 때문에 요양병원이나 기도원 같은, 사실상 시설인 곳은 포괄하지 못한다. 목욕탕이나 찜질방, 만화방, PC방 등에 있는 거리 노숙인도 집계되기 어려웠을 것이다.

시설의 존재에도 불구하고 그들은 왜 거리에 있을까? 앞선 조사에 따르면 거리 노숙인이 시설을 이용하지 않는 이유는 "단체생활과 규칙 때문에(31.2%)", "실내 공간이 답답해서(21.1%)", "잘 몰라서(18.9%)"의 순이었다. 노숙인 생활시설들은 대개 외박이 자유롭지 않고 외출에도 제약이 따른다. 2018년 강제 퇴소 문제가 불거졌던 여성 노숙인 자활시설도 외출과 외박에 제약이 있었다. 할 일이 없더라도 아침에는 나가야 하고 저녁에는 들어와야 했다. 이곳의 한 입소자는 친구와 하루를 보내기 위해 외박을 신청했지만 반려되었다.

친한 친구가 자기네 집에서 하루 자고 가라. 이 사정을 아니까. 그래서 알겠다고 하고 외박신청서에다가 제가 '친구와 함께 보내기 위해' 이렇게 썼어요. 저는 그게 막 웃기다고 생각 안 하고 진짜 진지하게 썼거든요. 그런데 그 ○○인가 그분 있잖아요. (…) 아, ○○ 씨 이런 사유는 좀 안 된다고. 그래서 저 그날 못 나갔어요.

_홈리스행동에서 진행한 H시설 이용자 인터뷰(2018) 중

단체생활에 규율이 따르는 것을 인정하더라도 10분 안에 샤워와 양치, 개인 물품 세탁까지 마쳐야 하는 것이나 종사자나 직원에게 '대항'할 시 퇴소 조치를 할 수 있다는 수칙 등은 민주적이라고 보기 어렵다. 대규모 시설에서는 흔히 '방장' 제도를 운영하여 방장에게 '질서 유지'를 맡긴다. 보건복지부 지침인 '노숙인 등의 복지사업 안내'에 따르면 입소자들의 의사를 대변하는 입소자 대표를 두도록 하고 있지만, 그 취지와 달리 방장은 시설 운영자에 의해 일방적으로 선임되고 입소자들 사이의 위계 요인이 되기도 한다. 설비나 음식이 달라진다 할지라도 정해진 일과에 따라야 하고 자유가 제한되는 것은 여전하다.

보호받을 자격이 있는 빈민과 그렇지 않은 빈민

배제의 논리는 복지 대상의 자격을 심사하는 논리와 일치한다. '갱생 의지', '사회와의 통합 정도'는 보호받을 만한 빈민과 그렇지 않은 빈민을 나누는 기준이기도 하다. 이른바 'IMF 노숙자'는 1997년 외환 위기로 황폐해진 한국사회의 가장 상징적인 존재였다. 서울역과 인근 공터를 가득 메운 수천 명의 노숙인은 새로운 복지제도를 출현시켰다. 기존 생활보호법을 대체한 '국민기초생활보장법'이 대표적이다. 이 법은 생활보호법과 달리 근로 능력 유무와 상관없이 전 국민에게 최저생계비를 보장하겠다는 목표를 가졌다. 그러나 근로 능력이 있다고 판단되는 사람은 일자리를 가져야만 급여를 보장했다. 근로 능력이 있음에도 일을 하지 않는 사람은 보호받을 자격이 없다는 것이다.

노숙인에 대한 복지 정책은 시민으로부터 노숙인을 대별하는 과정이었다. IMF 이후 정부와 서울시는 실업자를 세 부류로 구분했는데, 첫 번째 부류는 해고당한 대기업 직원으로 고용보험을 가진 사람이었다. 이들은 기존 급여의 70~80%에 이르는 실업수당을 받았다. 두 번째는 고용보험이 없는 부류로 저임금 공공근로사업에 참여하거나 저임금 노동시장의 기술을 배우는 직업교육에 참여했다. 세 번째는 거리를 배회하는 IMF 노숙자로, IMF 이전부터 장기 노숙을 해 온 사람은 IMF 이후 실직한 사람과 달리 지원 대책이 없었다. 이는 노숙 자체에 대한 대책이라기보다 '갱생'이 가능한 사람, 즉 '시민'으로의 복귀 가능성이 높은 사람을 중심으로 한 실업 대책에 가까운 것이었다.[5] 현재도 긴급 복지지원제도에서 주거 지원은 노숙을 시작한 지 6개월이 되지 않은 사람만 받을 수 있다. 장기 노숙인, 부랑자, 구걸하는 사람은 '정상적인 시민'으로의 복귀 가능성이 없거나 복귀시키는 데 비용이 너무 많이 든다는 의미일 것이다.

남성 노숙인이 이러한 구분 기준에 갇힌다면, 여성 노숙인은 이 과정에서 젠더 편견에 기반한 이중의 구별 짓기에 처한다. 여성 노숙인의 비가시화는 성폭력과 같은 여성이 처한 '고유의' 위협과 더불어 여성 노숙인의 존재를 인정하지 않는 정책의 상

---

5 송제숙, 앞의 책, 111쪽.

호 작용의 결과다. 앞서 언급한 노숙인 실태조사에서 여성 노숙인은 시설을 이용하지 않은 가장 큰 이유로 "잘 몰라서(32.7%)"[6]를 꼽았다. 이는 여성 노숙인이 접근하여 정보를 얻을 수 있는 공간조차 없는 현실을 반영한다.

> 무료 급식소에 70명 정도 남자들이 있고 여자는 나 혼자야. 내 앞에 남자가 대놓고 '꼴린다'고 해요. 안 되겠다, 밥 먹으러 안 가겠다 하고 안 갔죠.
>
> 여자 혼자서 노숙한다는 게 힘들잖아요. 잘 데도 없고 그래서 화장실에서 잤거든요. 남자들이 위협할까 봐 무서워서 도망만 다니고. 혼자 다니거나 아니면 패스트푸드 매장에서 여자분 있으면 뒤쪽에 앉아 있거나 그렇게 생활했어요.
>
> _홈리스추모제기획단의 여성 노숙자 인터뷰(2018) 중

여성 노숙인은 안정적인 자리에서 잠을 청하기 어렵다. 밤새 도심을 배회하다가 낮에 지하철을 타고 쪽잠을 자거나, 목욕탕이나 기도원 등에 무상으로 노동력을 제공하고 잘 곳을 확보

---

[6] 앞서 살펴보았듯, 전체 설문 참여자가 노숙인 시설을 이용하지 않는 이유는 "단체생활과 규칙 때문에(31.2%)", "실내 공간이 답답해서(21.1%)", "잘 몰라서(18.9%)" 순으로 나타났다. 이에 비해 여성 노숙인은 "잘 몰라서(37.2%)"가 가장 많아 노숙 생활에 대한 정보 부족이 심각한 상황임을 알 수 있다. 〈2016년 노숙인 등의 실태조사〉, 보건복지부, 2017, 298쪽.

하기도 한다.

배제된 이들이 선언하는 '도시에 대한 권리'

(…) 국가, 특히 권위주의 국가는 이 같은 '날것' 그대로의 거리를 불순하게 여겼다. '날것'인 인체, '날것'인 행위는 각자가 주인으로 존재한다는 증거이다. 국가는 자신을 드러내는 '날것'으로서의 주체를 용납하지 않는다. 국가가 시도하는 '거리 길들이기'는 '정상'과 '비정상'을 구분한다. '날것'의 신체, '날것'의 행위는 '비정상'으로 호명되어 훈육의 대상, 정상화의 대상이 된다. 길들여지지 않는 신체는 혐오의 대상, 사회적 질병으로 낙인찍혀 내쳐졌다.[7]

탈시설 자립생활이란 무엇인가? 우리의 질문은 시설을 통해 달성되고 유지되는 세계에 대한 의문으로 이어진다. 시설과 지역사회는 분할된 두 개의 세계가 아니라 오히려 공조한다. '이질적인 사람들'을 쫓아낸 도시는 안전하고 균질한 공간이 된다. 이곳에 속한 '시민'은 도로를 점거하지 않고, 잔디를 밟지 않고, 구걸하거나 행상을 하지 않는다. 노점상 대신 들어선 커피숍에서 커피를 마시고, 함께 앉아 있어도 악취를 풍기지 않는 사람만

---

7 서울대학교 SSK동아시아도시연구단, 『공공공간을 위하여: 어떻게 우리의 공적 공간을 회복 지속 확장할 것인가』, 동녘, 2017, 10쪽.

이 시민으로 대접받는다.

한국의 도시화는 '부동산 경제'라는 토건적 도시 개발을 통한 공간의 분리와 배제의 역사였다. 서울역에 상업화가 심화되며 내려진 노숙인 퇴거(야간노숙 금지) 조치, 동자동 쪽방촌이 밀려난 자리에 들어선 고급 아파트, 서울로7017 고가도로의 악취 유발 금지 조례[8] 등은 도시 공간의 구성과 사용의 배타성이 어떻게, 누구의 편의를 위해 강화되는지 극명히 보여 준다.

자립생활을 고민하는 우리는 '어디에 살 것인가'라는 문제를 넘어 '어떤 사회에 살 것인가'라는 문제와 마주쳐야 한다. 도시에 대한 권리는 도시에 사는 사람들이 도시 공간을 생산하고 통제할 수 있는 권리를 의미한다. 탈시설의 권리는 시설이 아닌 곳에서 살 권리뿐만 아니라 그곳에서 생산하고 재생산할 권리, 이를 위한 물리적인 공간과 실천으로까지 연결되어야 한다. 시민권은 언제나 갈등적인 개념이며, 배제된 이들은 빼앗긴 자신의 몫을 위해 끊임없이 대결해야 하기 때문이다.

---

8 서울시는 서울로7017 관련 조례에 '앉거나 눕는 행위'를 금지하는 내용을 포함시켰다가 홈리스행동 등 시민단체의 반발로 삭제했다. 앉거나 눕는 행위를 금지시킨다면서 정작 개장 행사에서는 안락의자와 해먹 등을 설치하고 '직장인 낮잠 이벤트'를 개최했다. '누구'의 앉거나 눕는 행위를 금지하는 것인지 보여 준다.

8

'지역사회'라는 유일한 선택을 위해:
대구시립희망원 중증·중복 발달장애인의
탈시설과 함께 살기

전근배 ○ 대구사람장애인자립생활센터 활동가

비리와 인권침해로 얼룩진 '정화'의 공간

시립 사회복지시설인 대구시립희망원에서 거주인에 대한 체벌과 통제, 폭행·폭언·학대 등 가혹행위, 부당한 작업 강요, 금전 편취, 사망 경위 불투명 및 사망사건 부적정 처리, 급식비 및 국가보조금 횡령 등의 인권침해와 비리가 일어났다.[1] 이는 2016년 내부 고발에 의해 국가인권위원회가 직권 조사하고 언론 등에 다루어지며 세상에 알려졌다. 그러나 현행 조사 규정에 의해 대구시립희망원 산하 네 개 시설에서 5년 이내에 일어난 인권침해

---

1   대구지방검찰청 보도자료, "대구시립희망원 비리의혹 사건 중간 수사결과", 2017년 2월 9일.

행위만을 조사 대상과 범위로 하였기 때문에 정확한 진상 규명은 여전히 이루어지지 않은 상태이다.

대구시립희망원은 1958년 대구시가 전쟁고아와 '미망인'을 수용하기 위한 시설로 서구에 설립하여 운영하다 1968년 현재 위치인 달성군으로 이전하였다. 초기에는 대구시에서 직접 운영하였으며, 1980년부터 재단법인 대구구천주교회유지재단을 통하여 민간 위탁을 하였다. 해당 재단은 사태가 알려져 운영권을 반납한 2017년까지 37년 동안 희망원의 운영을 도맡아 왔다. 그 후에는 전석복지재단이 임시로 운영하였으며, 2019년부터는 대구시 출자·출연 기관인 재단법인 대구사회서비스원에서 운영하고 있다.

군사독재 정권은 산업화 못지않게 '사회정화' 프로젝트에도 열을 올렸다. 1950년대부터 사회문제로 떠오른 부랑인의 '처리'를 둘러싼 논의는 1970년대에 들어서 강력한 국가 공권력을 동원한 대대적인 정화 작업으로 이어졌다. 부랑인은 '거리 정화', '관광객 유치', '범죄 단속' 등과 연계되어 본격적으로 '사라져야 할 대상'으로 재현되기 시작했으며, 부랑인에 대한 강제수용 관행은 암묵적으로 용인되었다.[2] 대구시립희망원에는 1970년대와 1980년대 군사독재 정부의 권위주의적이고 비민주적인 사회 분위기가 그대로 투영되어 있었다. 쇠창살이 설치된 공간에 거주

---

2   정수남, "거리 위의 사회악 일소—掃와 억압권력의 역설", 「정신문화연구」 41권 1호, 한국학중앙연구원, 2018, 285-316쪽.

인을 강제수용하고, 내부 치안 유지를 위해 독방을 운영하거나 쇠사슬을 채우는 등 학대를 일삼았다. 거주인 중 일명 '동장'을 지정하여 통제하는 군대식 문화가 팽배했다. '인간 사육장'과 같았다는 증언이 나오기도 했다.[3]

'사회정화'라는 기조 아래, 복지시설에서의 폭력은 오히려 국가적으로 방치되고 용인되었다. 국가는 최소한의 보조금으로 부랑인에 대한 사회적 책무를 민간 영역에 전가하였고, 종교단체를 중심으로 한 민간단체는 이를 '복지'라는 명분으로 체계화하여 통제하고 활용해 나갔다.[4] 국가는 교회에 특혜를 주고 교회는 국가권력의 하수인이 되었다. 현재까지도 상당수의 복지기관이 종교계에 근간을 둔다는 점에서, 이런 국가-교회 동맹은 여전히 유효하며 암묵적 규율과 물질적 토대가 되고 있다.[5]

대구시립희망원은 본래 하나의 부랑인 시설이었으나 정부의 기능 분리 및 특성화 정책으로 2006년에 정신요양시설과 장애인 거주시설이 분화되었으며, 2013년에는 노숙인 요양시설이 분화되어 총 네 개의 시설로 운영되기 시작했다. 2017년 기준으로 산하 네 개 시설에 총 1,091명이 거주했으며 종사자는 162명이었다. 사태 발생 이후 대구시는 각 시설의 명칭을 '희망마을,

---

3   국가인권위원회, 〈다수인보호시설 종사자에 의한 폭행 등 인권침해 결정문 (16직권0001700 등 병합 익명 결정문)〉, 2016년 11월 14일.
4   정수남, 앞의 글, 285-316쪽.
5   정수남, "1960년대 '부랑인' 통치 방식과 '사회적 신체' 만들기", 「민주주의와 인권」 15권 3호, 2015, 149-185쪽.

보석마을, 아름마을, 시민마을'로 변경하였으며, 장애인 거주시설인 시민마을을 2018년 12월 31일자로 폐쇄하였다. 시설 폐쇄에 따라 거주하던 장애인 중 일부는 다른 시설이나 병원으로 전원 조치가 되었으며, 또 다른 일부는 지역사회로 탈시설을 하여 생활하고 있다.[6] 이 글은 시설 폐쇄로 인해 지역사회로 나오게 된 장애인, 그중에서도 특히 '본인의 의사 표현으로' 시설을 나가고 싶다고 응답하지 못했던 이들의 탈시설과 삶의 의미를 짚는다.

'무응답층'이 갈 곳은 어디인가

한국의 장애인 거주시설은 국가 및 지자체의 책임하에 제공되는 것을 원칙으로 하고 있다. 시설 운영자는 단지 그 임무를 대행하는 것이기에 국가는 장애인의 서비스 이용 실태, 업무 및 운영 적정성, 인권침해 사례 등을 지도·감독하며, 인권침해 및 불법적 사항 등이 발견될 경우에는 사안의 경중에 따라 개선 명령, 시설장 교체, 시설 폐쇄 등을 조치할 수 있다. 그러나 어떤 일이 벌어져도 폐쇄 처분까지 가는 경우는 매우 드물며, 폐쇄된다 하더라도 장애인은 다른 시설로 옮겨진다. 이 시설에서 저 시설로

[6] 이 과정에 대한 보다 자세한 내용은 다음의 논문을 참고할 수 있다. 전근배, 〈시설 폐쇄에 따른 장애인의 탈시설 및 전원의 경험〉, 대구대학교 석사학위 논문, 2020.

보내지는 것 외에 삶의 변화는 없는 것이다.

광주인화학교 및 인화원에서 벌어진 인권침해가 2011년 영화 〈도가니〉로 세상에 알려졌다. 우리는 이 영화를 기억하지만 사건 이후 피해자의 삶에 대해서는 잘 알지 못한다. 영화가 나오고 3년 뒤, 국가와 광주시에 배상을 요구했던 인화학교 피해자들은 패소했다. 국가와 지자체의 과실로 인해 피해가 발생했다고 인정하기 힘들다는 것이 요지였다. 국가의 시설수용화 정책은 조금도 변하지 않았다. 2017년에는 인화원 폐쇄로 다른 시설로 옮겨 가게 된 장애인들이 임시 보호시설에서마저 폭행 및 학대 피해를 연이어 받았다는 사실이 드러났다. 누구의 삶도 변하지 않았다.

애초 지정·구획된 시설이 아니면 갈 수 없도록 설계된 사회 시스템 안에서 장애인은 배제됨으로써만 사회의 한 부분으로 생존을 보장받을 수 있었다. 희망원 사태는 이런 암묵적인 사회적 결속에 작은 균열을 낸 사건이었다. 장애인 인권단체들의 3년간의 투쟁은 폐쇄된 장애인 거주시설의 장애인 80여 명 중 절반이 사회로 나올 수 있도록 정책을 만들어 냈다. 폐쇄는 여러 악조건 속에서 진행되었다. 중앙정부 차원의 대책 및 예산의 부재, 한시적으로 민간 위탁을 받은 사회복지법인의 비협조, 대구시 주무부서 간의 불통과 담당자의 인식 부재, 지역사회 내 자립지원을 위한 인프라 부족, 자립생활센터 및 자립주택 운영기관의 현실적 역량 등이 번번이 발목을 잡았다.

가장 큰 쟁점은 시설 폐쇄 전에 진행한 몇 차례의 욕구 조사에서 응답을 확인할 수 없었던 이들에 대한 조치였다. 이들은 '무응답층'이라고 불렸다. "시설이 문을 닫은 이후 어디에서 살고 싶은가?"라는 객관식 질문에 답하지 못한 이들로, 대부분 중증·중복 발달장애를 지니고 있었다. 대구시는 무응답 장애인을 관례에 따라 타 시설로 전원시킨다는 재입소 조치를 발표했다. 욕구를 물어보았는데 답이 없으니 시설에 남는 것이 그 사람의 욕구라는 논리였다. 정부는 뒷짐을 졌다. 정부의 지침상 시설 폐쇄 시 시군구가 할 수 있는 조치는 임시 시설장을 선임하여 입소자 전원 계획을 세우고 처분이 완료될 때까지 시설을 운영하는 것이 전부였다. 명목상 '본인의 선택에 따라' 전원이나 재입소가 아닌 다른 결정을 할 수는 있지만, 그 결정에 대한 대책을 세우는 것은 국가의 일이 아니었다.

    법률 해석, 행정 관례와 함께 대구시가 내세운 또 다른 논리는 놀랍게도 '자기결정', '당사자주의'와 같은 것들이었다. 대구시는 장애인 본인이 시설을 나가려는 의사가 없거나 확인되지 않음에도 불구하고 공권력이 자의적으로 판단하여 퇴소 처분하는 것은 당사자의 자기결정권을 침해하는 것이라고 했다. 중증·중복 발달장애인은 오랜 기간 시설에서 살아왔고, 지역사회에는 그들이 살아갈 수 있는 충분한 인프라가 확보되지 않았다는 이유를 덧붙였다. 다른 시설로의 전원이 '현실적'이라는 뜻이었다. 장애가 있다는 이유로 사회로부터 수용시설로 옮겨진 사람들, 가족이나 지인의 권유에 의해서, 누군가의 도움을 받을 수 없어서, 때로는 기억하는 생의 첫 순간부터 그저 시설에 있었던 이들의 삶의 맥락이 "시설서비스 욕구"라는 듣기 좋은 복지 용어로 치환되었다.

이에 인권단체들은 역으로 다른 시설로 입소하겠다는 의사가 없거나 확인되지 않음에도 불구하고 공권력이 자의적으로 전원 처분을 하는 것은 장애인 당사자의 자기결정권을 침해하는 것이자 장애인권리협약 위반이라고 주장했다. 한국이 비준한 유엔장애인권리협약은 장애인의 거주 이전의 자유와 탈시설 및 지역사회에서의 통합을 권리로 보장해야 한다고 강조하며, 개별적 욕구에 앞서 권리적 접근을 주문하고 있다. 이미 2014년 유엔장애인권리위원회는 한국정부에 "탈시설 전략이 효율적이지 않고 장애인의 지역사회 동참을 위한 조치가 충분하지 않다"며 "장애에 대한 인권적 모델을 바탕으로 효과적인 탈시설 전략을 개발"할 것을 주문했다. 장애인권리협약은 시설화를 통한 장애인의 분리 조치나 장애인 가구를 별도로 모아 놓는 행위, 지원서비스 부족을 이유로 지역사회에서 배제하는 행위 등을 제19조(자립적 생활 및 지역사회에의 동참) 위반으로 간주하며, 장애의 사회모델에 따라 적절한 지원이 있으면 모든 장애인이 사회에서 잘 살아갈 수 있다는 관점을 견지하고 있다.[7]

'무응답층'의 삶에 대한 투쟁은 누가 진정한 응답의 주체인

---

7   Mburu, F. M., "An Analysis of De-institutionalization Experiences: Good Practice Examples and Failures", Open Society Foundations, 2016, http://zelda.org.lv/wp-content/uploads/Deinst_research_FMMburu.pdf (검색일: 2020. 8. 4.)

지를 명확하게 밝히는 싸움으로 전개되었다. 시설 폐쇄가 발표된 직후 시작된 152일 간의 대구시청 앞 농성은 탈시설지원센터 설치, 자립주택 확대 및 공공 운영, 거주시설 해체사업 실시 등과 함께 무연고 중증·중복 발달장애인 아홉 명에 대한 전원 중단과 탈시설 권리 보장을 요구했다. 탈시설을 직접 경험한 장애인과 인권운동가는 "시설에서 나와서 살고 싶은가?"라는 물음이 그 자체로 편향되어 있으며 부당하다고 주장했다. 이 물음은 이제까지 시설에서 살아야만 했던, 시설에서만 살아갈 수 있었던 사회적 환경과 개인의 상황 맥락을 의도적으로 삭제하여 장애인의 시설 거주를 개인의 욕구에 따른 정당한 복지 거래로 치장한다는 것이다. 나아가 "(그럼에도 불구하고) 시설이 아닌 지역에서 살고 싶은가?"라는 물음은 시설 밖의 생존권 공백 상태를 자신의 욕구 충족을 위해 견뎌야 할 책임으로 은연중에 전가한다고 지적했다. 정확히 이 지점에서 '무응답층'의 탈시설은 개인의 선택이 아니라 지역사회와 국가의 결단의 영역이 된 것이다.

투쟁은 일단 승리했다. 중증·중복 발달장애인 아홉 명에 대한 전원 조치는 멈추었으며, 대구시는 언론을 통해 자립지원 시범사업을 실시한다고 발표했다. 최초로 시행된 시범사업은 '폐쇄는 곧 전원'이라는 도식을 깨고, 탈시설 욕구를 밝히는 거주인은 물론 중증·중복 발달장애인의 경우에도 응답의 유무와 관계없이 탈시설을 우선한다. 그 후 장애인 당사자가 변화된 환경에서 욕구를 개발하고 삶의 질을 높여 갈 수 있도록 지원한다는 원칙을 세웠다. 희망원 이후의 시설 폐쇄-탈시설 운동은 '무응답층'이라 하더라도 지자체의 장이 시설 퇴소 및 자립지원을 결정할 수 있으며, 시설 생활보다 지역 생활을 우선 지원해야 한다는 것을 분명히 했다.

'영웅'의 차원에서 '일반'의 차원으로

더 크고 고단한 투쟁이 남아 있었다. 농성은 물리적 거점인 시청 앞이 아니라 우리의 구체적인 일상으로 옮겨 왔다. 중증·중복 발달장애인의 탈시설 지원에 책임감을 느낀 대구시는 관련 경험이 풍부하다는 이유로 한국장애인자립생활센터협의회 소속 대구사람장애인자립생활센터와 다릿돌장애인자립생활센터에 자립지원을 위탁했다. 이외에 중장년 발달장애인 주간보호시설인 여기서함께센터가 대구시의 협조 요청에 따라 연계되었다.

    한 주택에 두 명이 입주해 자립생활을 시작했다. 이들은 대부분 발달장애와 함께 시각, 청각과 같은 감각장애나 신체장애가 있었으며, 오랜 기간 정신과 약물을 다량 복용하고 있었다. 장애인 동료상담가들은 대부분의 입주자에게 24시간 활동지원 서비스가 필요하다고 판단했지만, 정부와 대구시는 지원이 어렵다고 통보했다. 주간보호시설을 이용할 수밖에 없었다. 당사자의 주요 일상은 평일 오전과 저녁, 주말 종일에는 활동지원서비스를, 낮에는 주간보호시설을, 밤에는 복지관과 연계한 야간순회 서비스를 이용하는 형태로 짜여졌다.

정보가 많이 없었다. 수년에서 수십 년을 살아온 시설이었지만 이들의 선호나 특성 등이 담긴 기본적인 정보를 가지고 있지 않았고, 그나마 넘어온 의료적 기록은 적지 않게 조정되었다. 이미 오래전 없어진 질환의 약을 계속 복용하고 있거나 종합건강검진을 통해 암이 발견되기도 했다. 이들에 대한 지원은 자립생활 욕구가 확인되면 그에 따라 지원하던 종전의 방식과 상당히 다른 양상으로 진행되어야 했다. 개인의 욕구나 의사에 따라 개인별 계획을 세워 자립생활 프로그램을 개별/집단적 형태로 제공하고 함께 평가하는 기존의 방식을 그대로 적용하기 어려웠다. 당장 개인의 욕구나 의사를 확인하는 데 어려움이 있었고, 짐작건대 당사자 역시 무엇을 결정할 만큼의 경험 자체가 없어 보였다.

어떤 것은 원활했고 어떤 것은 원활하지 않았다. 원활하지 않은 것이 더 많았다. 자립생활센터에는 금전 관리, 의료 지원 및 건강 관리, 신변 안전 등과 같이 개인의 자유권을 보장하기 위해 필요한 명확한 법적 권한이 없었다. 본인의 통장을 개설하는 일에서부터 지정병원을 변경하거나 의사와 상담하고 처방을 받는 일, 활동지원서비스를 계약하고 이용하는 일, 주간보호시설을 이용하는 일, 자립주택의 도시가스와 같은 각종 계약을 수행하는 일 등 모든 일상이 당사자의 명확한 의사결정을 요구했다. 그러나 발달장애인지원센터의 공공후견인 연결은 통상 6개월이 넘게 걸리며 시설 폐쇄 이후까지 막연하게 기다려야 하는 것이었다. 때로는 대구시의 시범사업 추진 공문으로, 때로는 법률 안에서 허용 가능한 기관 담당자의 역량으로, 또 어떨 때에는 관례적인 사회복지 기관에 대한 사회적 신뢰로 해결해 나갈 수밖에 없었다.

'미지의 존재'에 대한 지원 압박에 모든 활동가의 신경이 곤두섰다. 부족한 제도 안에서 기본생활과 안전 확보를 우선으로 강조하면 할수록 이전에 경험했던 '자립생활'이라는 상과 동떨어지는 듯한 인상을 받았다. 일반적으로 '실패하더라도 본인이 선택하고 결정하고 경험하는 것'을 중심으로 당사자를 지원해 왔다면, 이제는 무엇을 선택하고 결정할 것인지, 어떤 경험이 필요한지조차 확인이 어려웠다. 혼란스러웠다. 시설을 벗어났음에도 불구하고 활동가가 기대했던 것보다 생활은 집단적이었고 일상은 단조로웠다. 같은 시간에 집을 나가고 같은 시간에 집으로 돌아왔다. 같은 공간에서 낮 시간을 보냈다. 당사자가 실종 위기에 놓일 수 있어 국가인권위원회, 경찰청, 발달장애인지원센터 등과 4개월간 간담회를 했지만, 대책이라고 받아 든 것은 경찰서에서 보급하고 남은 배회감지기 정도였다. 이들에게 필요한 자립생활 프로그램은 무엇일까, 이들의 동료상담은 누가 해야 할까, 이들의 자립은 어떤 의미일까, 이들은 지금의 삶에 만족할까, 우리는 무엇을 하고 있는 것일까… 활동가들의 머릿속도 복잡해졌다.

다행히 살아가는 시간만큼 변화가 일어났다.[8] 아주 느린 속도였지만 관계가 이전보다 부드럽고 자연스러워졌다. 거실을 맴돌며 울거나 화를 내며 잠을 쉽사리 청하지 못하던 사람들이 자기 방을 찾아 들어갔고, 때가 되면 "집에 가야지"라고 소리쳤다. 늦잠을 자고 낮잠을 잤다. 컨디션이 좋지 않을 때는 주간보호시설에 나가지 않고 집에서 머물며 쉬었다. 자신의 방에 있는 자기 장롱에 본인이 원하는 스티커를 빼곡히 붙였고, 외출을 나가고 싶을 때는 현관으로 나가 손으로 가리키거나 신발을 만졌다. 식사 시간이 되었으니 집에 돌아가자고 재촉하거나, 집 밖에 나가지 말라고 막는 경우가 현격히 줄었다. 스스로 화장실을 찾기 시작했고, 무언가 먹고 싶을 때는 그릇을 들고 주방을 살폈다. 감정 표현이 풍부해졌다. 표정이 밝아졌다. 때론 서로 웃고 때론 서로 다투었다. 건강이 좋아지고 살이 조금 붙었다. 정확히는 알 수 없지만 아무래도 탈시설의 변화는 '무엇을 함'에서 오는 것이 아니라 '무엇을 하지 않음(또는 하지 않아도 괜찮음)'에서 오는 것 같았다. 아직 활동지원사나 코디네이터 모두가 통일된 지침이나 자세를 갖지는 못했지만 '장애인 당사자가 원하는 대로', '위험한 상황이 아니라면 제약하지 않기', '가능한 한 따르기', '공격적이지 않기', '평범하게 대우하기'와 같은 정서를 만들어 갔다.

개인의 선택과 결정을 강조하던 경직된 당사자주의, 자립생활을 넘어 또 다른 자립생활 문화와 당사자주의가 만들어지고 있었다. 동료로서 상담하기가 아니라 '그냥 동료가 되기', 의미

---

8 지원 과정과 성과 분석에 대한 자세한 내용은 대구장애인차별철폐연대에서 발행한 자료집 〈대구시립희망원 시민마을 폐쇄 1년 장애인 탈시설 보고대회: 그저 함께 살아간다는 것〉에서 확인할 수 있다. http://cafe.daum.net/dgsadd/J9hw/123 (검색일: 2020. 8. 4.).

있게 생활하기가 아니라 '그냥 생활하기', 자립의 만족도나 성패를 따지기 이전에 '지역에서 그저 함께 살아가기'와 같은 말들이 당사자의 삶을 더 적절하게 표현하는 것 같았다. 때로 이것은 그동안 자립생활센터가 추구해 온 가치나 원칙, 익숙하게 썼던 언어와는 이질적이거나 거리가 있어 보였다. 하지만 궁극적으로는 크게 다르지 않았다. 자립생활 운동이나 자립생활센터가 가질 수 있는 언어의 폭이 그만큼 풍부해지는 것이라고 여겼다. 확실한 것은 시범사업 참여자가 포함되지 못했던 이전의 그 어떤 자립생활보다, 시범사업 참여자가 함께 살아가는 지금의 자립생활이 더 보편적이고 평범하며 자립의 의미에 가까워 보인다는 점이다. 어쩌면 시범사업 참여자들은 하루하루 조용히 또 천천히 '그저 함께 살기' 전략을 통해, 탈시설 자립생활을 일부 장애인만 감행할 수 있는 '영웅'의 차원에서 누구나 할 수 있는 '일반'의 차원으로, 표현하고 소통하는 능력을 전제한 '욕구'의 영역에서 누구에게나 보장되어야 하는 '권리'의 영역으로 바꾸어 가고 있는지도 모른다.

'함께 살기'라는 유일한 선택을 위해

2019년 12월을 끝으로 시범사업은 끝이 났다. 참여자 아홉 명 모두가 시설에서보다 더 나은 삶을 향유하고 있음이 확인되었다. 대구시는 이를 정식사업으로 전환하고 관련 인프라를 확대해 나가기 위해 2차 탈시설 추진 계획에 관련 내용을 포함하기로 했다. 누구보다 당사자들이 가장 많은 어려움을 겪을 것이다. 그러나 이들의 삶을 통해 우리 사회는 더 포괄적이고 인권적인 자립생활 지침을 얻을 수 있다. 우리가 만들어 갈 그 지침은 다음의 몇 가지 전제에서 시작될 것이다.

첫째, 자립생활 담론은 기존의 신청주의, 욕구-충족 모델을 넘어서야 한다. 이는 자립생활을 권리가 아닌 일정한 능력을 갖춘 이들만 누릴 수 있는 것으로 자격화하여 선별적인 제도를 강화한다. 탈시설 욕구를 탈시설 권리 보장의 근거로 삼으면 삼을수록, 역설적이게도 욕구를 확인하기 어려운 장애인에 대한 배제는 정당화된다. 욕구에 기반한 접근은 개인의 장애에 대한 기능적 평가와 판단, '순수한 시설서비스 욕구'라는 허황된 논리를 승인할 수 있는 것이다. 우리는 아홉 명의 당사자가 지역에서 생활하고 싶은지, 또는 그러할 수 있는지 욕구와 능력을 확인하기 위해 시범사업을 한 것이 아니다. 이들이 지역에서 살아갈 권리를 보장하기 위해서는 어떤 서비스와 문화가 만들어져야 하는지 알기 위해 실제 이들과 함께 살며 대안을 찾은 것이다.

둘째, '탈시설을 통한 시설 폐쇄'가 아니라 '시설 폐쇄를 통한 탈시설'이 장애인의 탈시설 권리를 보다 보편적으로 보장할 수 있다. '탈시설을 통한 시설 폐쇄'는 탈시설을 하되 필요 없어지는 순간까지 시설을 존립시키는 방식이다. 하지만 그런 순간은 오지 않을 것이다. 이러한 접근은 탈시설 문제를 여전히 개인의 선택 영역으로 남겨 두기 때문이다. 반면 '시설 폐쇄를 통한 탈시설'은 국가적 차원에서 시설 폐쇄를 추진해 나가며 그 대안으로 탈시설을 지원하는 방식이다. 시설 폐쇄의 이유는 탈시설을 해야 하기 때문만이 아니다. 시설 자체가 개인의 권리를 명백히 침해하고 국가의 반인권성을 드러내는 공간이기 때문이다. 이를 구분하지 않고 탈시설과 시설 폐쇄를 하나의 개념처럼 연계시키면 "탈시설이 어려운 사람도 있으니 시설이 필요하다", "탈시설 인프라가 적절히 구축되어야 시설 폐쇄가 가능하다"는 논리로 흘러갈 수 있다. 이번 시범사업은 '탈시설을 통한 시설 폐쇄'가 장밋빛 허상일 뿐이며, 시설 폐쇄가 진행됨으로써만 탈시설을 위한 조건이 하나하나 만들어진다는 사실을 증명하는 여정이었다.

셋째, 위의 두 전제는 관념이 아닌 현실에서 새로운 존재가 '끼어듦'으로써만 가능하다. 즉 자신이 있는 단체, 조직을 구성하는 동료들이 다양해져야 가능하다. 가능한 한 다양한 주체가 자립생활이라는 지향 아래 모임으로써 운동은 보다 보편적인 모습을 띨 수 있다. 지금의 자립생활센터나 자립생활단체가 지니고 있는 운동적 요구와 활동 문화가 얼마나 인권적이며 보편 타당한지 알기 위해서는, 지속적으로 '다른 존재'로 치부되어 왔던 이들이 척도로 기능해 주어야 한다. 이는 우리 사회의 차원에서도 마찬가지일 것이다. 우리는 다른 사람과의 부대낌을 통해서만 아주 조금씩 경험을 공유하고, 호흡의 속도와 생활의 문화를 되돌아볼 수 있다.

이 여정의 시작을 다시 생각해 본다. 시작은 다름 아닌 '함께 살기'라는 대전제였다. 같이 살아야 한다는 절대적인 규범 안에서만 우리는 방법을 찾을 수 있다. 누군가를 알아야 같이 살 수 있는 것이 아니라 같이 살아야 궁금하고 알고 싶어진다. 사회 속에서 같이 살아간다는 것은 누군가의 욕구에 따라 달라질 수 있는 차원의 문제가 아니다. 그것은 그 사회에 이미 포함된 이들 역시 누구와 살 것인지 취사선택할 권리가 없음을 뜻한다. '함께 살기'는 장애가 있든 없든, 지원이 많이 필요하든 적게 필요하든 아예 필요하지 않든 간에, 그것만이 우리가 취할 수 있는 유일한 선택임을 인정하고 전제하는 것에서 출발할 수 있다.

3부
보호소

9

한국사회와 난민, 그리고 탈시설

고은지 · 난민인권센터 활동가

난민의 삶은 어떻게 시설화되는가? 시설화를 "지배권력이 특정 개인이나 집단을 '보호/관리'의 대상으로 규정하고, 사회와 분리하여 권리와 자원을 차단함으로써 '불능화/무력화'된 존재로 만들며, 자신의 삶에 대한 통제권을 제한하여 주체성을 상실시키는 것"[1]으로 정의할 때, 한국에서 난민은 어떻게 규정되고 차단되는지 묻게 된다. 언제, 누가 난민을 격리의 대상으로 규정하고 분류하는가? 어떤 소문이 난민의 삶을 시설화하는가? 어떤 시설을 통해 난민은 관리되는가? 난민 시설이 등장하고 운영되며 유지되는 이유는 무엇인가? 난민 시설을 둘러싼 이야기들은

---

1 조미경의 글(285쪽)을 참고하라.

무엇인가? 난민은 시설 밖에서 어떻게 시설화되는가? 시설화는 어떤 권리를 상실시키는가? 시설화를 넘기 위해서는 어떤 노력이 필요한가? 난민에 대한 낙인을 이용하는 구조에 도전하기 위해, 이 글을 통해 한국사회의 난민을 둘러싼 시설화의 상황을 간략히 살펴보고자 한다.

국가 정체성 구현 거점으로서의 시설:
출입국·외국인지원센터와 베트남난민보호소

2010년 1월 법무부는 출입국·외국인지원센터를 건립하겠다고 발표했다. 난민 신청자에게 최소한의 생계를 지원하겠다는 취지로 인천 영종도 일대에 부지를 선정한 것이다. 하수처리 시설 등이 소재하고 대중교통을 이용한 접근이 어려워 아무도 살지 않는 지역에 130억 원에 달하는 예산을 투입하여 수용시설을 건립하겠다는 계획이었다. 이미 국제사회에서는 유사 시설이 난민의 신속한 추적과 처벌, 송환을 위해 운용된다는 비판이 있었고,[2] 시민단체들은 장애인 탈시설 운동의 예를 들며 건립 계획 철회를 요구했다.

---

[2] Margaret S. Malloch, Elizabeth Stanley, "The Detention of Asylum Seekers in the UK: Representing Risk, Managing the Dangerous", *Punishment & Society*, Vol. 7, No. 1, 2005.

'난민 신청자가 사회적 통합의 대상인가'에 대한 근본적 의문이 있으며, 난민 신청자와 관련한 정책은 신속한 심사의 진행에 우선순위를 두고 있습니다. 특히 국민 정서와 부지 마련 및 예산 문제 등으로 인해 (집단수용시설이라는) 통합된 형태가 될 수밖에 없습니다. (난민 신청자에 대한) 직접 지원은 국민 정서 및 형평성을 고려할 때 부정적이라 평가합니다.

_출입국·외국인지원센터 설립간담회(2010) 중 법무부 관계자

난민 신청자의 정착을 돕겠다는 취지는 '국민 정서'와 '형평성'의 논리에 따라 변질됐다. 법무부는 난민 지원에 대한 부정적 여론을 예견하며 지역 내 정착 모델이 아닌 격리 형태의 수용시설을 제시했다. 결국 시민사회의 반대에도 불구하고 건립은 추진되어 2013년 9월 시설이 완공됐다. 그러나 '사회적 긴장 완화'를 위해 제안된 격리시설은 오히려 긴장을 불러일으키게 된다. 개소 시점에서 주민의 반대에 부딪힌 것이다. 일부 주민들은 "난민으로 인해 영종도가 범죄 소굴이 될 것"이라며 "신분이 불확실한 외국인의 거주는 치안 불안을 가중시킨다"는 주장을 펼쳤다.

이에 법무부는 지역과 상생할 수 있는 대안으로 난민 신청자에 대한 더욱 강화된 통제를 약속하며 시설 개소를 감행했다. 법무부는 안내문을 통해 "센터에는 합법 체류자만 입주할 수 있습니다", "난민을 수백 명씩 수용한다는 일부 주장은 전혀 사실이 아닙니다", "주민의 치안 불안 우려를 해소하기 위해 지속적

으로 단속할 것입니다", "센터 입주자는 다른 어떤 외국인보다 법을 준수하는 데 노력할 것입니다"라고 설명했다. 출입국·외국인지원센터의 운영 방식은 주민과의 협상 과정에서 완성돼 갔다. 치안을 위해 영종도 지역에 '불법' 단속을 강화하고, 입소자를 대상으로 법질서 교육 및 통제를 철저히 하며, 전체 난민 신청자 중 소수 인원만 수용하는 방침을 고수하기로 한 것이다.

난민 신청 초기 생존권을 보장하지 않는 정책은 출입국·외국인지원센터 입소를 거의 유일한 선택지로 만든다. 그러나 운영 규정에 따라 정신장애인이나 감염인의 경우는 입소 자격을 부여받지 못하고, 많은 경우 '검증된 단체'[3]를 통한 극소수만이 입소 자격을 부여받는다. 입소 후에는 출입이 철저히 통제되며, 아침저녁으로 점호를 하고, 40여 개의 CCTV로 감시를 받는다. 시설 내부에서는 국민의례에 참여하고 한국의 법질서와 문화교육을 반드시 이수하도록 하여 '한국 국민' 정체성을 강요받고, 시설 외부에서는 정착의 성공 사례로 홍보되기 위해 생활 공간을 언론에 공개하는 등 난민 정체성을 강요받는다. 주민 반발로 인해 아동 입소자의 진학이 유예될 수 있고, 입소자가 법무부 규탄 시위에 참여할 경우 강제 퇴소 통보를 받을 수 있다. 퇴소 전 지역사회 내 정착을 위한 조치는 없다. 시설은 국격 유지를 위한 홍보 수단으로만 기능한다.

---

3   여러 경로를 통해 "법무부 및 출입국·외국인지원센터와 친밀한 관계를 맺고 있는 특정 단체가 연결한 사람만 입소 대상자로 선정된다"라는 증언을 확보하고 있다.

난민은 국내에서 난민 지위만 인정받으면 언제든 경제활동이 가능한 사람들입니다. 국제적인 인도주의를 실천하고 우리나라의 경제 규모에 걸맞은 모범을 보임으로써 국격 향상에도 도움이 되는 시설인 만큼, '혐오시설'이 아니란 점을 지속적으로 홍보할 방침입니다.

_출입국·외국인지원센터 영종도 주민설명회(2010) 중 법무부 관계자

시설에 입소하는 주요 대상자에는 재정착 난민[4]이 있다. 인도주의의 가면을 쓰고 국가 간 정치 교환물로 거래되고 있는 재정착 난민은 입소 대상 1순위다. '정상가족'으로 분류될 수 없거나 장애인, 노인, 무슬림 등의 경우에는 '대한민국의 사회통합에 최적화된 재정착 난민'으로 선별될 수 없다.[5]

입국한 재정착 난민은 (…) 국내 정착 가능성과 사회통합 가능성 등을 종합적으로 고려하여 선정된 안전하고 선량한 사람들입니다. [특히 온화한 성품과 비슷한 외모, 자녀에 대한 높은 교육열

4 특성 국가에 비호를 요청한 난민의 지위를 인정하여 영구적인 정착을 제공하는 데 동의한 제삼국이 이들을 선별하고 자신의 국가로 재이주시키는 정책.
5 재정착 난민을 '수용'하기로 결정한 국가는 일정한 심사 기준에 따라 그들을 선별한다. 국제기구는 인권 보장을 유일한 기준으로 삼을 것을 권고하고 있으나, 많은 국가가 '정착 가능성'이나 '정치외교적 이해관계' 등을 고려하고 있다. 이 때문에 '정착(생산) 가능성이 부족하다고 판단되는' 장애인, 노인 등은 재정착 기회를 제공받지 못해 난민 캠프에 영구적으로 구금된다는 비판이 있어 왔다.

등 한국의 여느 부모와 다를 바가 없는 우리 곁의 소중한 이웃임]

_법무부 보도자료 "미얀마 재정착 난민, 대한민국의 품에 안기다"(2015) 중[6]

"사회통합"에 부합하는 "안전하고 선량한 사람"으로 검증된 이들은 퇴소 이후에도 행정 편의와 '국민' 정서를 고려하여 일률적인 직업군과 지역으로 배치된다. 시설 입소에서 퇴소까지의 전 과정에서 "코리안 드림"과 "국가 위상 제고를 위한 법치 실천"의 수단으로서 "대한민국의 품에 안긴" 이들로 홍보된다.[7]

한편 국가가 수용시설을 통해 난민을 이용했던 역사는 45년 전에도 있었다. 한국에서 난민 시설이 최초로 건립된 1975년의 일이다. 부산에 상륙한 2천여 명의 베트남 난민은 '난민 보호소'에 20여 년간 수용되어, 공산화의 비극과 짝하여 다루어지면서 반공 의식을 고무시키는 소재로 이용됐다. 70년대 중반부터 시설 폐쇄에 이르기까지 전국의 안보 궐기대회에 베트남 난민이 동원됐다. 이들은 각종 언론이나 대회 등에서 남베트남 패망의 배경과 원인을 설명했고 "자국의 보위는 자국의 힘으로 유지되어야 한다"는 '국민적 여망'을 함께 표현했다. 이를 통해 자유·민주·인도주의 실현의 주체로서의 한국, 자주국방이나 안보 체

6 법무부는 한국의 첫 재정착 난민으로 시리아인이나 로힝야족 등이 아닌 미얀마 카렌족을 가족 단위로 선택했다. 그 이유에 대해 "문화적으로 이질감이 덜한 아시아 난민, 그중에서도 외모와 성품이 우리와 유사한 이들을 선별했다"고 설명했다.
7 이 문단에서 큰따옴표 안의 내용은 앞서 인용한 법무부 보도자료 "미얀마 재정착 난민, 대한민국의 품에 안기다"에서 가져왔다.

제의 강화, 사회질서의 확보 필요성 등이 강조되었다.[8]

국제적으로는 한국의 정치적 이해관계, 즉 타국과의 관계에서 균형을 조율할 수 있는 위상을 유지하기 위한 홍보 수단으로, 국내적으로는 치안 유지와 '국민' 항의를 잠재우는 차원에서 난민 정책은 운용된다. 시설은 이 두 가지 이해관계를 충족시키고 국가 정체성 구현 수단을 양성/유지하는 거점으로서 등장하고 운영된다.[9]

'가짜 난민' 낙인과 공모하는 감시 체제:
시설 밖 시설화를 점철하는 일상적 감시와 권리 박탈

법무부는 오랜 기간 난민에게 심사 절차 권리를 보장하지 않았다. 그 결과 법무부가 정해 둔 '정상적인' 심사 절차를 밟지 못하는 난민이 계속해서 등장했다. 법무부는 이들에게 '제도 남용'과 '가짜'의 프레임을 씌워 왔다. 난민법 제44조(특정 난민 신청자의 처우 제한)는 언제든 난민 신청자를 '제도를 악용하는 허위 난민'으로 만들어 권리를 박탈시킬 수 있는 독소 조항으로, 정부의 행정 편의나 치안 유지를 위한 도구가 되어 왔다. 난민법 제44조의

---

8 노영순, "부산 입항 1975년 베트남 난민과 한국사회", 「史叢」 제81집, 고려대학교 역사연구소, 2014.
9 한 난민은 "대한민국은 난민들의 피를 빨며 자신의 피난처를 찾고 있다"라고 비판했다.

판단과 집행은 대부분 담당 공무원의 기분에 따라 재량으로 이행됐으며, 난민은 언제, 어디서 '허위 신청자'로 분류되어 신분증을 압수당하고 송환 또는 구금될지 예상할 수 없는 상황에까지 이르렀다.

2015년 11월, 국정원은 이미 오래전부터 한국에 거주하고 있던 시리아 난민과 관련하여 허위 사실을 유포하고, 관련 예산 천억 원 증액과 테러방지법 제정의 필요를 이야기했다. 유사한 시기에 시리아 난민을 포함한 다른 국적의 난민에 대한 추적과 감시가 강화됐다. 이민특수조사대는 "대한민국 공공의 안전을 해칠 우려가 있다고 인정되면 송환할 수 있다"는 출입국관리법 제62조 등에 따라 적법한 절차 없이 이들 중 일부를 강제 송환했다. 이와 같은 낙인과 권리 박탈은 2018년 제주 예멘 난민 논란을 통과하며 더욱 강화된다.

국민을 안전하게 보호하는 것이 국가의 존재 이유이자 가장 큰 책무라는 점 잊지 않겠습니다. 난민 문제는 인권의 문제이나 인권만의 문제는 아닙니다. 국경 관리, 국민 안전 및 우리 사회의 미래와도 관련된 특수하고도 매우 복잡한 문제입니다. 진정한 난민은 보호하고 허위 난민 신청자는 신속하게 가려내겠습니다. 국민 여러분의 우려를 반영하여 난민 신청자의 SNS 계정 제출을 의무화하는 등 신원 검증이 강화됩니다.

_난민법 관련 국민청원(2018)에 대한 법무부 장관의 답변

치안 기계로서의 국가가 가장 관심과 공력을 기울이는 것은 더 이상 소란이 일어나지 않도록 질서를 유지하는 일이다.[10] 2018년 제주로 입국한 예멘 난민이 세간의 주목을 받자 정부는 이들을 소란의 진원으로 표적화했다. 이제 법무부는 '국경 관리'와 '국민 안전'을 위해 더욱 '가짜 난민' 소탕 작전이 필요하게 됐다. 곧바로 정부는 "허위 난민을 신속히 가려내어 치안 질서를 바로 잡겠다"고 홍보했고, 난민법 개악과 함께 난민에 대한 더욱 강력한 통제와 감시를 예고했다. 국민 안전을 명분으로 공인된 난민에 대한 폭력은, 시설 안에서뿐만 아니라 시설 밖에서도 난민을 일상적인 감시의 대상으로 만들었다.

정부는 제주로 들어온 예멘 난민을 대상으로 SNS를 사찰했다. 총기를 소지한 사람의 사진을 공유한 이들에 한해 추가 심문이 있었고, 이들 모두는 난민 지위를 인정받지 못했다. 클릭 몇 번으로 이루어진 SNS 게시물로 본국 송환 여부가 좌우됐다. 곧 감시의 범위는 확장됐다. 예멘을 포함한 다양한 지역 출신의 난민이 온오프라인을 가리지 않고 감시의 대상이 됐다. 집회 등을 통해 법무부를 규탄하는 이들에 대해서는 현장에서 신원을 파악하거나 개별적으로 추적했고, 신분증 압수와 지위 박탈뿐만 아니라 거주지 무단 침입과 불심 검문도 자행했다. 난민에 대한 일상적 감시는 경찰과 출입국관리소뿐만 아니라 관련 단체, 난민 당사자, 비난민, 혐오 세력 등 다양한 주체가 협조하며 이뤄

---

10 진태원, 『을의 민주주의: 새로운 혁명을 위하여』, 그린비, 2017, 111쪽.

졌다. 일부 경찰은 특정 난민을 감시하고 추적하기 위해 당사자의 주변 인물과 친밀한 관계를 맺거나, 당사자와 갈등 관계에 있는 다른 국적의 인물을 이용했다. 거리를 산책하던 예멘 난민은 비난민에 의해 거듭 경찰에 신고당했고, 경찰은 이들에게 "가급적 집 밖에 나서지 말라"고 반복적으로 훈계했다. 혐오 세력은 '신상 털기'와 위치 추적 등의 공격을 감행하며 끊임없이 난민이 가짜임을 증명하는 자료를 조작했다.

'가짜'로 예단되는 이들은 최종 심사가 끝날 때까지 의심과 감시의 절차를 통과해야 한다. 심사를 마치고 난민 지위를 인정받더라도 '외관상 가짜'에 해당되면 언제든 검증 절차를 다시 거쳐야 한다. 가짜 낙인과 함께 굴러가는 감시의 톱니바퀴는 기존의 관계를 깨트리고, 새로운 동료를 만들지 못하게 하며, 장애인 등록과 같은 기본적 사회보장제도로의 유입을 가로막고, 안정적인 주거지를 확보할 수 없게 만들 뿐만 아니라 자기 자신조차 신뢰할 수 없게 만든다. "난민 신청자는 진짜 난민이 아니다"라는 소문은 난민과 난민, 난민과 비난민, 비난민과 비난민 사이를 횡단하며 난민의 권리를 삭제시킨다. 도처에 존재하는 감시와 권리 박탈은 난민을 사람들 사이에서 사라지게 만들고 있다.

'법치 한국 공동체' 실현과 유지를 위한 항문[11], 구금시설

일상적인 감시 체제에서 다시 시설로 이탈되는 사람들이 있다.

주소지나 체류, 노동 사실을 등록하지 못해 '외국인 보호시설'[12]에 구금되는 이들이다. 난민 구금은 한국만이 아닌 전 지구적인 현상이며 예외가 아닌 일상으로 벌어지고 있다.[13] 한국정부는 사실상 모든 행정 절차에서 난민의 권리를 제외하며 일정 정도의 '불법' 상태에 놓인 사람들을 양산하고 있다.[14] 이를 통해 연간 600억 원[15]에 달하는 수수료를 확보하고 구금시설에 유입될 사람을 꾸준히 모집한다.

11 차승기는 "수용소라는 안전장치: 오무라大村 수용소, 폴리스, 그리고 잉여"(「한국학연구」 32권 32호, 인하대학교 한국학연구소, 2014, 319-320쪽)에서 "오무라 수용소로 상징되는 조선인 입국자 수용소는 패전 후 일본의 법-토-국민을 재창출하기 위해 이질적인 존재들을 방출하는 장치, 즉 '단일민족 국민-국가' 일본이라는 신체의 항문이었다"고 말한다. 이 비유를 인용했다.
12 외국인 보호시설은 법 위반으로 강제퇴거의 대상이 된 이주민들을 특정 장소에 머물게 함으로써 신체의 자유를 제한하는 구금시설이다. 전국적으로 이러한 시설이 30여 개가 있다.
13 전 세계적으로 구금되고 있는 난민에 대한 신뢰할 수 있는 통계는 확보하기 어려우나, 국제기구의 모니터링 대상 8개국 통계에 따르면 2017년 한 해 동안 25만 건의 난민 구금이 자행됐다. 《글로벌 디텐션 프로젝트》는 지난 10년 동안 100여 개국에서 이민 통제의 목적으로 운영된 구금시설의 수를 2천 개로 추정하고 있다. 대한민국을 포함한 전 세계 구금시설 지도는 여기에서 확인할 수 있다. https://globaldetentionproject.org/detention-centres/map-view (검색일: 2020. 8. 4.)
14 자세한 내용은 여기에서 확인할 수 있다. "국가 주도 난민 범죄자 만들기 프로젝트", 난민인권센터, 2018년 10월 14일자 게시물, https://nancen.org/1798 (검색일: 2020. 8. 4.)
15 다른 지위의 이주민을 포함한 것으로 정확한 금액은 57,659,813천 원이다. (출처: 기획재정부, 2018년 출입국·외국인정책본부 정보공개 청구 결과)

화성외국인보호소는 국가중요시설로 지정되어 있는 관계로 CCTV 촬영에 대한 안내판을 설치하지 않아도 되는 예외 시설에 해당(개인정보보호법 제25조 제4항)합니다. _'보호외국인에게 CCTV 촬영을 사전에 알리지 않은 사실'에 대한 법무부 해명[16]

법무부의 이러한 해명에 따르면, 외국인 보호시설은 "적에 의하여 점령 또는 파괴되거나 기능이 마비될 경우 국가안보와 국민생활에 심각한 영향을 주게 되는 시설"로 분류된다. 감옥이 범죄자를 격리시킴으로써 '법에 의해 폭력이 다스려지는 사회'라는 가상을 만들어 낸다면, 수용소는 인종(민족)·노동·정치·이념상의 혼란을 야기할 수 있는 인자를 격리/배제함으로써 '사회적 안전망에 의해 보호되는 동일한 공동체'라는 가상을 만들어 낸다.[17] 외국인 보호시설은 사실상 '감옥'과 '수용소' 기능이 혼재된 '예외적' 장소다.

소수의 외국인들이 출국을 거부하거나 난민인정 신청 또는 소송 진행 등 개인 민원 해결을 위해 출국이 지연되어 보호 기간이 장기화되는 사례가 있으나, 본인이 조속한 출국을 원하면 보호 상태를 벗어나 바로 출국할 수 있습니다. _'체류 기간이 초과되었다는 이유만으로 수용자가 22개월간 시설에 갇혀 지낸 사실'에 대한 법무부 해명[18]

16 "스트레스, 우울… 보호소 맞나요"(《경향신문》, 2019년 2월 21일자)라는 언론 보도와 관련하여 법무부에서 해명한 내용이다.
17 차승기, 앞의 글.

본국으로의 출국만이 석방될 수 있는 유일한 선택지인 상황에서,[19] 구금의 상한 기간을 명시하지 않은 출입국관리법 제63조 등의 조항은 사실상 난민을 무기한 구금의 상황에 놓이게 한다. 구금시설 운용 규칙은 구금의 징벌적 성격을 강화하는 방식으로 작동되며, 자유를 쟁취하기 위한 수용자의 단식 투쟁과 자해·자살 시도를 누적시킨다. 입국 전 난민 심사 접수가 거부된 이를 추방하기 위한 공간인 송환대기실이나 환승구역 등에서 수개월 머물게 되는 사람들도 사실상 기약 없는 구금의 상황에 처해 있다.

> 저는 차라리 돌아가서 살해당하는 것을 원합니다. 저는 이곳에서 점차 죽어 가고 있다고 느낍니다. 제발 자비를 베풀어 집으로 돌려보내 주세요. 저는 존엄하게 제 나라에서 죽고 싶습니다.
>
> _외국인보호소에 구금된 A

많은 이들은 무기한 구금의 상황에서 결국 본국 귀환을 선택하게 된다. 특히 시설에는 여성 난민의 수가 적은데, 역사적으

---

18 "화성외국인보호소 수용자들의 열악한 인권 실태"(《노컷뉴스》, 2019년 2월 26일자)라는 언론 보도와 관련하여 법무부에서 해명한 내용이다.
19 그 외에도 심각한 질병 등을 사유로 2천만 원 가량의 보증금을 납입하여 일시적으로 구금에서 벗어나는 방법, 기적적으로 변호사의 도움을 받아 강제퇴거 및 보호 명령 처분 취소 소송이나 난민인정 소송에서 승소하여 구금 상태를 종료하는 방법, 제3국과 본국 대사관 등의 협조를 받아 제3국으로 출국하는 방법 등이 있지만 이는 극소수에게만 해당된다.

로 교도소 운영과 관련 규정이 전적으로 남성 수감자를 위해 개발되었다[20]는 사실에 근거하여 시설에 거주하는 여성의 상황을 유추해 볼 수 있을 것이다.[21] 많은 시설이 난민 심사 관련 서류를 접수받지 않는 등 절차적 공백을 만들어 장기 구금자를 정기적으로 추방한다. 국가는 추방 정책을 유지함으로써 범죄자, 비국민 또는 '불법' 이주민을 '자국 영토'에서 실제로 제거할 수 있다는 신화를 심화시킨다. 추방은 국가의 무능을 신랄히 비판하는 국내 여론을 진정시키고,[22] 구금시설은 추방을 모집하고 회유하며 추진하는 거점으로서 운영/발전된다. 여러 연구는 가장 엄격한 구금시설조차도 정부의 보안, 공공질서, 난민 신청의 효율적인 통제를 위한 대안이 될 수 없다고 이야기한다.[23] 그럼에도 시설은 왜 유지되는가? 우리는 과연 구금시설을 넘어설 수 있을 것인가?

---

20 "International Women's Day: Focusing Attention on the Abuses Women Suffer in Immigration Detention", 《Global Detention Project》, 2019년 3월 7일자 게시물, https://www.globaldetentionproject.org/international-womens-day-2019 (검색일: 2020. 8. 4.)

21 성소수자나 장애인에 대한 구금 또한 꾸준히 발생하고 있지만, 여전히 관련 지침이 마련되어 있지 않다. 이는 구금시설 내부에 인권침해를 일으켜 비교적 빠른 송환을 회유할 수 있는 요인이 된다.

22 Matthew J. Gibney, Randall Hansen, 〈Deportation and the Liberal State: The Forcible Return of Asylum Seekers and Unlawful Migrants in Canada, Germany and the United Kingdom〉, UNHCR, 2003.

23 〈Beyond Detention: A Global Strategy to Support Governments to End the Detention of Asylum-Seekers and Refugees〉, UNHCR, 2018.

시설화에 도전하기 위한 질문들

'가짜' 낙인과 감시, 구금 등의 시설화로부터 비교적 자유로운 난민인정자는 다른 난민에 비해 '탈시설'에 가까운 삶을 산다고 할 수 있을까? 내가 만났던 많은 난민인정자는 지위 인정 이후에도 발생하는 권리 박탈에서 자유롭고자 귀화를 고려하곤 했다. 그러나 귀화를 한다고 해서 시설화의 문제가 사라지는 것은 아니다. 난민의 상황에 처한 이들 또한 장애, 젠더, 계급, 인종, 국적, 종교 등 다양한 정체성이 유동하는 몸이기 때문이다. 또 난민 지위를 인정받은 모든 이들이 국민의 지위로 이동할 수 없을 뿐만 아니라 이동할 필요도 없기 때문에 시설화의 문제는 여전히 남는다. "무엇으로부터 '탈脫'할 것인가?"[24] 시설화에 도전하기 위해 던진, 정리되지 않는 질문들을 남긴 채 글을 마무리한다.

    난민은 어떤 상황과 위치, 구조와 맥락 속에서 분류되는가? 장애인이며 난민인 이들의 자립과 정착 가능성을 가로막는 구조/이야기는 무엇인가? 난민에 의해 발현되는 두려움은 누구의 것인가? 그 두려움은 언제, 어디서, 어떻게 만들어졌는가? 권리의 언어는 '위험'과 '안전', '안보'를 뛰어넘을 수 있는가? 어떤 맥락에서 감시가 제안되고 실제로 실행되며 그 효과는 무엇인가? 왜 전 세계적으로 난민에 대한 통제와 구금이 부상하는가? 인도

---

24   조미경의 글(285쪽)을 참고하라.

주의는 시설화에 어떤 기여를 하며 대량 학살을 어떻게 감추는가? 국경은 어디서, 어떻게, 누구를 탈락시키며 만들어지는가? 왜 국가는 치안 기계가 되었는가? 국가는 난민을 통해 어떻게 비난민을 규율하는가? 행정 재량의 범위를 줄이면 시설화의 양상도 줄어드는가? '국민' 또는 '난민'이 정체성으로 분류되는 상황을 어떻게 벗어날 수 있는가? 국민(민족) 국가는 자신의 존재와 적법성을 내부 소수집단의 권리를 박탈하는 것에 의존하는 정치적 구성체다. 즉 "국가 없는 자가 포박된 곳은 정치 공간이 구성되기 위해 필수적인 외부, 즉 내부에 존재하는 외부다."[25] 어떻게 하면 이 악순환을 끊어 낼 수 있을 것인가?

---

25 주디스 버틀러·가야트리 스피박, 『누가 민족국가를 노래하는가』, 주해연 옮김, 산책자, 2008, 25쪽.

10
난민은 어떻게 시설에 갇히는가:
외국인보호소와 동향조사

김연주 ○ 난민인권센터 활동가

한국에 찾아온 난민이 겪는 삶의 공간들은 '집'일까 '시설'일까? 장애여성공감에서 주최하는 'IL과 젠더 포럼'에 참여하면서 난민을 둘러싼 공간들을 '시설화'의 관점에서 다시금 질문해 보게 되었다. 어떻게 난민은 시설에 갇히는가? 누가 난민을 시설에 가두는가? 어떻게 시설 밖으로 '탈脫'할 수 있을까? 난민인권센터에서 목격한 이야기로 글을 시작하려고 한다.

　마리아(가명)는 본국을 탈출해 인천국제공항에 도착했다. 입국 후 영종도에 있는 출입국·외국인지원센터에 6개월 동안 머물렀다. 그곳은 국가가 운영하는 숙소였는데 외출하려면 허가를 받아야만 했고 정해진 일정과 규칙을 따라야 했다. 출입국·외국인지원센터에 거주하던 중, 한국에 이미 와 있던 대부분의 난민이 장기간 난민 심사를 대기하면서 생존에 큰 위협을 받고 있다는 것을 알게 되었다. 이런 현실을 알리는 1인 시위에 동참하려고 외출을 신청했지만, 출입국·외국인지원센터는 그가 시위에 참여하려 한다는 사실을 알고는 돌연 외출 허가를 취소했다.

이후 난민 심사 과정에서 마리아의 여권상의 국적이 위조된 사실이 드러났다. 한국에 무사히 입국하기 위해 불가피한 것이었다고 해명하려 했지만 기회를 주지 않았다. 결국 추방 명령과 함께 외국인보호소에 구금되었다. 그곳은 감옥과 같았다. 휴대폰 등 소지품은 모두 압수되었고 보호소를 나가는 것은 허락되지 않았다. 외부와 연락할 방법은 오직 공중전화 한 대뿐이어서 같은 방을 쓰는 외국인들 사이에 줄을 서서 단체와 연락했다. 공중전화에 의지해 외부에 도움을 청하고 정말 오랜 시간을 기다려 겨우 재판을 받을 수 있었다. 하지만 당시 그는 난민으로 인정된 사람이 아니었기 때문에, 그리고 입국하자마자 여권 위조 사실을 신고하지 않았기 때문에 가볍게 배척당했다. 재판을 받는 과정에서 상대방으로 나온 출입국관리 공무원은 마리아가 출입국·외국인지원센터에 거주했을 당시 그의 생활 습관이 불량했고, 몇 차례 규칙을 위반했다는 내용이 담긴 기록을 법원에 제출했다. 마리아도 모르는 사이에 그의 일상이 기록되었고, 그 기록은 판사에게 그가 위험하다는 인상을 심어 주는 용도로 활용되었다.

마리아는 약 1년 6개월간 구금되었다. 때로는 부당한 구금에 항의하다가 징벌방(독방)에 갇히기도 했다. 기약 없는 구금이 계속되고 출국 외에는 그곳에서 나갈 방법이 없다는 말을 들었을 때, 그는 좌절감에 단식 투쟁을 시작했다. 50일이 넘게 단식이 계속되자 출입국관리소는 보증금을 받고 임시로 구금을 풀어 주었다. 이후 그는 난민 지위를 인정받았다. 자유를 얻었고 안정된 체류 지위를 가지게 되었다. 그러나 간간이 모르는 번호로 전화가 와서 경찰이라며 친근한 목소리로 요즘 어떻게 사는지 물어볼 때, 여전히 그는 일상이 감시받고 있다는 기분을 지울 수 없어 매우 불안하다. 한국에 온 지 몇 년이 지난 지금도 단체를 찾아가지 않고서는 한국사회의 시스템을 이용할 수 없고 공무원과 소통할 수 없다. 여전히 고립되어 있는 것 같다.

마리아가 구금되었던 외국인보호소는 '집'일까 '시설'일까? 국가가 운영하는 난민 숙소, 출입국·외국인지원센터는 '집'일까 '시설'일까? 그가 살고 있는 거주지는 '집'일까 '시설'일까? 이 사회는 이방인에게 과연 '집'일까 '시설'일까?

자유가 박탈된 공간, 외국인 보호시설

앞의 글에서 고은지는 한국정부가 사실상 모든 행정 절차에서 난민의 권리를 제외하여 일정 정도의 '불법' 상태에 놓인 사람들을 양산하며, 이를 통해 연간 600억 원에 달하는 수수료를 확보하고, 외국인 보호시설에 유입될 사람을 꾸준히 모집하고 있는 현실을 지적했다.[1] 외국인 보호시설에의 유입은 대개 단속에서 시작된다. 출입국관리소는 정기적으로 단속반을 돌려 무자비하게 외국인을 체포해 추방시키거나 외국인 보호시설로 보내는데, 이 살인적인 단속 과정은 사람을 죽음으로 몰아넣고도 반성 없이 이어지고 있다.

> 단속 준비 과정에서 안전에 관한 논의와 계획은 전무했다. 욕설과 강압적인 태도로 인해 단속당할 이유가 없는 사람들도 자신이 무슨 잘못한 것이 있었나 하는 생각이 들어 반항할 수 없을 정도였으며, 내외국인 가릴 것 없이 수갑을 채운 후 신원을 확인하였고, 공무원증은 패용되지 않았다. _판저테이 씨 사망에 대한 법무부 책임을 명시한 인권위 권고 이행 촉구 기자회견문 중[2]

외국인 보호시설은 외국인 억압 정치의 정점에 설치되어 있다. 그 공권력은 절차적·실질적 통제를 상실한 채 무분별하고 잔인하게 작동하고 있다. 이를 목격하거나 경험한 이는 '나도 언제든 여기에서의 일상을 정리할 틈도 없이 하루아침에 추방당할 수 있고 무기한 구금될 수 있다'는 불안한 감각을 몸에 지니게 된다. 한편 돌아갈 곳이 없는 난민은 '추방'이라는 선택지도 없기 때문에 결국 '구금'을 택할 수밖에 없다.

---

1 고은지의 글(149쪽)을 참고하라.
2 살인단속 규탄 및 미얀마 노동자 판저테이 씨 사망사건 대책위원회, 2019년 3월 20일.

이곳은 외국인을 보호하는 곳입니다. 호텔이에요. 먹여 주고, 재워 주고, 입혀 주고. 그래서 안 떠나고 계속 살고 있는 겁니다.

_외국인보호소 실태조사(2015) 당시 한 출입국관리 공무원

감옥에서 지내고 싶은 사람은 없습니다. 그럼에도 여기서 지낸다는 건 돌아갈 수 없다는 뜻이라는 걸 한국정부는 알아야 합니다.

_외국인보호소 거주인 리즈완(2015)

"외국인 보호시설은 사실상 '감옥'과 '수용소' 기능이 혼재된 '예외적' 장소다."[3] 자유가 없고 모든 일상이 통제되는 외국인보호소가 그곳에 갇힌 이에게 '집'이 된 적이 있었을까. 이 시설을 유지하는 지배권력에 대항하고 탈시설을 이야기하기 위해서는 먼저 외국인보호소의 실체를 분명하게 규명하는 것이 필요하다. 현재 운영 중인 국내의 여러 외국인보호소에서는 자유의 박탈이 이뤄지고 있고 자의로 떠날 수도 없다. 형식적으로도 형사 절차에 따라 운용되는 구치소나 교도소와 사실상 동일한 구금시설로 존립 및 운영되고 있다.

역사적으로 외국인 보호시설은 처음 설치될 당시에는 '외국인수용소'였고, 그 개념은 "강제퇴거 명령을 받은 외국인을 송환하기까지 일시 수용하는 시설"이었다. 그러다 1992년 12월 출입국관리법을 개정하면서 '외국인보호소'로 이름을 바꾸고, 그 개

3   고은지의 글(150쪽)을 참고하라.

념도 "외국인을 보호할 목적으로 설치한 시설"이라고 명시했다. 그러나 당시 기록에 따르면 실제 시설의 운영 목적과 방식은 전혀 바뀌지 않았다. 이 전략은 '구금'이라는 폭력적인 공권력 행사를 용이하게 하고, 그 안에서 벌어지는 억압을 은폐하며, 외부 감시의 눈을 가리는 데 성공적이었다. 외부의 통제와 감시 없는 운영은 결국 2007년 여수외국인보호소 화재 참사로 이어졌다.

> 보호의 개념이 사전적 의미와는 달리 강제퇴거 대상 외국인의 수용이라는 의미로 사용되고 있어 정의 규정이 필요하다는 비판이 제기됨. 보호를 강제퇴거 대상에 해당된다고 의심할 만한 사람을 출국시키기 위하여 일정한 장소에 인치引致하여 수용하는 집행 활동으로 명확히 함.
>
> _출입국관리법 개정(2010) 주요 내용 중

참사 이후 뒤늦게 '보호'의 실체가 외국인의 신체의 자유를 구속해 수용하는 행위임을 확인하는 정의 규정이 마련되었다. 그리고 여전히 이곳은 외국인 '보호'시설이라는 이름으로 운영되고 있다. 여기에 갇힌 이가 이 지배권력을 외부에서 감시하고 통제해야 할 책임이 있는 기관들에게 자신의 권리를 주장하려면, 항상 해당 시설의 억압적이고도 폭력적인 실태를 설명하고 설득해야만 했다. '보호'라는 두 글자의 효과는 실상 어마어마했다. 구금된 이의 절규와 고통에 무감각한 반응에 다시 한번 시설의 높은 벽을 깨닫고 좌절할 수밖에 없었다.

이렇게 외부의 통제가 미치지 못하는 동안 구금된 이들은 떠나지도, 나가지도 못하는 거대한 시설에 장기간 갇혀 있다. 어떤 이는 공중전화를 통해 부친이 세상을 떠났다는 소식을 들었고, 어떤 이는 "한국에 기약 없이 구금되느니 차라리 가족이 있는 본국에 가서 옥살이를 하겠다"며 떠나기도 했다. 큰 외교 행사가 열리거나 정권이 바뀌는 시기에 장기 구금을 최소화하라는 정책에 따라 한날한시에 추방되기도 했고, 억압적인 규율에 항의하다가 징벌방(독방)에 갇히기도 했다.

과연 외국인 보호시설에 대항한 '탈시설 운동'이 전개될 수 있을까? 우리는 거대한 괴물이 되어 버린 시설에 작은 스크래치 하나 낼 수 있을까? 조미경은 "탈시설 운동의 의미는 시설화를 유지하는 지배권력이 무엇인지 분석하고 이에 대항하는"[4] 것이라 했다. 김현철은 시설의 경계는 경계 그 자체로 확정된 의미를 지니지 않고, 경계가 수행되는 방향과 강도가 그 경계의 성격을 형성하며, 탈시설을 추구하기 위해서는 시설의 물리-사회적 경계가 어떠한 방향과 강도를 전제로 해야 하는지 질문해야 할 것이라 했다.[5] (아직 정리되지 않은 생각이지만) 그렇다면 외국인 보호시설에 대항한 탈시설 운동의 시작은 이 거대한 시설의 정체를 명확히 드러내는 것, 그래서 외부의 끊임없는 감시와 통제가 가능한 구조를 만드는 것이지 않을까? 나아가 이 시설을 유지하

---

4   조미경의 글(285쪽)을 참고하라.
5   김현철의 글(108쪽)을 참고하라.

는 출입국관리소의 권력에 대항하여 외국인 보호시설이 왜 필요한지, 그것이 지금의 구금 현장을 정당화할 수 있는지, 시설의 존재가 추방의 결정과 시도를 용이하게 하고 한편 유도하는 것은 아닌지, 시설의 물리적 경계는 어떻게 허물 수 있을지, 시설에 구금시키고 추방시키는 통제의 정치는 변화할 수 있을지를 계속해서 그들에게, 그리고 우리 자신에게 질문하는 일이지 않을까?

일상적 감시, 동향조사

한편 사회 안에서 난민이 살고 있는 거주 공간은 '집'이 되고 있는가? 2018년 말, 난민인권센터에 그간 들어 보지 못했던 상담 건들이 접수되었다. 일부 난민이 난민 심사를 대기하면서 출입국관리소에 체류를 연장하러 갔는데, 연장을 허가해 주지 않고 특별한 설명 없이 외국인등록증(아이디카드)을 압수해 갔다는 것이다. 그리고 가족과 거주하는 집에 몇 차례 출입국관리 공무원이 찾아와서는 통장 거래 내역을 제출하도록 하고 종교생활 등 일상을 조사했다. 수시로 전화를 해서 집에 있는지 물어보고, 혹시나 전화를 놓치면 집주인에게 전화를 걸거나 찾아왔다. 이런 일들은 약 3개월 동안 혹은 그 이상, 외국인등록증이 압수된 상태에서 이루어졌다. 실체를 파악하고자 법무부에 질의하자 그들은 다음과 같은 답변을 보내왔다.

출입국관리 공무원 등은 출입국관리법에 따른 신고 또는 등록의 정확성을 유지하기 위하여 각종 신고 또는 등록의 내용이 사실과 다르다고 의심할 만한 상당한 이유가 있으면 그 사실을 조사할 수 있으며 (…) 출입국관리 공무원 등은 외국인이 출입국관리법 또는 출입국관리법에 따른 명령에 따라 적법하게 체류하고 있는지를 조사하기 위하여 외국인, 외국인의 소속 단체 등을 방문하여 질문하거나 그 밖의 필요한 자료를 제출할 것을 요구하는 등의 동향조사를 실시할 수 있습니다.

'동향조사'라는 이름으로, 출입국관리 공무원은 아무런 설명과 영장 없이 난민의 집을 찾아왔다. 일상생활 일거수일투족을 조사했고 통장 거래 내역을 낱낱이 공개하게 했다. 심지어는 개인의 내밀한 영역인 종교생활에 대한 질문도 했다. 출입국관리 공무원이 자주 집을 드나들자 집주인과 이웃들은 그가 혹여나 범죄를 저지른 것은 아닌지 의심스러운 눈으로 쳐다보았다. 삶이 불안해졌다. 동향조사를 받은 이들은 자신의 SNS 게시물 가운데 한국정부에 비판적인 글은 없었는지 다시 자신을 검열하기도 했다. 그렇게 감시에 시달리다가 수개월이 지나 또다시 아무런 설명을 듣지 못한 채 외국인등록증을 돌려받았다. 항의하는 과정과 일부 재판에 제출된 자료를 통해 특정 난민이 '실태조사 대상자'로 분류되어 체류와 주거, 수입원에 대한 조사가 진행되었다는 것 외에는 왜 이와 같은 조사를 실시했는지, 어떤 기준에 의해 실태조사 대상자를 분류했는지, 실태조사 결과는 어떠했는지 등 아직 아무것도 명쾌하게 밝혀진 바는 없다.

이전부터 일부 난민에 대한 감시와 사찰은 계속 있었다. 경찰서 외사과 소속이라며 연락처를 어떻게 알았는지 개인 휴대폰으로 밤낮없이 전화해서 일상을 묻기도 하고 개인 SNS로 메시지를 보내오기도 했다. 한 난민은 "경찰이 전화를 해서 굉장히 친절한 목소리로 '어려운 일 있으면 연락해라', '한번 만나서 밥이나 먹자'고 해서 이 사람을 어떻게 이해해야 좋을지 혼란스러웠다"고 말하기도 했다. 또 어떤 난민은 외사과 소속이라고 밝힌 이가 "나는 네가 몇 월 며칠에 열린 집회에 참석한 것을 알고 있다"는 SNS 메시지를 보내와서 불안한 마음에 집 밖을 나가지 못하기도 했다. 사찰에 시달리다 결국 한국을 떠난 난민도 있었다.

김지혜는 누군가 머무는 곳이 '집'이기 위해서는 "일상생활을 영위하는 공간으로서 주거와 그 공간에 대한 통제권이 보장되어야 한다"[6]고 말했다. 일상적인 공간이 감시되고 있을 때, 그곳은 더 이상 안전한 '집'이 되지 못한다. 더욱이 그 감시권력은 나를 심사하고 하루아침에 추방시킬 수도 있는 권한을 가지고 있다.

지금까지 드러난 사례들을 보면, 동향조사는 특정 국가 출신의 난민에게 집중되어 있다. 공교롭게도 '무슬림' 출신의 '이집트인'이었고, 한국에서 '정치적 목소리'를 낸 이들이 다수 포함되

---

6   김지혜의 글(199쪽)을 참고하라.

어 있었다. 실체가 명확하지 않은 이와 같은 사찰은 특정 집단에 대한 낙인을 만들어 내거나 누군가의 정치적 목소리를 억누르기 위해 감행되었을 가능성이 짙다.

가족과 함께 살고 있는 집, 일상의 기록, 종교생활…. 국가가 개인의 가장 사적인 공간을 침범해 왔다. 체류 허가 여부를 (외국인등록증을) 볼모로 삼은 뒤 비자발적인 동의를 앞세워 사생활 침해를 자행했다. 이 대대적인 '체류 관리'라는 조사가 진행된 후, 난민의 주거가 불안정하니 안정적인 주거지를 확보하겠다거나 취업 등의 생계 정책을 강화하겠다거나 하는 식의 정책 변화는 일절 없었다. 오히려 이 조사의 대상이 되었던 특정 집단과 그 주변에 당신의 일상이 감시당하고 있고, 국가는 당신의 영역을 언제든 침범할 수 있으며, 무엇으로든 발목을 잡아 조사하고 추방할 수 있다는, 불안하고 두려운 감각을 심어 주었다. 실체가 보이지 않아 더 불안한 시설 안에 갇히게 된 것이다.

개인에 대한 통제와 억압의 공간으로서의 시설과 그곳으로부터 '탈脫'한 시설 밖의 경계는 단순히 물리적으로 구획되지 않는다. 외국인보호소, 출입국·외국인지원센터와 같은 물리적 시설의 밖인 '지역사회'에도 난민은 거주하고 있지만, 일상의 감시와 통제는 또 다른 형태의 시설이 되어 그들을 가두고 있다. 난민의 주거는 과연 '집'이 될 수 있을까? 아이러니하게도 안전을 위해 찾아온 비호국이 오히려 난민을 위험에 빠뜨리고, 가두고, 추방하는 범죄를 저지르고 있다. 꾸준히 그래 왔지만 근래 몇 년 사이 더욱더 억압의 강도가 세지고 있다. 이러한 흐름 속에서 어

시설사회 —— 보호소

떻게 '탈脫'할 것인가? 난민에게 가해지는 통제와 낙인의 일면을 여실히 보여 준 동향조사에 대해 아직까지도 납득할 만한 설명이 이뤄지지 않았다. 출입국관리소는 법에 근거한 조사였다며 자신들의 행위를 가볍게 정당화하고 있다. 이런 일들을 경험했으며 여전히 심사와 관리의 대상인 난민에게는 이 지배권력의 실체를 파악하는 것조차 두렵고 막막한 일이다. 동향조사에 대한 문제 제기는 아직 시작 단계에 머무르고 있다.

11
요양병원이 종착지가 된 에이즈 환자들

권미란 ○ 에이즈 환자 건강권 보장과 국립요양병원 마련을 위한 대책위원회 활동가

가브리엘의 시간

2003년 가을에 윤가브리엘을 만났고, HIV 감염인에 대한 사회적 차별과 낙인에 지속해서 대항하기 위해 'HIV/AIDS인권연대 나누리+'(이하 나누리+)를 만드는 데 의기투합했다. 그는 2004년부터 나누리+ 대표를 맡고 있다. 우리가 같이 보낸 15년은 제약회사와 정부에 항의하고 요구한 시간인 동시에, 그가 아팠다 회복했다를 반복한 시간이기도 하다. 나는 전자에 비해 후자는 개인이 감내해야 할 시간이라고 생각해 왔다. 그러나 수동연세요양병원에서 벌어진 사건과 모든 요양병원이 에이즈 환자를 거부하는 상황을 지켜보면서 그 시간을 다르게 생각하게 되었다.

기존 약제에 내성이 생겨 신약이 필요했던 가브리엘은 처음 만났을 때부터 면역 수치가 매우 낮았다. 15년 전에는 에이즈 약제의 종류가 다양하지 않았고, 초국적 제약회사는 약값을 비싸게 쳐주지 않는다는 이유로 한국에 신약을 공급하지 않기도 했다. 2006년 가브리엘에게 에이즈 관련 합병증이 찾아왔을 때 나누리+ 회원들은 그를 돌보겠다고 작심하거나 어떤 준비가 되어 있지는 않았지만 차츰 그렇게 되어 갔다. 입원할 때 보증인 서명을 하는 것부터 시작해서 말이다. 미국의 에이즈 구호단체로부터 신약을 구하고, 약값을 마련하기 위해 모금활동을 하고, 의사의 한 마디 한 마디에 촉각을 곤두세우며 우리는 할 일을 상의했다.

퇴원하는 날 가브리엘은 방을 빼야 했다. 위기는 넘겼지만 시력과 청력을 잃었고, 매우 말랐으며, 일주일에 몇 번씩 병원을 가야 했고, 건강 상태가 불안정해서 에이즈 쉼터에 들어가기로 결정했기 때문이다. 왕십리에 있는 쪽방에서 추린 가브리엘의 짐은 한 상자 남짓이었다. 그중 절반은 생의 동반자인 카세트테이프였다. 쉼터 운영자가 가브리엘을 목욕시키는 동안 나는 상자를 풀면서 이 짐을 다시 쌀 수 있을까라는 생각을 했다. 자신의 생활 방식을 공동생활 규칙에 맞춰야 하는 것이 힘들겠지만 다른 선택지가 없다고 여겼다. 돈도 없고, 달리 돌봄을 받을 방법이 없었으니까. 일 년이 넘어가자 그는 기력을 회복했고 쉼터에서 나오고 싶어 했다. 그러나 나는 시력과 청력을 잃은 상태에서 쪽방이나 고시원에서는 혼자 건강을 유지하기 어렵다고 생각했다.

인권홀씨상과 상금을 받게 되자 가브리엘은 더 이상 미루지 않았다. 2010년 초에 옥탑방을 구해서 쉼터를 나왔다. 3년 만이었다. 지그재그로 이어진 계단 난간을 잡고 올라 중고로 산 냉장고, 세탁기, 에어컨, 가스레인지의 자리를 직접 정하고 손으로 그 위치를 익히며 좋아했다. 어쨌거나 내 방, 내 화장실, 내 부엌, 내 살림살이였다. 그렇지만 옥탑방은 너무 덥고 너무 추워서 계절이 바뀔 때마다 걱정이었다. 2015년 HIV/AIDS감염인연합회 KNP+에서 가브리엘에게 임대아파트 신청하는 방법을 알려주며 서류를 챙겨 주었고, 그 아파트에 입주하던 날 가브리엘은 "내가 이렇게 좋은 데서 살아도 되나 싶다"고 말했다.

2016년 장애등급이 1급이 되면서 활동지원서비스를 받을 수 있게 되었다. HIV 감염 사실을 알고는 활동지원사가 떠나 버린 어느 장애인의 사례를 알고 있었기 때문에 가브리엘에게 HIV 감염 사실을 알리지 말고 사람을 구하자고 제안했다. 그는 마음 편하고 싶다며 지인의 소개를 받아 HIV 감염 사실을 문제 삼지 않는 활동지원사를 만났다. 같은 해 가브리엘은 암 진단을 받았다. 수개월 암 치료를 하는 동안 활동지원사의 도움을 받으며 집에서 지냈다. 힘든 치료 과정이었지만 입원했을 때나 쉼터에서 지냈을 때보다 만족도가 높았다. 그는 "잘 해냈다"고 말했다.

에이즈 환자 배제하는 요양병원

장기 요양이 필요한 에이즈 환자가 점차 늘어나자, 질병관리본부는 2010년부터 수동연세요양병원에 '중증 에이즈 환자 장기 요양 사업'을 위탁하였다. 그러나 2013년 8월 수동연세요양병원에 간 지 13일 만에 고 김무명 씨(가명)가 사망하는 일이 벌어졌다. 그의 황망한 죽음을 계기로 3년간 '에이즈 수용소'에서 벌어진 일들이 '말'이 되어 쏟아져 나왔다. 질병관리본부는 2013년 12월 수동연세요양병원과 위탁 계약을 해지했고, 그때부터 에이즈 환자들은 갈 곳을 찾기 위해 투쟁을 해야 했다.

전국의 요양병원에서 에이즈 환자를 거부했다. 대한노인요양병원협회는 '에이즈 감염인 요양병원 입원 강행 반대' 포스터를 요양병원들에 배포·부착하고, 서명운동이나 일간지 전면광고를 통해 "에이즈 환자의 절대다수가 남성 동성애자로 같은 병실의 의식이 없는 남성 환자를 성폭행할 수 있고, 에이즈 환자는 다른 환자나 의료진을 위협할 수 있으며, 에이즈·동성애 단체들이 악성 민원을 제기할 시 병원 운영과 요양 환자들을 불안하게 할 수 있다"는 내용을 전파했다. 더 심각한 문제는 이러한 비과학적이고 반인권적인 논리에 대항할 요양병원이 단 한 곳도 없었다는 점이다. 전국에 80여 개의 공공요양병원이 있었지만, 설립 형태만 공공이고 운영 형태는 모두 민간 위탁이어서 공공요양병원을 통해 정부 정책을 실현하기가 불가능했다.

누가, 왜, 요양병원에 보내지는가

가브리엘이 죽을 고비를 넘길 만큼 아팠던 때가 2006년이 아니라 2010년이었다면 그는 수동연세요양병원에 가게 되었을지도 모른다. 인권홀씨상 상금을 종잣돈 삼아 자립하겠다고 결심하지 않았다면 그는 지금 어디에 있을까? '가난하고 눈이 안 보이고 아픈 사람은 혼자 살 수 없다'는 나의 생각은 가브리엘이 옥탑방 계단을 오르기까지의 시간을 지연시켰을지도 모른다. 나는 치료는 병원에서 하지만 요양과 돌봄은 개인적으로 해결하는 과정이라고 생각했기 때문에 에이즈 환자가 어떻게 지내는지 관심을 두지 않았다. 수동연세요양병원 사건과 가브리엘의 시간이 별개가 아니라는 생각이 든 건 '누가, 왜, 요양병원에 보내지는가'라는 질문을 마주하고서였다.

  장기 요양이 필요한 에이즈 환자 상당수는 돌봄을 제도화한 노인장기요양보험의 적용 대상이 아니다. 상대적으로 젊기 때문이다. 에이즈 약제가 없던 때에는 HIV 감염 후 약 10년이 경과할 즈음 사망하였으나, 현재는 약제가 발달하여 조기에 발견해 치료하면 무증상 상태로 오래 살 수 있다. 단 약제는 발달했으나 에이즈혐오와 낙인이 치료를 어렵게 만든다. 미래에 대한 희망이 없는 HIV 감염인은 약 먹을 이유와 기대감을 갖기 어렵다. 감염 사실을 알고도 약을 먹지 않거나 정기적으로 병원에 다니기를 주저하게 된다. 또 HIV 검사를 꺼려서 병이 한참 진행되어서야 HIV 진단을 받는 경우도 있다. 아직도 CD4 T세포수로 표시되는 면역 수치가 2백 개 미만인 상태에서 HIV 확진을 받는 이가 한 해 150~200명이다. 이들은 낮은 면역 상태에서 에이즈 관련 합병증이 생겨 병원을 가게 되는데 사망하거나 장기요양이 필요한 상태에 처할 가능성이 높다.

무엇보다 HIV 감염인은 가난하다. HIV 감염인 대여섯 명 중 한 명이 기초생활수급권자이다.[1] HIV 때문에 진료를 받는 감염인 중 의료급여 환자의 비율도 약 15%이다.[2] 요양병원이나 장기요양서비스를 이용한 HIV 감염인은 더욱 가난하다. 이들 중 의료급여 환자 비율은 약 30%에 이른다. 고시원, 쪽방 등에서 혼자 살며 HIV를 이유로 가족과 사회로부터 단절되어 지내면 건강 상태는 점차 나빠지고, 국립중앙의료원과 같은 국공립 병원 입퇴원을 반복하다 요양병원으로 보내진다.

가족이 있더라도 돌봄이 전적으로 가족에게 떠넘겨지는 현실과 HIV 감염인이 사회에서 더불어 사는 것은 불가능하다는 절망과 내적 낙인으로 인해 요양병원으로 떠밀리듯 내몰린다. 가정과 사회에서 요구받는 몸과 역할이 있다. 쓸모없어진 몸은 '민폐'다. 특히 여성은 양육, 가정 관리, 돌봄의 역할을 요구받는데 그 역할을 수행하지 못하고 자기 몸마저 가누지 못하면 민폐다. 게다가 '오명의 질병'까지 가졌으니 가족의 명예를 실추시킨다. 가족은 '에이즈' 환자와 같이 지낼 수 없다고 여기고 환자로

---

[1] 2018년을 기준으로, 인구 대비 기초생활수급권자 비율은 3.4%이다.
[2] 2018년을 기준으로, 전체 건강보장 인구 중 의료급여 환자 비율은 2.8%이다.

인해 가족관계가 해체될 것을 우려한다. 그래서 HIV 감염인은 자의로, 타의로 가족과 사회로부터 단절된다. 이들이 갈 곳은, 혹은 가족이 이들을 보낼 곳은 값싼 요양병원밖에 없다.

(예전처럼 집에서 간병인 불러서 지내는 건 어떤가요?) 민폐야. 돈도 많이 들고. 남편 빨래하고 밥하는 거 보면 신경 쓰여 안 보는 게 나아요. 나 혼자 생활 못해서 민폐예요. 나는 소뇌가 위축돼서 특정 행동을 하면 손이 떨려요. 밥을 먹거나 아침 배변 때, 머리 빗을 때, 얼굴 닦을 때, 또 화나거나 흥분했을 때 손이 막 떨려요. 오른손이 더 심해요.

_50대 여성 HIV 감염인(2016)[3]

사회와의 단절을 수행하는 요양병원

수동연세요양병원을 비롯해 에이즈 환자를 '받아 주는' 극소수의 요양병원이 있기는 하다. 에이즈 환자를 입원시킨 요양병원은 사회로부터의 단절을 완벽히 수행하고 있다. 에이즈 환자 전용 병동 또는 전용 병원을 운영하고, 에이즈 환자를 받아 주는

3   2016년 국가인권위원회에서 발주한 '감염인(HIV/AIDS) 의료차별 실태조사'를 하는 과정에서 장기 요양이 필요한 HIV 감염인 여섯 명을 심층 면접하였다. 필자는 당시 7년째 입원 중인 여성과 장기 입원을 하게 된 이유와 과정에 대해 이야기를 나눴다.

대신 "소문나면 안 된다"고 신신당부하며, '에이즈'와 관련된 말은 금기어다. 에이즈 환자의 존재를 숨기고 소문나지 않게 하는 것(환자에 대한 비밀 보장의 의무와는 별개의 문제이다)은 불가능할 뿐만 아니라, 그 원인이 환자의 탓으로 전가되며, 무엇보다 이를 위한 각종 조치는 인권침해로 이어질 가능성이 크다. 병원의 각종 인권침해 행위와 퇴원 요구는 환자를 병원의 규칙 및 요구에 따르게 만드는 도구가 된다. 환자와 그를 돌보는 이에게는 선택지가 없으므로 자기결정권을 행사할 수 없고 시정 요구를 할 수 없다. '에이즈 환자와 같이 있으면 안 된다'라는 맥락에서, 에이즈 환자를 배제하는 1,500여 개의 요양병원이나 에이즈 환자를 받아 주는 요양병원은 같은 꼴이다.

> 조용히 있다 죽지 않으면 (바이러스를) 퍼트릴 가능성이 있어요. 정부 방침이 뭡니까? 수용입니까, 내보내라는 겁니까? 지역사회는 말도 안 돼요. 그냥 풀어놔서는 안 돼요. (바이러스) 퍼트려. 엄격한 주거시설로 가거나, 가족이나 돈이 있거나 하면 퇴원을 고려할 텐데 어떤 것도 해당되지 않아요. 환자가 퇴원하고 싶어 하면 가라앉을 때까지, 퇴원 생각 없어질 때까지 주사를 놓습니다.
>
> _에이즈 환자를 입원시킨 한 요양병원 원장(2019)[4]

4   2019년 질병관리본부에서 발주한 'HIV/AIDS 질병맞춤형 요양(병원 및 돌봄)서비스 모델 개발' 연구를 하는 과정에서 한 요양병원 관계자들과 면담을 하였다. 질병관리본부, 관할 보건소, 연구팀이 참석한 자리에서 병원장은 에이즈 환자를 어떻게 돌보고 있는지, 어려움은 무엇인지를 주로 얘기하였다. 에이즈 환자를 입원시킨 이유와 사명감에 대한 얘기이기도 하다.

그나마 요양병원에 입원할 수 있었던 환자들조차 비인격적 대우와 차별을 겪는다. 건강 유지 및 치료 효과도 기대할 수 없다. 또 환자와 가족의 입장에서는 환자가 건강 상태 변화에 따라 급성기 병원으로 전원한 사이 병상이 차 버리거나 다시 받아 주지 않을까 봐 요양병원을 떠나 있기를 두려워하고 급성기 병원으로의 전원을 주저한다. 갈 데가 없다는 사실은 환자에 대한 적극적 치료를 망설이게 만든다. 종합병원에서 호전되어 요양병원에 돌아가도 간병의 질이 떨어지니 종합병원 입퇴원을 반복하게 된다. 가족이 요양병원 의료진을 만나 환자 상태에 대해 상담하는 경우는 거의 없고, 요양병원에 방문하면 잠시 환자를 만나고 병원비를 결제해 줄 뿐이다. 돌보는 일을 할 수 있는 상황이 아니다.

기력이 회복되더라도 자신의 의지대로 퇴원한 환자는 손에 꼽을 정도로 드물다. 퇴원 의사가 묵살된 환자 다수는 절망과 체념을 하고 있다. 퇴원해서 자립하기까지의 기간이 매우 길거나 그것이 불가능한 이유는 환자의 건강 상태뿐만 아니라 외부적 조건에서도 기인한다. 요양병원의 반대, 가족의 반대, 제도적 지원이 뒷받침되지 않음, 거처 없음이 주요 이유이다. 요양병원은 '가족의 동의'와 '국가의 허락'을 전제하거나, 환자의 건강 상태를 '비정상' 혹은 '의사결정을 못하는 상태'로 판단하거나, 환자가 '걸을 수 있을 때까지' 입원을 강요하면서 퇴원 의사를 묵살한다. 또한 병원을 나가려고 하는 환자의 신체를 억제하기 위해 약물을 투여하여 무력화시키거나 경찰력을 동원하기도 한다.

요양병원에 일 년 넘게 입원했다가 탈출하다시피 퇴원한 환자는 입원해 있는 동안 종합병원의 감염내과 외래 진료를 한 번도 못 받았다고 한다. 진료를 받으러 가고 싶다고 말했지만 요양병원 직원이 그의 주민등록증을 가져가서 대신 약을 타다 주었다. 퇴원 의사를 밝혔지만 "국가에서 허락해 줘야 한다"며 퇴원시켜 주지 않았다. 결국 그는 한 인권단체의 도움으로 간신히 퇴원할 수 있었다. 그에게 "나중에 혼자 움직이기 힘들 만큼 아픈 때가 오면 어떻게 하고 싶어요?"라고 묻자 그는 즉시 "퇴원이 되는 요양병원으로 가고 싶다"고 답했다.

요양병원이 종착지인 사람들은 요양병원의 규격과 규칙에 맞는 몸과 생활 방식을 요구받는다. 요양병원이 종착지가 되느냐, 요양 후 집으로 돌아가느냐에 따라 요양병원의 역할과 환자의 목표는 달라진다. 에이즈 환자를 받아 준다는 병원이 있어 가 보니 50대 초반의 에이즈 환자가 누워 있었다. 그의 병상엔 입원 날짜가 2005년이라고 적혀 있었다. 한 병실에 여성과 남성이 같이 있어서 병원에 물었더니 "다 거동이 어려운 와상 환자라서 문제없다"고 했다. 아픈 몸이 '민폐'이고 돌아갈 곳이 없다면 환자는 호전될 필요가 없다. 오히려 급한 치료와 위기를 넘기고 한시름 놓으면 그때부터는 몸이 회복되는 게 걱정이다.

장기 치료와 돌봄이 필요하게 된 아픈 몸을 원망과 부정의 대상으로 삼는 것은 누구인가? 자기결정권을 존중받으면서 인간답게 늙고 아프고 돌봄을 받기 위해 어떤 질문을 가져야 할까? 요양병원으로부터 배제되지 않으면서 동시에 요양병원에

평생 고립되지 않기 위해 어떤 고민이 필요할까?

    나는 윤가브리엘의 말에서 방향을 찾을 수 있었다. "잘 해냈다." 이 말이 어떻게 가능할 수 있는가? 때론 통증과 어지럼증, 기운 없음으로 힘들었지만 가브리엘은 자기가 원하는 방식으로 도움을 받고 자기 몸을 돌봤다. 이것이 가능한 사회적 조건을 만들어야 한다. 우리의 목표는 에이즈 환자에게 좋은 요양병원을 마련하는 것이다. 좋은 요양병원은 에이즈 환자도 '퇴원할 수 있다'는 조건을 수반해야 가능하다.

12
정신장애인의 안전할 권리 찾기:
치안이 아닌 '치료', 관리가 아닌 '권리'[1]

노다혜 ○ 전 장애여성공감 활동가

미국 IL 운동의 시작은 다양한 시민운동과 맥락을 함께하고 있으며, 여러 소수자 운동의 영향을 받으며 발전했다. 탈의료화·탈원화를 비롯한 1950년대 정신보건 운동 역시 당시 미국의 IL 운동에 많은 영감을 주었고, 향정신성 약물 개발을 통해 병원에 있

---

1 해당 제목은 신권철 교수(서울시립대 법학전문대학원)의 토론문과 기사에 인용된 말을 차용하였다. "치안이 아닌 치료"는 2017년 2월 16일 국회에서 개최된 '개정 정신보건법의 문제점과 재개정을 위한 토론회'의 토론 사항이었던 "강제입원의 목적이 치료인가? 치안인가?"에서 가져왔고, "관리가 아닌 권리"는 "정신질환자를 대하는 '병적 증세'"(《주간경향》, 2016년 6월 14일자)라는 기사에 쓰인 "한국의 사법 체계에서 최근에야 정신질환자를 가족의 일부에서 떼어 내 이제 막 개인으로 보기 시작했는데, 최근의 논의를 보면 '권리'가 아니라 '관리' 차원으로 정신질환에 접근하는 시각이 여전히 지배적으로 발현되고 있다"라는 문장에서 가져왔다.

던 정신질환자가 지역사회로 나오면서 탈시설이라는 거스를 수 없는 흐름을 더욱 거세게 만들었다. 당사자를 중심으로 활발하게 전개되었던 미국의 정신장애인 운동은 현재까지 그 계보를 이어 오고 있다. 한국의 정신장애인 운동은 미국과 비교했을 때 역사도 짧고 아직 관련 단체의 숫자도 적긴 하지만, 몇 년 새 정신장애인 당사자를 주축으로 한 운동단체들이 설립되는 등 움직임은 점점 더 커지고 있다.

'독립생활'은 정신장애인 운동 안에서도 중요한 의제이다. 하지만 한국사회에서 정신장애인 당사자는 (주로 신체장애로 인식되는) 다른 장애 유형을 가진 이들보다 독립할 권리를 이야기하기가 훨씬 어렵다. 그 이유는 무엇일까?

사회는 장애인에게 무엇을 요구하는가: 사회통합과 사회안전

보건복지부는 지난 2018년 발표한 '제5차 장애인정책종합계획(2018~2022)'에서 정책의 목표를 "장애인의 자립생활이 이루어지는 포용사회"라고 소개하며, 장애인과 비장애인의 삶의 격차를 완화하기 위해 "복지·건강 지원체계 개편, 교육·문화·체육 기회 보장, 경제적 자립 기반 강화, 권익 및 안전 강화, 사회참여 활성화"를 추진 전략으로 내세웠다. '다양성'과 '차이'라는 말이 그러했듯이, 운동사회에서 시작된 개념의 일부는 우리 안에서 제대로 논의되거나 정의가 채 이루어지기도 전에 정책의 언어가 되어 버린다. 소수자가 권리를 주장하기 위해 사용했던 언어를 국가가 사용하기 시작하면 국가는 자신에게 책임이 있음을 인정하는 동시에 소수자에게도 역할이 있음을 강조한다. '사회통합' 역시 일찍이 정책의 언어가 되었고, 사회통합 대상자는 약간의 권리를 보장받는 대신 빠른 회복을 통해 생산성을 증진하여 주류에 편입하고 정상성을 획득할 것을 요구받았다.

복지의 역사는 특정 집단을 사회의 안전을 위협하는 위험한 존재에서 구제의 대상으로, 구제에서 편입의 대상으로 재배치하는 과정이었다. 빈민과 장애인, 탈북민과 이주민은 여전히 변방에 머물러 있으나 재배치의 과정을 통해 사회통합의 대상으로 '승격'될 수 있었다. 하지만 정신질환이 있거나 정신장애가 있는 이들은 여전히 구제의 대상이 되지 못한 채, 사회의 안전을 위협하는 존재로만 여겨지고 있다. 보건복지부는 정신건강 증진 및 정신질환자 복지서비스 지원에 관한 법률(이하 정신건강복지법)을 "인권을 더 두텁게, 사회안전을 더 빈틈없이 지키는 법"으로 소개한다. 어떤 집단의 인권 보장을 이야기하는 동시에 사회안전을 강화하겠다고 선언하는 것의 의미를 어떻게 해석할 수 있을까?

1995년 정신보건법이 처음 제정되었다. 미인가 정신의료기관과 시설을 제도화하고 입퇴원 절차를 규정함으로써, 인권침해적인 기도원이나 요양시설에 방치되었던 정신질환자가 병원에서 제대로 치료받을 수 있도록 하기 위해서였다. 그러나 법학자 신권철은 정신보건법이 정신질환자의 의료와 사회복귀를 그 목적으로 써 놓았지만, 사실은 "사회안전이라는 본심"이 숨겨져 있었다고 지적한다. 해당 법이 제정되면서 정신장애인이 미인가 요양시설에서 정신병원으로 옮겨졌지만 그것은 "갇힌 공간에서 갇힌 공간으로의 이동이었고, 정신장애인의 지역사회 복귀가 아닌 치안 목적의 입법"이었다고 비판한다.[2]

정신보건법은 2016년 9월 헌법재판소가 강제입원 조항이 위헌(헌법불합치)임을 선언하면서 전부 개정되어 정신건강복지법으로 바뀌었다. 당시 헌법재판소는 해당 조항이 신체의 자유를 침해한다는 판단의 근거로, 강제입원이 치료보다 격리 목적으로 이용될 우려가 크고 입원 필요성 판단에 있어 객관성과 공정성을 담보할 장치가 없다는 점을 언급했다. 그러나 최근 국회 본회의를 통과한 개정안은 헌법재판소의 결정을 역행하며 치안의 목적을 더욱 강화했다. 개정안이 적용되는 2020년부터는 보호자동의 입원(강제입원)이 부활하며, 정신질환자는 퇴원 시 그 사실을 지역 내 정신건강복지센터에 통보해야 한다.

최근 정신질환자가 가해자로 등장하는 사건이 많이 보도되면서, 보건복지부는 "정신건강센터에 등록된 8만 명을 대상으로 일제 점검을 시행하고, 경찰청의 정신질환 의심자 발굴에도 적극적으로 협조하여 고위험군에 대해서는 사례관리에 들어갈 것"[3]이라고 밝혔다. 보건복지부를 비롯해 정부는 "정신질환

---

2   신권철, "정신보건법과 국가책임", 《국민일보》, 2017년 2월 17일자.
3   2019년 5월 2일 세종시에서 열린 보건복지부 정례 브리핑 내용이다.

자에 대한 국가의 책임을 강화하고 치료 사각지대가 없도록 하겠다"고 선언했지만, 그것이 '정신질환자의 건강에 대한 책임'인지 범죄자가 거리에 돌아다니지 않도록 하는 '치안에 대한 경찰의 책임'인지 명확히 하지 않았다. "적극적인 발굴"을 통해 "사각지대"를 없애겠다는 말 역시 '발굴'인지 '색출'인지, '치료 사각지대'인지 '범죄 사각지대'인지 중의적이고 애매모호할 뿐이다.

**권리에 앞선 '해를 끼치지 않아야 한다'는 의무:
순환되는 통제의 근거들**

IL 운동은 보호라는 이름의 통제를 거부하며 장애인 당사자의 실패할 권리를 오랫동안 주장해 왔다. 독립생활에 많은 위험이 따르더라도 이를 기꺼이 감당하고 실패를 통해 경험을 쌓는 것 또한 장애인의 권리라고 이야기하면서, '실패하더라도 다시 시작할 수 있는 안전한 환경의 보장'을 위해 논의를 진전시켜 왔다. 위험을 선택할 권리와 함께 안전할 권리를 주장하는 것은 여전히 어려운 과제이지만, 이를 설명할 수 있는 언어를 차츰 찾아가고 있다. 반면 정신장애인은 실패할 권리를 주장하는 일조차 쉽지 않다. 자신에게도 위험을 감수할 권리가 있다고 주장하기 전에 다른 사람을 해치지 않겠다고 약속해야 하기 때문이다.

낙인자the stigmatized는 주류에 편입하기 위해 노력하는 동시에 '전형적인' 역할 또한 수행해야 한다. 장애인에게는 주로 연민이나 자선의 대상, 영원한 아이, 병든 자 같은 역할이 주어진다. 역할기대는 낙인자의 가치를 낮추지만, 이를 잘 수행할 경우 사회로부터 '잠시 머물 수 있는 기회'를 허락받을 수 있다. 김현경은 『사람, 장소, 환대』(문학과지성사, 2015)에서 어빙 고프먼 Erving Goffman의 『스티그마stigma』(한신대학교출판부, 2009)와 낙인의 개념을 다루며, "낙인을 지닌 개인에게 요구되는 '적응'을 통해 정상인들은 그와 접촉할 기회를 줄임으로써 그들 자신의 이미지 속에 안전하게 머무를 수 있다"고 설명한다.[4]

여기서 정신장애인에게 딜레마이자 좁힐 수 없는 틈이 발생한다. 정신장애인은 낙인자에게 요구되는 역할―공포나 위협의 대상, 병든 자―을 수행할수록 정상인의 이미지 속에 안전하게 머무를 수 없다. 어쩌면 정신장애인의 '다른 사람을 해치지 않겠다는 약속'은 아무 곳에도 나타나지 않는 방식으로만 수행되는 것일지도 모른다.

이와 같은 논리와 기제는 HIV 감염인에게도 비슷한 방식으로 적용되고 있다. 당사자의 인권과 치료보다 치안을 목적으로 했던 정신보건법의 흔적이 정신건강복지법에 남아 있듯이, 에이즈예방법 제19조 전파매개행위금지조항에도 감염인의 인권보다는 공중보건을 우선시하여 그의 인권을 적극적으로 침해했던 초기 에이즈 예방 정책의 흔적이 남아 있다. HIV/AIDS인권활동가네트워크의 유성원은 "정부는 어떻게 감염인과 우리가 함

---

4 김현경, 『사람, 장소, 환대』, 문학과지성사, 2015, 125쪽.

께 건강히 살아가야 할 것인지에 대해 고민하는 대신 감염인 개인을 병리화·범죄화함으로써 사회정책 면에서 효과적인 예방과 조치를 하는 데 실패했다는 사실을 가리고 있는 것처럼 보인다"며 "서로가 피해-가해 구도를 형성하는 이 과정에서 감염 예방을 위한 국가의 의무는 은근슬쩍 사라지고 만다"는 점을 지적한다.[5]

공중보건과 사회안전은 언제나 정신장애인과 감염인의 권리에 선행해 왔다. 그들은 '잠재적 가해자'이기에 불시에 일어나는 검문과 조사에 순순히 응해야 하고, 치료에 순응하며 자신이 안전한 존재임을 증명해야 권리를 주장할 수 있다. 국가는 공중보건과 사회안전에 '구멍'이 발생했을 때 제대로 된 예방책을 마련하지 않은 책임을 되돌아보는 것이 아니라 '의무를 다하지 않은 개인'의 문제로, 치안과 단속을 강화하는 방향으로 논의를 협소하게 만든다. 이러한 상황에서 질병과 장애는 개인의 도덕적 책임이 되고, 격리와 처벌만이 유일한 방법이 된다.

정신질환과 정신장애의 모호한 경계, 혼용과 혼재 또한 정신장애인의 권리를 이야기하기 어렵게 만든다. '질환이기 때문에' 치료를 비롯해 적절한 관리가 이루어지면 지역사회에서 일상생활을 유지할 수 있다는 점은 정신질환자에 대한 편견을 거두는 데 뒷받침이 된다. 동시에 지역사회에서 살고 싶다면 적극

---

5   유성원, "고통에는 얼굴이 있다", 《허핑턴포스트코리아》, 2018년 9월 3일자.
6   어빙 고프먼, 『수용소: 정신병 환자와 그 외 재소자들의 사회적 상황에 대한 에세이』, 심보선 옮김, 문학과지성사, 2018, 188-189쪽.

적으로 치료를 받아야 한다는 단서 조항이 된다. 하지만 '장애이기 때문에' 치료가 쉽지 않고 누군가의 개입 없이는 본인의 병을 관리하기 어렵다는 논리는 당사자를 취약하게 만들며 통제의 근거가 된다.

고립과 단절, 자극 없는 일상의 반복 역시 정신질환을 불러오거나 악화시키는 요인이지만, 여기에서도 사회와 구조의 책임은 사라지고 개인의 병증만이 남을 뿐이다. 장기간의 입원생활, 시설에서의 수용생활, 시설과 크게 다를 바 없는 재가장애인의 한정된 생활에서 나타나는 어떤 증상들을 그저 병증으로만 다룰 때, 정신장애인이 갈 수 있는 곳은 다시 '갇힌 공간'이 될 수밖에 없다.

어빙 고프먼에 따르면, 환자의 병력은 입원의 정당성을 확보하며 입원이 지속되게 한다. 고립된 환경이 유발하는 어떤 증상들은 그가 왜 병원으로 돌아가야 하는지를 설명해 주고, 그렇게 병력이 추가됨으로써 정신장애인의 입원과 장기 수용의 정당성은 더욱 힘을 얻는다.[6] 격리가 유발하는 현상은 정신장애인을 격리해야 한다는 논리를 뒷받침하는 근거가 된다. 이러한 순환을 통해 통제의 기제는 더욱 강화된다.

정신장애인의 안전할 권리: 위기를 다시 정의할 때

정신장애인이 독립하기 어려운 이유는 그의 안전할 권리가 보장되지 않는 것과 관련이 있다. 정신장애 또는 정신질환을 이야기할 때 늘 '안전'이라는 키워드가 따라붙지만 이는 타인의 안전만을 의미한다. 한국사회에서 정신장애인은 '위험 요소'로만 이야기될 뿐, 위험한 상황으로부터 보호받을 권리가 있는 주체로는 상상되지 않는다.

현재 대부분의 폭력피해자 쉼터는 비장애인 중심으로 운영되고 있어, 장애여성은 위험한 상황으로부터 잠시 피할 수 있는 여지가 많지 않다. 많은 쉼터가 접근성과 활동지원의 부재를 이유로 장애여성의 입소를 거부하고 있고, 이러한 상황에서 장애여성은 시설 입소나 안전하지 않은 곳으로 다시 돌아가는 것 외에 다른 선택지를 떠올리기 어렵다. 장애여성 운동 진영은 오래전부터 이에 대해 문제를 제기하며 쉼터 안에서도 활동지원서비스를 이용할 수 있어야 한다고 주장해 왔다.[7]

그러나 폭력피해여성에게 정신질환이 있다면 또 다른 맥락이 발생한다. 이제 쉼터는 돌봄의 부재가 아닌 다른 입소자의 안전을 이유로 해당 여성의 입소를 거부한다. 그녀가 이주민이거나 노숙인이거나 난민일 때, 사회는 안전을 명분으로 격리가 유일한 대안이라고 주장한다. '누군가의 안전'을 내세우며 '그들끼리만 모이기'를 원하는 그곳에서 정신장애인의 안전은 타인의

---

7   장애여성공감 부설 장애여성성폭력상담소는 2017년 서울시의 용역사업으로 서울시 내 폭력피해여성 지원기관의 장애여성 지원실태를 조사한 바 있다. 양애리아, "'장애인도, 여성도 아닌' 폭력피해 장애여성은 어디로 가야 하나?", 《오마이뉴스》, 2018년 1월 30일자.

안전보다 후순위가 될 수밖에 없다. 정신장애인이 안전할 수 있는 유일한 방법은 입원뿐이다.

현재 정신장애인에게 안전할 권리는 없으며, 오로지 자신과 타인을 해치지 말아야 한다는 책임만이 주어진다. 자해 문제가 중요하게 다뤄지는 이유는 사실상 당사자의 안녕보다는 주변 사람들과 사회의 부담을 줄이기 위한 것에 더 가깝다. 이미 사회는 병원이 치료보다는 격리의 목적으로 운영된다는 것을, 병원은 안전한 공간이 아니라는 것을 알고 있다.

지난 2019년 4월 17일, 경남 진주의 한 아파트에서 40대 조현병 환자가 방화와 살인을 저질렀다.[8] 이 사건을 두고 정신장애인 단체와 정신보건 전문가, 여론과 언론 모두 "위기대응에 실패했다", "위기대응책 마련이 시급하다"며 정신보건 관련 대응체계 마련의 필요성을 강조했다. 정신장애와인권 파도손의 이정하는 "정신건강복지법은 범죄를 저지를 위험이 있는 사람을 다루는 법이 아니라 우리처럼 아픈 사람을 건강하게 만들기 위한 법인데, 정신건강복지법 논의가 살인사건에서 출발하면 방향이 왜곡될 수밖에 없다"며 관련 논의의 흐름을 지적했다.[9]

어떤 사건을 위기로 명명하는 것, 그 사건이 어떤 집단에 위기가 되는지를 판단하는 것은 매우 정치적이다. 정신건강복지의 목적이 개인의 인권보다 치안에 있는 한, 정신의학으로 대표되

---

8   사건 발생 초기, 원고를 작성하던 때만 해도 다양한 논의가 이루어졌지만, 현재는 개인을 악마화하는 방식으로만 관련 보도가 이루어지고 있다.
9   "50만을 영원히 가둬 둘 수는 없다", 《한겨레21》, 2019년 4월 26일자.

는 의료권력이 헤게모니를 잡고 있는 한, 위기대응은 정신장애인을 통제하고 격리하는 것일 수밖에 없다. 위기대응 체계를 마련하기 위해서는 무엇이 위기인지, 누구의 위기인지 다시 정의하고, 치안이라는 숨겨진 목적의 재배치가 선행되어야 한다.

4부
담론과 제도

13

탈시설 운동은
'없애는 것' 넘어 '만드는 것'

김지혜 ○ 강릉원주대학교 다문화학과 교수

사회복지제도는 불평등을 해소할까

사람을 집단으로 구분하는 행위에는 딜레마가 따른다. 장애, 나이, 출신 국가, 가족 형태, 경제적 수준 등 개인의 특성을 이유로 사람을 구분 지으면 그 행위 자체로 인해 낙인이 생길 수 있다. 반면 수수자가 집단으로서 정체성을 표현하고 사회에서 가시적으로 그 존재를 인정받는 것은 시민권을 획득하는 중요한 과정이기도 하다. 게다가 특정 집단이 지속적으로 불평등한 상태에 있다면 이를 시정하기 위한 적극적 조치로서 사회가 집단을 구분해 서비스를 제공해야 할 때가 있다.

한국사회의 사회복지서비스는 많은 경우 '장애인', '노인',

'아동', '한부모', '다문화 가족', '학교밖 청소년', '노숙인' 등 어떤 집단을 구분해 서비스를 제공하는 골격으로 만들어져 있다. 서비스 적용을 받는 '대상자'를 정의하고, 대상자의 특성과 욕구를 파악해서 프로그램을 개발하고, 인력과 예산을 투입하여 서비스를 제공한다. 이러한 서비스를 제공하기 위한 전달체계로서 장애인 복지시설, 노숙인 복지시설, 다문화가족지원센터 등 대상자별 기관이 설치되곤 한다.

사회복지 체계를 집단별로 만들면서 소수자를 위한 '적극적 조치'가 되기를 기대하지만 의도와 전혀 다른 결과가 생길 위험도 상존한다. 사회복지제도가 해당 집단이 열등하다는 낙인을 만들고 분리와 배제를 촉진하여 결과적으로 불평등을 심화시키는 모순적인 상황이 벌어질 수 있기 때문이다. 사실 특정 집단을 대상으로 하는 '선별적' 복지가 낙인을 동반한다는 사실은 전혀 새로운 지식이 아니다. 모르기는커녕, 너무 익숙하고 당연하게 여기고 있다.

집단을 구분해서 표적으로 삼는 정책은 차별을 해소할 가능성과 조성할 가능성을 모두 가지기 때문에 늘 긴장된다. 그래도 한 가지 중요한 원칙은 있다. 집단의 구분이 개인의 신분으로서 일상을 지배해서는 안 된다는 것이다. 아파르트헤이트 apartheid와 같은 분리 정책이 작동하는 기제는 그 구분이 '신분화'되는 것이었다. 신분증에 특정 구분이 표기되고 그 표식에 따라 거주지, 직업, 생활 공간 등이 분리되었다. 어떤 사회복지제도가 이런 일상의 구분과 분리를 만든다면 애초의 목적과 상관없이 억압의 기제가 될 수 있다.

사회복지제도에서 낙인을 경험하는 상황들

사회복지제도가 의도치 않게 낙인을 만드는 상황을 세 가지로 생각해 볼 수 있다. 첫째, 어떤 사람이 그 '대상'에 포함되는지 여부를 판단할 때이다. 사회복지제도의 혜택을 받기 위해 타인의 판단을 받아야 하는 과정은 상당히 모욕적일 수 있다. 소득 수준을 기준으로 수급 여부를 결정하는 경우 개인의 정보를 꽤 많이 노출해야 하며, '부양의무자 기준'에서와 같이 내밀한 가족 관계까지 국가에 밝혀야 할 때가 있다. 장애 정도에 따라 등급을 나누는 장애등급제의 경우 본래 목적이 적절한 서비스 제공을 위한 것이었더라도, 마치 물건에 등급을 매기는 것처럼 사람에게도 등급을 매기는 낙인이 된다.

둘째, 자신이 서비스 대상에 해당한다는 사실이 원치 않게 타인에게 노출되는 상황이 있다. 사회복지서비스는 대개 사회적으로 취약한 사람들에게 제공된다. 그래서 그 집단에 해당한다는 사실 자체가 상황에 따라 밝히기 싫은 민감한 개인정보가 된다. 하지만 대상자별로 분리된 체계 속에서는 어떤 기관에 가거나 어떤 서비스를 받는다는 사실로부터 어떤 집단에 속하는지 유추할 수 있는 때가 많다. 교실에서 '다문화'나 '수급자'라는 말이 때때로 조롱의 의미로 사용되는 것은, 이미 학교에서 누군가이 용어를 사용하여 서비스를 제공한 적이 있었고 그 서비스를 받은 학생에게 부정적인 꼬리표가 부착되었다는 것을 뜻한다.

마지막으로, 서비스를 설계하고 실천하는 과정과 내용 자체가 낙인을 생산하는 방식일 수 있다. 대개 서비스를 개발하는 사람들은 '대상자' 집단의 개인, 가족, 지역사회 등의 특성을 조사하여 그 집단의 '평균적인 특징'을 파악한다. 이때 주요 관심은 서비스가 필요한 부분, 즉 결함이 있는 상태에 있기 때문에 '평균적인 특징'은 곧 열등함과 등치되는 효과로 이어진다. 물론 다양한 실천 이론이 존재하긴 하지만 기본적으로 해결이 필요한 '부족한 점'을 찾는다는 접근은 큰 틀에서 유지된다. 집단별 특징에 관해 만들어지는 '전문적 지식'은 일종의 편견으로 작동하며 사회적으로는 낙인을 형성한다.

어떤 집단의 평균적인 특징을 가정해 서비스를 표준화시키면 서비스는 개별성과 유연성을 잃기 쉽다. 사회복지사의 공감 능력이나 면접의 기술, 개별적인 욕구를 발견하고 해결하기 위한 능력은 현장에서 덜 중요해지고, 서비스에 맞는 사람을 찾는 역전 현상이 발생하기도 한다. 현장에서 낙인의 문제를 인식하고 있더라도 후원을 받기 위해 사회적인 편견을 이용하는 상황도 있다. 해당 집단의 권리를 말하는 것보다 '무언가 부족한 사람'이라는 수사가 기금을 얻는 데 더 효과적이라면 '어쩔 수 없이' 그런 코드를 활용하기도 한다.

사회복지서비스가 선별적으로 제공되는 한 낙인을 피할 수 없다고 간단하게 말하기는 어렵다. 가령 노숙인을 위해 무료 숙소를 제공한다고 해서 그 자체가 항상 낙인을 만들지는 않는다. 그런데 만일 하룻밤을 자기 위해 자신의 신상정보를 공개하고, 가족사를 말하고, 국가 기관에 이 모든 사실을 알려야 한다면 이야기가 다르다. 숙소가 없는 사람이 아닌 공식적으로 '노숙인'이 되어야 하는 이 절차가 낙인을 만든다.

그 무료 숙소가 간판이 없거나 일반 숙박시설처럼만 표시되어 있어도 개인이 경험하는 낙인의 강도는 달라진다. 서비스를 제공하는 사람이 무료 숙소 이용자를 '노숙인'이 아닌 이름이나 본인이 원하는 별칭으로 부른다면 낙인은 더 줄어든다. '집이 없는' 상태에 초점을 두는 것과 '노숙인'의 특성을 예단하여 접근하는 것은 다르다. 제도적으로 노숙인을 위한 서비스가 있더라도 그것이 개인의 '신분'이 되지 않도록 하는 세밀함이 있다면 상황은 많이 달라진다.

사회복지시설, 억압이 된 공간

사회복지시설이 사회복지서비스의 하나로서 한국사회에서 불평등을 해소하는 체계라고 자신 있게 말하기엔, 불편한 기억이 너무 많다. 부산 형제복지원 사건, 대구 희망원 사건, '도가니'로 알려진 광주인화학교 사건 등을 비롯해 지금도 매년 국가인권위원회에 접수되는 많은 인권침해 사건이 사회복지시설에서 일어난다. 법적으로 사회복지시설에는 주간에 방문 이용하는 시설 등 다양한 형태가 포함되지만, 문제가 되는 시설들은 주로 일상적인 생활 공간으로서 주거와 각종 서비스를 제공하는 곳이다.

주거는 먹고 입고 씻고 배설하고 자고 쉬고 친밀한 관계를 나누는 등 인간으로서 필수적인 행위를 하는 생존 공간이다. 모든 사람에게 필요한 한정된 자원이라는 점에서 공공성이 강하게 요구되지만, 현실에서 주택은 개인의 능력으로 획득해야 하는 사적 재산으로 여겨지는 경향이 크다. 모든 인간에게 필요한 이 생존 공간을 개인적으로 확보하지 못한 사람들은 타인에게 의존해야 한다. 사회복지시설은 이렇게 '가지지 못한 자'에게 주거와 함께 각종 서비스를 제공하는 주요한 사회서비스 체계로 존재해 왔다.

하지만 엄밀히 말해 사회복지시설은 개인 공간으로서의 주거를 제공한 것이 아니라 '시설'이라는 특수한 실체를 만들어 냈다. 대상 집단을 구체적으로 명시한 집합 공간을 만들고, 외부적으로 그 집단을 부족하고 열등한 존재로 묘사했다. 시설에 사는 사람을 '불쌍하게' 바라보는 사회적 편견과 낙인은 단지 부수적인 효과가 아니라 시설을 유지시키는 힘이 되었다. 동정심에 기초한 자선을 끌어내기 위해 편견과 낙인은 필요했고 또 유용했다. 장애인 시설에 후원할 마음을 끌어내기 위해 장애인은 '천사' 같으면서 '희망을 가져야' 하는 사람이 되어야 했다.

사회복지시설이 분리와 배제의 공간으로 작용했다. 사회복지시설은 '사회에서 생활하기 어려운' 사람들이 모이는, '사회가 아닌' 공간이었다. 분리가 지속되는 한 이들을 포용할 수 있도록 사회가 변화할 필요가 없었다. 사회복지제도가 발전하는 것 같았지만 장애인이나 비혼모 등 다양한 조건의 사람들이 존중받으며 공존하기 위해 필요한 사회적 변화는 좀처럼 일어나지 않았다. 사회가 기존의 주류에게 익숙한 상태를 유지하면서 주류에게 적합한 방식으로 발전하는 동안, 시설은 주류 사회에 적합하지 않은 존재들을 보이지 않게 만들었다.

그러는 사이 사회복지시설은 위험한 공간이 되었다. 많은 사회복지시설이 민간에 의존해 설립되면서 이를 사적 소유물처럼 여기는 운영자들이 많았던 탓도 있다. 이들은 국가의 감독을 부당한 간섭으로 여기며 개인의 권리로서 운영의 자유를 요구하곤 했다. 운영자가 시설을 사유 재산으로 여기며 국가의 감독을 거부할수록 시설은 입소자에게 위험한 환경이 되었다. 마치 가족은 사적 영역이니 간섭하지 말라는 요구가 가정폭력을 통제 불능의 상태로 만들 듯, 시설에서의 인권침해는 공적 체계가 사유화된 변형된 구조 속에서 계속되었다.

시설은 시설에서 생활하는 사람들의 것이 아니었다. 정반대로 '나의 것'이라고는 없는 감시와 통제의 공간이 되곤 했다. 시설이 온전한 주거 내지 '집'이 될 수 없는 것은, 그 공간에서는 자신의 몸과 삶에 관한 결정을 스스로 내릴 수 없기 때문이었다. 서비스를 이용하기 위해 온갖 개인정보를 밝혀야 하고, 누구도 보지 않고 간섭하지 않는 개인 공간을 갖지 못하며, 단체생활이라는 이유로 요구되는 규칙과 강제적 활동 등을 따라야 하는 시설은 잠시의 사생활도 인정되지 않는 억압의 공간이 되었다.

탈시설 운동의 의미

본래의 설립 의도가 무엇이든, 분리된 생활 세계로서의 사회복지시설은 불평등을 심화시킨다. 이런 시설은 특정 집단을 열등하다고 규정한 전제 위에서 유지되며 낙인을 강화한다. 이런 시설은 특정 집단을 비가시화함으로써 이들이 배제되고 차별받는다는 사실을 은폐하며 불평등한 구조를 지속시킨다. 이런 시설은 일상생활을 영위하는 사적 공간이 되지 못한다. 그 공간에 대한 통제권을 갖지 못한 입소자에게, 이런 시설은 개인으로서의 삶을 박탈하는 감시와 통제의 공간이 될 뿐이다.

탈시설 운동에서는 "좋은 시설은 없다"고 단언한다. 단순히 몇 가지 운영 방식을 개선한다고 해결되는 문제가 아니라는 시각이다. 탈시설 운동은 특정 집단에 대한 낙인과 배제를 용인하고 심지어 이용하는 구조 자체에 도전한다. 더 이상 시설의 이름으로 누군가를 마치 존재하지 않는 사람처럼 취급하고 비가시화하는 제도적 폭력을 멈추어야 한다고 말한다. 이들이 동등한 시민으로서 정치사회적으로 가시화되어야 하고, 사회복지제도는 다양한 사람들이 공존하는 사회적 조건을 만드는 기제가 되어야 한다는 근본적인 성찰과 변화를 요구한다.

사회복지시설은 대개 '자립'할 수 있을 때까지 잠시 머무는 곳으로 이해되곤 한다. 역으로 말하면 자립할 수 없으면 떠날 수 없는 곳이기도 하다. 하지만 이미 시설이라는 기제로 불평등한 구조를 유지하고 있는 세상에서 이들의 '자립'은 기껏해야 열등한 수준으로 한계 지어지기 쉽다. '자립'의 의미가 주류의 관점과 기준에서 기획되는 한, 그런 자립은 '주류같이' 되어야 한다는 동화주의적 발상에서 나온 도달 불가능한 조건일 수 있다. 결국 불평등한 세상에서의 자립이란 애초에 불가능하거나 열등한 신분을 확인하는 과정이 될 위험이 있다. 자립을 말하기 위해서는 먼저 주류와 소수자 사이의 분리되고 계층화된 세계가 종식되어야 한다.

그리하여 탈시설 운동은 분리된 세계의 종식을 요구한다. '시설 폐쇄' 자체는 탈시설 운동의 시작일 수는 있어도 끝이 될 수는 없다. 여전히 주거는 필요하다. 기본적 권리를 보장하고 불평등을 해소하기 위한 적극적 조치로서 서비스와 정책이 필요하다. 다만 이때 어떤 혜택을 위해 개별성과 존엄성을 잃고, 낙인과 배제를 받아들이며, 다른 권리와 자유를 포기하게 되는 일이 발생하지 않도록 원칙을 돌아보고 설계의 디테일을 살펴야 한다. 사회복지서비스를 받기 위해 삶에 대한 자기결정권을 포기해야 하는 상황이 있어서는 안 되며, 일상생활을 영위하는 공간으로서 주거와 그 공간에 대한 통제권이 보장되어야 한다.

사회복지제도가, 도움을 주고자 하는 바로 그 사람의 존엄성을 훼손하는 억압의 기제가 될 수도 있다는 사실은 이 분야에서 활동하는 많은 이들에게 두렵고 감당하기 어려운 일일 것이다. 사회복지사 윤리강령 전문을 보면, "사회복지사는 인본주의·평등주의 사상에 기초하여, 모든 인간의 존엄성과 가치를 존중하고 천부의 자유권과 생존권의 보장활동에 헌신한다. (…) 사회복지사는 개인의 주체성과 자기결정권을 보장하는 데 최선을 다하고, 어떠한 여건에서도 개인이 부당하게 희생되는 일이 없도록 한다"고 선언하고 있기 때문이다.

탈시설 운동은 바로 그 선언으로 돌아가 한국사회의 현실을 직시하라고 요청한다. 사회복지제도가 만드는 낙인과 차별에 그동안 무감했거나 너그러웠던 태도를 반성하고, 소수자의 존엄성을 존중하며 실질적으로 평등을 실현하는 새로운 설계로 과감하고 용기 있게 나아가야 한다고 말한다. 낙인은 감수해야 하는 것이 아니라, 끊임없는 성찰을 통해 설계를 수정하는 지표로 사용되어야 한다. 사회복지제도는 주류의 기준에서 기획되는 것이 아니라, 당사자가 가시화되어 참여하고 만드는 과정이자 결과여야 한다. 그렇게 탈시설 운동은 분리된 세계를 '없애는' 것을 넘어 평등한 세상을 '만드는' 운동으로서 의미를 가진다.

14

'좋은 왕'과 '나쁜 왕'이 사라진 자리: 불온한 타자의 삶을 가능케 할 반폭력, 탈시설의 윤리

김은정 ◦ 시라큐스대학교 여성·젠더학 및 장애학 부교수

미국 시카고의 자립생활센터에서 10대 장애여성들과 오랫동안 일해 온 장애운동가이자 작가인 수전 너스바움Susan Nussbaum은 2012년 소설 『좋은 왕 나쁜 왕』[1]을 발표했다. 이 소설은 장애인 시설[2]에서 일어나는 삶과 폭력, 생존과 투쟁을 그리고 있다. 소설 제목은 작가가 수집했던 신문 기사에서 비롯되었다. 뉴욕주의 한 시설에서 차량 이동 중에 뒷좌석에서 계속 일어서는 13세 소년을 '보조인'이 깔고 앉아 제압했고 결국 이 아동이 숨지는, 아니 살해당하는 사건이 일어났다. 이 기사에 따르면, 몸부림치며 저항하는 아이에게 보조인은 "난 너에게 좋은 왕이 될 수

---

1 Susan Nussbaum, *Good Kings Bad Kings: A Novel*, Algonquin Books, 2013.

도 있고, 나쁜 왕이 될 수도 있어"라고 말했다고 한다. 너스바움은 아동과 감정적인 유대가 없는 성인 혹은 시설의 손에 아동의 복지가 달려 있을 때 끔찍한 일이 일어날 수 있다고 말한다.[3] 이 소년이 복종했다면 죽음을 피할 수도 있었다는 순진한 생각을 하는 이는 많지 않을 것이다. 그 장소가 시설이든 쉼터든 가정이든 지역사회든, 어떤 존재가 누군가에게 '좋은 왕' 혹은 '나쁜 왕'이 될 수 있는 권력을 가지는 곳이라면 폭력은 발생할 수밖에 없다.

소위 '나쁜 왕'에 의한 강제수용, 고문, 통제, 폭력과 착취는 탈시설 운동과 저널리즘을 통해 시설 비리와 인권유린의 이름으로 폭로되어 왔고, 소설과 영화, 텔레비전 다큐멘터리로도 재현되어 문제의식을 증폭시켰다. 하지만 시설 내에서 일어나는

---

2   '일리노이 학습과 생활기술 센터'라는 이 시설의 이름은 그곳이 수용시설이라는 본질을 숨기는 동시에 '학습'과 '생활기술'이라는 것이 어떻게 빠져나올 수 없는 덫으로 작동하여 장애인의 삶 자체를 유예시키는지 잘 보여 준다. 앞선 글에서 김순남은 '사회복귀'라는 이름으로 행해지는 삶의 유예에 대해서 이렇게 말한다. "대부분 시설의 설립 목적은 '건전한 사회참여 유도'와 '자활 능력 회복'이다. '교정'과 '치료'를 통해 사회화의 회복을 추구할 때, 복귀할 사회는 어떤 곳이며 그 사회에서 상상하는 사회화는 어떠한 인간의 삶을 정상화하는가라는 물음으로 이동해야만 한다. 인간을 구분하는 위계에 대한 저항과 균열을 통해서 사회를 재구성하지 않는 이상 사회복귀 논리는 시설화의 논리와 정확히 일치하기에, 사회복귀라는 목표는 영원히 불가능하다."(37-38쪽)

3   Diane Slocum, "Susan Nussbaum Individualizes Institutionalized Children", Authorlink: Writers and Readers Magazine, 2018년 6월 28일자 게시물, https://authorlink.com/interview/susan-nussbaum-individualizes-institutionalized-children-by-diane-slocum (검색일: 2020. 8. 4.)

인권유린을 폭로하는 르포나 영화들이 시설 폐쇄를 지향하는 텍스트라고 보기는 어렵다.[4] 오히려 다루는 내용이 특정한 시설에서 일어난 특정한 범죄로 조명되기 때문에, 취약한 집단은 보호가 필요하다는 이미지를 강화해 시설을 정당화하는 논리를 작동시킨다. 영화 〈도가니〉(2011)는 광주인화학교의 기숙시설에서 실제로 벌어진 청각장애아동 성폭력과 사법계의 무능, 부패를 다룸으로써 한국사회에 큰 반향을 일으켰고, 이로 인해 장애인 성폭력 범죄 대응체계와 법률 등에 변화를 가져오기도 했다. '도가니 신드롬'은 광주인화학교의 폐쇄와 형사처벌로 이어졌지만 모든 장애인 시설 폐쇄의 필요성을 인식하는 데까지는 확장되지 못했다. 특정한 시설에서 일어난 성폭력 범죄와 사법 정의의 부재가 문제의 핵심으로 인식되었기 때문이다.

이 글은 한국에 소개된 영화 및 문화 텍스트 속에 등장하는 이미지로서의 시설과 이와 대립되어 나타나는 지역사회가 어떻게 시설의 존재를 정당화하는지, 혹은 어떻게 탈시설의 가능성을 상상해 내는지 질문한다. 문화적 재현으로 형성된 이미지로서의 시설은 권력관계의 은유로 시설을 보게 하여 그 실재를 증발시키기도 하고,[5] 시설 수용이 누군가에게는 견딜 수 없

---

4   베트남 전쟁을 그린 미국 영화들은 살인과 강간, 불타는 마을, 전투 장면 등을 통해 전쟁의 잔인함과 끔찍함을 대중에게 보여 주어 '반전 영화'로 불렸다. 하지만 감독의 의도와 상관없이, 이러한 이미지는 폭력을 행하도록 훈련받은 이들에게는 포르노그래피와 같은 쾌락을 주어 결국 전쟁 홍보의 역할을 해 왔다고 스워포드는 주장했다. A. Swofford, *Jarhead: A Soldier's Story of Modern War*, Simon and Schuster, 2004, pp. 6-7.

는 폭력이지만 어떤 사람을 위해서는 불가피하다는 논리를 펴기도 한다. 이미지를 소비하는 사람은 시설이 좋은 곳은 아니지만 어떤 사람에게는 필요한 환경이라고 판단하는 권력을 갖게 되고, 또 어떻게 하면 시설을 좋게 만들 수 있을지 고민하게 된다. 시설은 내가 "가는" 곳 혹은 "갈" 곳이 아니라, "보내는" 곳이고 "데려가는" 곳[6]이라는 사실은 이러한 판단과 고민이 타자화를 전제로 한다는 것을 말해 준다. 이미지로서의 시설을 분석하는 과정을 통해 시설이 필요하다고 믿는 '좋은 왕'이 되고 싶은 욕망이 떠오르는 순간은 언제인지, 시설을 개선해 줄 '좋은 왕'에 대한 미련은 어디에서 오는지 들여다볼 수 있다.

죽음을 구원으로 만드는 것은 무엇인가:
〈뻐꾸기 둥지 위로 날아간 새〉

정신병원을 다룬 고전 영화부터 살펴보면, 소설을 원작으로 한 할리우드 영화 〈뻐꾸기 둥지 위로 날아간 새〉(1975)가 있다. 이 작품은 한국에서도 개봉해 흥행에 성공했고, 20년 뒤에 "감옥보

---

5 이 글에서는 다루지 않지만 이청준의 『당신들의 천국』(1974)에서 한센인을 수용했던 소록도가 독재 정권하의 한국사회를 은유한다고 해석하는 경우가 그 예라고 할 수 있다.
6 서중원 기록, 정택용 사진, 『나, 함께 산다: 시설 밖으로 나온 장애인들의 이야기』, 장애와인권발바닥행동 기획, 오월의봄, 2018, 31쪽, 106쪽.

다 못한 정신병원"이라는 기사[7]와 함께 텔레비전에서도 방영되어 정신병원은 치료의 이름으로 통제와 처벌이 이루어지는 곳이라는 이미지를 대중에게 각인시켰다. 영화는 병원 안 남성들의 일상과 몸을 통제하고 무력하게 만드는 여성 간호사, 남성 의사, 직원들 간의 권력관계와 치료의 이름으로 행해지는 폭력, 전기충격요법, 60년대까지 실제로 행해졌던 뇌수술법(대뇌백질절제술lobotomy)의 잔인성을 잘 보여 준다.

폭력 범죄를 저지르고 교도소에 있던 맥머피(잭 니콜슨 분)는 교도소에서 강제노동을 피하기 위해 정신질환이 있다고 주장하여 정신병원으로 옮겨진다. 교도소와 정신병원은 상이한 시스템에 의해 운영되지만 상호 대체 혹은 통합이 가능하며, 강제노동과 치료는 자유가 박탈된 조건에서 행해짐을 말해 준다.[8] 맥머피는 병원의 통제에 저항하며 자유를 찾고자 다른 남성들을 이끌어 일탈을 주도한다. 자신을 제외한 모두가 자발적으로 병원에 머물고 있다는 것을 알게 된 그는 모두 병원을 떠나야 한다고 주장한다. 탈출하기 전날 밤 작별 파티를 벌이고 난 뒤, 아침이 되어 찾아온 간호사는 일탈의 책임을 묻는다. 간호사의 위협으로 인해 한 남성이 자살을 하게 되고 이에 분노한 맥머피는

---

7   "감옥보다 못한 정신병원", 《한겨레신문》, 1994년 5월 21일자.
8   실제로 시설에 수용된 이들은 여러 종류의 시설을 거치며 다중의 시설화 이력을 가지게 되는 경우가 많다. 그런 점에서 〈7번 방의 선물〉(2012) 또한 시설화를 그린 영화라고 할 수 있다. 탈시설 운동은 다양한 형태로 존재하는 교도시설의 철폐를 함께 고민해야 한다.

간호사를 공격한다. 그는 폭력을 저지른 대가로 뇌수술을 받고 무기력한 상태가 된다. 맥머피 덕분에 자유를 꿈꾸게 된 원주민 브롬든(윌 샘슨 분)은 그를 '자유롭게' 해 주기 위해 그를 살해하고 병원을 탈출한다.

백인-비장애-남성 중심의 전문성을 보존하기 위해, 병원에 수용된 남성들에게 직접적인 통제와 폭력을 가하는 주체는 백인남성 의사가 아니라 백인여성 간호사와 흑인남성 직원이다. 이들은 관객과 감정 교류를 할 수 없는 타자로 재현된다. 여러 억압이 공존하며 얽혀 있다고 보는 교차성 인식이 텍스트 분석에 필요한 이유이다. 돌봄을 담당하는 여성과 인종적 타자들이 시설에 수용된 사람과 가해자 대 피해자라는 대립 관계로 단순하게 설정되면 시설을 통해 이익을 취하는 폭력 구조는 보이지 않는다.

이 영화는 미국의 정신의료 시스템에서 일어나는 폭력을 보여 주었고, 비슷한 시기에 등장한 정신의학 반대운동과 지역사회의 정신장애 의료서비스 확대에 힘을 보탰다고 평가되며 교육 현장에서도 이용되었지만 시설 수용 자체가 폭력적이라고 주장하지는 않는다. 맥머피가 비장애인으로서 구원자의 역할을 하기 전까지 다른 남성들은 통제에 순응하는 존재로 등장하며, 그가 사라진 후 (브롬든을 제외한) 모두가 일상으로 복귀하여 정신병원에 수용되는 것이 자연스러워 보인다. 맥머피는 '원래' 정신장애인이 아니었지만 병원에 수용되면서 정신장애인이 된 사람, 즉 시설에 가지 말았어야 할 사람이었기 때문에 '안락사'를 통해 죽어야 자유로워질 수 있다는 환상을 제시한다. 이 영화를 평한 한국의 한 시인은 맥머피의 죽음을 "건강한 죽음"이라고까지 말했다.[9] 결국 자유와 장애는 공존할 수 없다는 논리이다. 이 때문에 정신병원 자체가 문제라는 인식으로 이어지지 않는다.

시설에서 일어나는 폭력을 그리는 영화들은 시설에 소위 '잘못 보내진' 사람의 이미지를 중심으로 관객의 감정을 움직인다.[10] 주인공이 시설에 잘못 보내졌다고 믿는 순간, 그 안에 이미 수용되어 있던 이들은 시설 환경의 자연스러운 일부가 되기 때문에 시설 자체를 비판하는 것이 불가능해진다. 인권영화 〈여섯 개의 시선〉(2003)에 실린 박찬욱의 단편 〈믿거나 말거나, 찬드라의 경우〉는 한국어를 모르는 네팔인 노동자가 '횡설수설하는 정신 나간 한국인'으로 오인되어 경찰을 통해 청량리정신병원, 서울시립부녀보호소, 용인정신병원을 거치면서 각종 정신질환 및 장애 진단을 받고 6년 4개월간 강제로 수용된 실제 사건을 재구성한다. 해당 사건을 보도한 기사의 제목 "멀쩡한 네팔인 정신병원 감금"[11]처럼, 찬드라의 동료 노동자와 고용주는 찬드라가 "멀쩡하고, 일 잘하고, 말 잘 듣는" 사람이라고 증언하며

---

9   김종해, "영화 수상, 뻐꾸기 둥지 위로 날아간 새", 《동아일보》, 1977년 10월 7일자.
10 영화 〈장화, 홍련〉(2003)과 〈사이보그지만 괜찮아〉(2006), 소설 『채식주의자』(2007) 등에서 정신장애가 있는 주인공들은 시설 밖에서 생존할 수 없다고 전제된다. 이들에게 정신병원은 종착역이거나 떠날 수 없는 장소로 등장한다.
11 "멀쩡한 네팔인 정신병원 감금", 《한겨레신문》, 2000년 3월 24일자.

"정신병자인 줄 알았으면 우리가 채용을 했겠어요?"라고 말한다. 감금과 차별이 문제가 아니라 정체성의 '오판'이 인권유린인 것으로 재현하고 있기 때문에 그러한 강제감금을 가능하게 했던 법률과 기관, 시설이 존재한다는 사실 자체를 문제시하지 않는다.

〈뻐꾸기 둥지 위로 날아간 새〉의 원작 소설이 출간된 지 몇 해 지난 1965년, 미국의 로버트 케네디 상원의원이 성탄절에 발달장애인 수용시설을 예고 없이 방문했다. 그 결과 오물 냄새가 가득한 곳에서 벌거벗은 채 늘어져 있거나 묶여 있는, 감금된 장애인들의 현실이 언론에 크게 보도되었다. 함께 시설을 방문한 특수교육학자 버튼 블랫Burton Blatt은 이후 주립 대형 시설의 실태를 더 자세히 알리기 위해 사진작가 프레드 캐플란Fred Kaplan과 시설을 방문하여 외부인에게 공개되지 않는 공간까지 몰래 찍은 사진 에세이집인 『연옥에서 보낸 성탄절』(1966)[12]을 출판했다. 장애인을 수용하는 네 곳의 주립 시설에서 일어나는 인권유린은 사진을 통해 고스란히 드러났다. 이 고발로 인해 미국 대중과 정치인에게 시설의 현실이 알려지자 시설에 대한 소송과 탈시설 운동이 본격화되었다. 블랫은 네 개 시설의 이름을 공개하기를 거부했다. 이름을 공개하면 인권유린이 특정 시설만의 문

---

12 Burton Blatt, Fred Kaplan, *Christmas in Purgatory: A Photographic Essay on Mental Retardation*, Allyn and Bacon, 1966. 다음의 링크에서 1974년 판 전문을 볼 수 있다. https://www.canonsociaalwerk.eu/1966_Kerstmis/Xmas-Purgatory.pdf (검색일: 2020. 8. 4.)

제로 국한되고, 그 시설만 폐쇄 혹은 개선함으로써 사건이 일단락되리라 믿게 되기 때문이다.[13]

하지만 이 책의 일부는 잘 운영되고 있는 시설의 예를 대조하여 보여 준다. 깨끗한 환경에서 다양한 활동이 벌어지고, 친절하고 실력 있는 직원이 장애아동을 교육하는 시설이다. 문제가 있는 시설에서 찍은 사진에 실린 장애인의 눈은 신원을 보호하기 위해 검게 가려져 있지만, 좋은 시설의 장애인은 야외에서 뛰어놀고 활짝 웃으며 카메라를 보고 있다. 블랫은 시설 문제를 해결하기 위해 모든 시설의 운영비를 두 배로 늘리고, 외부 감독위원회를 만들어 주 정부에 보고하도록 하고, 직원 채용과 훈련, 평가를 전문가에게 맡길 것을 제안한다. 즉 블랫은 시설 자체의 폐쇄를 주장한 것이 아니라 시설의 개혁을 제안한 것이다. 이후 『극단의 영혼들』(1973)에 이르러서야 그는 모든 시설에 근본적으로 '지옥'이 존재한다는 것을 깨닫고, 모든 시설을 폐쇄하고 새로운 시설의 건설을 중단할 것을 주장했다.[14] 대신 발달장애인을 위한 지역사회 프로그램을 운영하는 센터를 제안했다.

장애인을 전담하여 교육하고 돌볼 수 있는 전문적이고 특수한 시설이 필요하다는 관점은, 지역사회와 교육시설이 비장애인만을 위한 것이라는 억압의 왕권을 공고히 한다. 좋은 왕의 지

---

13 Steven J. Taylor, "Christmas in Purgatory: A Retrospective Look", *Mental Retardation*, Vol. 44, No. 2, 2006, pp. 145-149.
14 Burton Blatt, *Souls in Extremis: Anthology on Victims and Victimizers*, Allyn and Bacon, 1973.

배가 가능한 곳에는 언제든 나쁜 왕이 들어설 수 있다. 좋은 왕의 지배에 영속되어 격리된 삶 또한 지옥이다.

시설과 쉼터 사이에서 내뱉는 저항: 〈숨〉

함경록 감독의 영화 〈숨〉(2010)은 전북 김제의 '기독교 영광의 집' 사건을 바탕으로 만들어진 영화로, 남성 목사와 그 부인인 원장이 운영하는 시설에서 다섯 살 때부터 살고 있는 장애여성 수희(박지원 분)가 주인공이다. 수희에게는 같은 시설에 거주하는 민수라는 애인이 있다. 성인의 사생활과 성적 권리를 박탈하는 시설에서, 이들은 설비실을 그들만의 비밀 공간으로 삼아 성적 친밀함을 나눈다. 이곳은 수희가 힘들 때 찾아가는 공간이기도 하다. 이곳에 둔 손거울은 수희가 어떤 꿈과 욕망을 가진 존재임을 드러내는 중요한 장치이다. 카메라는 영화의 처음부터 끝까지 수희의 몸 가까이 머물며 거리를 두지 않기 때문에 고개를 숙이고 있는 수희의 주변에 일어나고 있는 일을 관객은 명확히 볼 수 없다.[15] 목사의 아들은 시설 내 장애여성을 지속적으로 강간하며, 이는 묵인되고 원장에 의해 은폐, 관리된다. 목욕 봉사를 오는 여성이 장애여성의 몸에서 멍 자국을 발견하고 원장 아

---

[15] 〈믿거나 말거나, 찬드라의 경우〉에서는 찬드라의 얼굴을 처음과 마지막에만 보여 주고 영화 내내 그의 시선을 따라 연출했는데, 〈숨〉의 카메라 기법은 그보다 훨씬 효과적이다.

들에게 상습적으로 성폭력을 당해 왔음을 알게 된다. 수희의 임신도 성폭력에 의한 것이라고 짐작한다. 조사관의 방문에 앞서, 자신을 '아빠'라고 칭하는 목사는 수희를 불러 자신이 그녀에게 행했던 폭력, 다른 장애여성들에게 가해지는 성폭력과 신체적 폭력 등에 대해 입을 다물 것을 강요하며, 그 대가로 민수와 결혼하여 살 수 있게 집을 지어 주겠다고 약속한다.

시설을 확장하는 공사 현장을 바라보는 수희의 시선은 결혼생활에 대한 기대를 품은 듯하다. 원장에 의해 어딘가에 끌려갔다가 돌아와서 심하게 하혈하는 동료 장애여성을 수희가 발견하자, 원장은 그녀를 웨딩 숍에 데려가 드레스를 입어 보게 한다. 하지만 민수와의 살림과 아기에 대한 수희의 꿈은 십자가 목걸이를 하고 있던 자원봉사자가 시작한 고발과 구원 과정에 의해 무너지게 된다. 피해자로 호명된 그녀는 쉼터로 옮겨진다. 한밤중에 낯선 쉼터에서 뛰쳐나간 수희는 이번에는 '선생님'이라고 불리는 사람에게 붙들리고, 쉼터에 머무르며 피해자에게 주어진 역할을 수행하게 된다.

이 책의 다른 글에서 여름은 "지원 대상이 장애가 있고 성폭력 피해를 입었다는 사실만을 중심으로 상담과 치료에만 집중하고, 관계 맺기를 위한 상호 고민을 건너뛴 채 일방적인 지원 매뉴얼을 요구하는 방식으로는 장애여성 피해자의 주체성을 높일 수 없다"[16]고 주장한다. 〈숨〉에서 수희를 성폭력 피해자로만

---

16   여름의 글(248쪽)을 참고하라.

호명한 사람들은, 그녀가 피해자인 동시에 성적 주체로서 성생활을 영위하면서 아기를 낳아 양육할 것인지 아닌지 결정할 수 있다고 상상하지 않는다.

수희는 시설에서 끊임없이 빨래와 청소 노동을 하며 다른 장애인을 씻기고 보조했지만, 쉼터에서는 선생님이 수희를 씻겨 주고 그녀가 방 청소를 하면 걸레를 빼앗는다. 착취당하거나 혹은 아무것도 할 수 없는, 이분법으로 갈린 두 공간에서 수희는 다르지만 비슷하게 존재한다. 수희는 거울 앞에서 십자가 목걸이를 건 자신의 모습을 바라본다. 자신을 구원할 유일한 존재로서 자기 자신을 바라보게 된 것일까. 폭력 없는 삶, 애인과의 친밀한 관계, 출산과 양육이 가능한 공간은 수희가 들어가지 못하고 경계 밖에서 바라볼 수밖에 없었던 공사장처럼 아직 지어지지 않은, 존재하지 않는 장소이다. 하지만 그 세계의 가능성을 아직도 꿈꾸는 수희는 조사실에서 답변을 거부한다.

쉼터 선생님과 산부인과에 다녀온 뒤, 아기를 엄마 아빠가 있는 가정으로 보내야 한다는 이야기를 들은 수희는 선생님이 있는 방으로 달려가 숨소리가 더해진 목소리로 "나 안 해!"라고 외친다. 시설에서 일어나고 있는 폭력 가운데 공존하는 수희의 삶과 꿈, '보호조치'로 보내진 쉼터에서의 제재와 권리 박탈, 그에 대한 저항을 함께 보여 주는 〈숨〉은 '좋은 왕'과 '나쁜 왕'이 공통으로 가진 권력의 폭력성을 수희의 숨과 몸짓, 목소리를 통해 드러내는 수작이다.

커뮤니티 안에서의 고립과 고통이 불러낸 원혼: 〈아파트〉

김순남은 "인간을 인간으로 환대하지 않는 그곳, 존재를 사회적 시민이 아니라 기능으로 소환하는 그곳은 삶의 존엄이 단절되는 시설과 분리되지 않으며, 이때 가족과 시설의 경계는 불분명해진다"[17]고 하였다. 이러한 단절은 가족 없이 지역사회에서 살아갈 때에도 일어난다. 영화 〈아파트〉(2006)에서 지체장애여성 유연(장희진 분)은 부모님을 사고로 떠나보낸 후 혼자 남게 된다. 아파트 주민들은 "딸이나 마찬가지인" 유연을 돌아가며 "돌봐 주기로" 한다. 이렇게 스스로를 '좋은 왕'으로 추대한 이들은 '살기 좋은 아파트'의 따뜻한 이웃으로 선정된다. 하지만 유연이 고립되어 살아가는 환경에서 이들은 자유롭게 그녀의 집에 들락거리며 마음껏 폭력을 가한다. 중년 여성과 남성, 노인과 청년 등 누구 할 것 없이 자신의 욕망을 채우기 위해 유연의 몸에 약물을 투여해 실험하고, 강제로 밥을 먹이며, 구타하고 강간한다. 유연은 자살하여 귀신이 되고 자신이 사망한 시각에 이들을 차례로 방문하여 죽음에 이르게 한다. 한 아파트에서 계속해서 일어나는 심장마비, 투신자살의 미스터리를 풀어 죽음을 막으려는 세진(고소영 분)의 앞에 나타난 유연은 자신이 당한 폭력보다 사람들이 자신을 기피하고 두려워하는 것이 더 견딜 수 없었다고 말한다. 〈아파트〉는 시설 혹은 지역사회라는 주거 장소의 물리

---

17 김순남의 글(37쪽)을 참고하라.

적인 환경과 위치가 문제가 아니라, 고립과 단절, 타인의 운명을 결정할 수 있는 권력이 폭력의 근본임을 극대화하여 보여 준다. 하지만 영화는 이러한 권력 구조를 지적하기보다 혼자 사는 장애여성이 취약함 때문에 피해자가 된다는 고정관념을 강화시켜 시설화를 떠받친다.

영화의 원작인 강풀의 웹툰 〈아파트〉(2004)에서 유연은 주민들에게 신체적 폭력을 직접적으로 당하지 않는다. 대신 혼자 사는 유연은 철저하게 고립되어 고통받고, 이를 견디지 못해 자살한다. 귀신이 된 유연은 자신을 찾지 않았던 이들을 원망하며 찾아간다. 이들은 그녀의 고통을 마주하게 되고, 그 고통의 무게를 견디지 못해 심장마비로 죽거나 투신한다. 광장공포증으로 집 밖으로 나갈 수 없었던 장애여성만이 유연의 고통을 온전히 이해할 수 있었다. 원한을 품고 떠도는 유연을 돕고자 구원자로서 그녀에게 접근하는 주인공 혁은 감히 이렇게 외친다. "당신의 아픔… 당신의 괴로웠던 일, 내가 나눌게요. 내가, 내가 가져갈게요!" 하지만 그는 자신에게 옮겨진 괴로움을 견디지 못해 결국 죽음에 이르고, 그 고통을 이해할 때까지 귀신으로 머물게 된다.

작가는 도와주고자 하는 욕망에서 구원이 오는 것이 아니라 타인의 고통을 이해할 때에야 고통의 고리가 끊어질 수 있다는 것을, 하지만 동정하지 않고 이해한다는 것은 얼마나 어려운 일인가를 전한다. 앞서 김현철이 언급했던 시설의 사회적 경계[18]가 어떻게 지역사회 안에도 존재하고 물리적 경계로 형성되는

지 보여 주는 이 작품은, 강제와 고립으로 만들어진 경계를 무너 뜨리려는 시도가 위계에 기반한 구원의 모습을 띨 때 고통이 재생산됨을 알려 주고 있다.

낭만화된 시설과 예외적인 자립생활: 〈나의 특별한 형제〉

시설화된 사람들이 시설 밖에서 살아가는 모습을 그릴 때 자주 등장하는 실패와 위험의 모티프 또한 고병권이 말한 "시설의 원리 위에 구축된" "시설사회"[19]를 재현하는 시도라고 할 수 있다. 시설사회에서는 시설 밖에서 겪는 모든 일상이 사건이 되고, 이는 시설의 정당성을 주장하는 데 이용될 수 있다.[20] 여러 텍스트에서 화재를 암시하는 이미지가 등장하는 것이 그 좋은 예이다. 영화 〈레인 맨〉(1988)에서 발달장애인인 레이몬드(더스틴 호프만 분)가 시설 밖에서 머무를 때, 혼자 음식을 데우다 음식이 타서 화재로 이어질 뻔한 일이 생긴다. 이를 계기로 레이몬드는 다시 거주시설에 들어가게 된다.

---

18   김현철의 글(96-97쪽)을 참고하라.
19   고병권, "시설사회에서 시설은 사라지지 않는다", 《비마이너》, 2013년 7월 3일자.
20   박정수는 "장애인 영화제의 은밀한 장애차별 영화들"(《비마이너》, 2018년 1월 22일자)이라는 기사에서 〈미운 오리〉(2017)와 〈파란 입이 달린 얼굴〉(2015)을 분석한다. 이를 통해 억압된 자아의 해방을 위해 타자를 위한 시설이 필요하다는 논리가 존재한다는 점을 보여 주며, 시설 밖의 공간도 시설의 그림자에서 자유로울 수 없음을 알려 준다.

2019년 개봉한 〈나의 특별한 형제〉라는 영화에서는 이러한 논리를 비판하고 있다. 발달장애인 동구(이광수 분)와 함께 살 사람을 정하는 재판에서, 동구 어머니의 변호사는 동구와 살고자 하는 지체장애인 세하(신하균 분)에게 질문한다. "둘이 살다가 만약에 불이 날 수도 있잖아요. 그건 정말 너무 위험하지 않습니까?" 그러자 세하는 "불이 나면 119에 신고를 해야죠. 비장애인은 불이 나면 안 위험합니까?"라고 반문한다. 하지만 이 영화에서도 화재를 이용하여 동구의 삶을 문제화한다. 그는 어머니의 식당에서 큰 화재로 이어질 뻔한 실수를 하게 되는데, 이 실수는 단순한 사고가 아니라 어머니와의 생활이 이상적이지 않다는 것을 증명하는 중요한 장치이다. 동구는 혼란 가운데 거리로 나가 예전에 살던 시설이 있던 곳으로 향한다. 즉 화재가 곧장 동구의 시설 수용으로 이어지지는 않지만, 그로 하여금 세하와 함께 살던 시절을 그리워하며 스스로 시설을 찾아가게 하는 것이다.

　이 영화는 시설에서 나와 자립생활을 하는 두 장애남성의 친밀한 유대를 보여 주지만, 탈시설의 윤리를 제시한다기보다는 '좋은 시설'의 이미지와 함께 자립생활을 예외적으로 그려 낸다. '좋은 왕'이었던 신부가 운영하던 시설에서 자란 두 남성, 지적능력이 있는 지체장애남성과 그에게 활동보조를 제공할 수 있으며 수영을 잘하는 지적장애남성은 신부가 사망한 후 시설이 문을 닫으면서 자립생활을 계획한다. 두 사람과 달리 이 시설에 거주하던 다른 장애인들은 소지품 하나 챙기지 못한 채, 어느 날

갑자기 차에 실려 다른 시설로 옮겨진다. 이들의 이런 운명은 어떤 식으로도 문제화되지 않는다. 탈시설은 서로를 보완하여 '자립'이 가능한 짝을 이룬 동구와 세하에게만 예외적으로 허락되는 것처럼 보인다. 신부의 죽음으로 주인공들이 떠나야 했던 시설은 그들의 진정한 '집'으로, 향수를 불러일으키는 낭만적인 곳으로 남아 있다. 그들과 함께하다 다른 시설로 옮겨진 동료들은 탈시설을 위한 연대의 공동체를 이루기 위해서가 아니라, 그저 두 사람의 삶을 응원하기 위해 가끔 외출할 수 있을 뿐이다.

동구와 세하의 짝 맺음을 통한 자립의 구현은 젠더의 차원에서도 또 하나의 배타성을 띤다. 주인공들의 주변에 등장하는 두 비장애여성은 동구와 세하를 시험하며 결과적으로 그들의 자립을 방해한다. 갑자기 나타나 동구와 함께 살겠다며 법정 투쟁을 불사하는 그의 어머니가 그러하다. 관객은 이러한 어머니를 이기적이라 여기게 되고 공감하지 못한다. 또한 두 사람을 꾸준히 지지하고 친구가 된 수영 강사 미현(이솜 분)은 세하와 친밀한 모습을 보이는데, 동구는 이를 보고 법정에서 세하와의 삶을 선택하지 않는다. 즉 세하와 미현의 이성애적 관계, 나아가 성기즉을 이룰 수 있는 가능성 앞에서 동구는 자신이 방해가 될 것이라고 느낀 것이다. 이렇게 장애남성과 그 주변의 비장애여성을 대립적인 관계로 그리는 영화적 재현은 시설화를 정당화하는 논리로 이어지기 쉽다. 장애남성이 지역사회에 살게 되면 비장애여성에게 돌봄의 부담이 돌아가 파괴적인 관계가 형성된다고 가정되기 때문이다.

다행히 영화는 여기에서 끝나지 않고, 세하와 동구가 함께 살게 된 이후에도 어머니와 미현이 이들과 확장된 공동체를 이루는 것을 보여 준다. 장애남성들 간의 유대 속에서 비장애여성이 〈뻐꾸기 둥지 위로 날아간 새〉의 간호사처럼 적대화되거나 〈레인 맨〉에서처럼 배경 속으로 사라지지 않고 세하와 동구가 만든 가족과 연결된다는 점에서, 〈나의 특별한 형제〉는 제한적이나마 젠더와 장애의 교차성과 연대의 확장을 담아내고 있다.

구원을 청하지 않는 불온한 자들의 연결: 〈타자El Otro〉

그렇다면 시설을 낭만화하거나, 특정 범죄의 장소로 묘사하거나, 시설에 '잘못' 보내진 주인공의 비극을 그리거나, 사회시스템의 은유로 만드는 방식이 아닌 재현은 어떻게 가능한가? 그 재현을 통해 탈시설은 어떻게 상상될 수 있는가?

2018년 국립현대미술관에서 다원예술로 소개된 〈타자〉(2012)라는 공연에는 어떤 시설의 마당처럼 보이는 곳에서 시간을 보내는 일곱 명의 사람들이 등장한다. 칠레의 극단 테아트로 니뇨 프롤레타리오teatro niño proletario의 이 작품은, 결핵 치료시설이었다가 정신장애인과 노숙인을 수용하게 된 칠레의 한 시설에서 살아가는 이들을 담은 사진집 『영혼의 멈춤』(1994)을 바탕으로 만들어졌다.

이 작품에 등장하는 사람들은 앞서 언급한 『연옥에서 보낸 성탄절』이라는 사진집에서 피해자이기 때문에 눈이 가려진 채 등장해야 했던 이들과 대조를 이룬다. 〈타자〉는 시설의 공간에서 일어나는 사랑, 관계, 육체, 광기를 분절적으로 보여 주지만 관객에게 구원을 청하지 않는다. 수용 공간에 존재하는 사람들의 차이와 공간 자체의 소외를 숨기지도 않는다. 정상성의 기준에 따라 관객이 공감할 수 있는 서사를 통해 타자가 지닌 감정과 능력을 강조하거나 '이들도 우리와 같은 인간이다'라는 메시지를 주지도 않는다. 이는 '누군가가 인간이라고 인식하기 전까지 타자는 비인간'이라는 전제를 인정하는 것이기 때문이다.

이 공연은 '인간화'의 시도가 인간임을 하나의 자격으로 만들어 버리는 비윤리적 작업이라고 주장하는 듯하다. 그래서 목적 없어 보이는 몸짓, 벽에 써 내려가는 글씨, 몸들의 마찰, 흐르는 침과 드러나는 육체, 소리들과 침묵, 집착과 울부짖음, 젖어 있는 몸, 물건에 대한 애착 속에서 일어나는 다양하고 분절된 연결을 통해, 인간이 몸으로서 존재하는 것이 어떤 것인지 보여 준다. 동시에 웹툰 〈아파트〉에서 이야기하는 "고통을 이해하라"라는 명령이 얼마나 공허한 것인지 알려 준다. 〈타자〉는 공연장뿐만 아니라 폐쇄된 공장, 감옥, 버려진 창고 등에서 공연되기도 했다. 이러한 공간들이 자본주의사회와 시설사회를 구성하고 거기에 존재하는 타자가 그 사회를 지탱하고 있기에, 공연 마지막의 "나는 타자다"라는 선언은 깊은 울림을 준다.

탈시설의 실천은 타자를 타자성으로부터 구원하거나 변화시키려는 것이 아니라, 소통 불가능한 타자와 같은 장소에 존재하는 것, 그리고 나의 타자성에 대한 선언 자체로부터 시작될 것이다. 탈시설은 '시설에서는 강제되고 지배당하는 삶', '지역사회에서는 고립되고 위험한 삶'이라는 이분법을 거부하는 불온한 상태들의 연결이며, 타자성과 공존하는 반폭력의 실천이다.

15

탈시설과 중증장애인 노동권:
'현저히 낮은 근로 능력'이라는 기준은
누가 정하는가

정다운 ◦ 전국장애인차별철폐연대 활동가

올해 마흔한 살인 은주(가명)는 자신의 삶이 기억날 때부터 시설에서 살아왔다. 뇌병변 1급 장애를 가진 중증장애인이기에 시설에서 평생 사는 것이 당연하다는 듯이 살아왔다. 누가 구체적으로 주입한 생각은 아니지만 온몸에 새겨져 있던 것이다. 시설에서 나가서 살기 위해 어떤 기술이나 능력이 필요한지도 구체적으로 알 수 없었다. 단지 일을 해서 돈을 벌 수 없을 것이고 결혼이나 출산, 양육은 어려울 것이라는 생각을 막연히 해 왔다.

은주는 열여섯 살부터 매일 6시간씩 '보호작업장'에서 일을 했다. 일이 없어서 쉬거나 어떤 날은 10시간을 일한 적도 있지만 그 무엇도 그녀의 계획이나 의지와는 상관없는 일이었다. 일에 대한 대가도 정확하지 않았다. 시설 종사자는 그녀의 통장에 꼬박꼬박 임금이 쌓이고 있다고 했지만 통장을 확인할 기회는 주어지지 않았다. 언젠가 시설에서 나가게 되면 통장이 그녀의 손에 들어올 것이므로 열심히 일하는 데만 집중하면 된다고 했다. 시설 밖에서 살아간다는 것에 대해서 생각해 볼 여유도 없이, 하루하루 구분되지 않는 세월이 흘러가는 느낌이었다.

그러다가 3년 전, 장애인의 독립을 지원한다며 그녀가 사는 시설에 방문한 외부 단체 사람을 만나게 되었다. 독립적으로 살아가기 위해서 필요한 준비를 같이 할 수 있다고 했다. 버스 타기, 은행 이용하기, 장보기, 집 구하기, 한글과 수학 공부, 성교육, 활동보조인과 관계 맺기 등 알아야 할 것이 매우 많았다. 이러한 것들을 배우기 위해서는 시설 밖으로 외출해야 했고, 하루에 6시간씩 일하는 것이 점점 어려워졌다. 시설에서는 일하는 시간이 줄어들수록 독립은 멀어질 것이라고 윽박질렀다.

돈을 벌어야 독립할 수 있지만, 돈만 있다고 시설 밖에서 살 수 있을 것 같지도 않았다. 이렇게 고민만 하다가는 시설에서 늙어 죽을 것 같아서 작년 말 탈시설을 감행했다. 자신이 원할 때 일어나고 먹고 외출하는 생활을 시작하면서 살아 나간다는 것에 대해서 하나씩 배웠다. 간섭하고 통제하는 종사자는 더 이상 없었다. 문제는 일할 곳도 없다는 것이었다. 보호작업장에서 말도 안 되는 임금을 받았지만, 그래도 그곳은 자리를 차지하고 일할 수 있는 공간이었다. 하지만 사회에 나와 보니 그녀가 참여할 수 있는 일자리가 어디에도 없었다. 동료들은 그것이 그녀의 잘못이 아니라 사회의 잘못이라고 했지만, 과연 일자리가 생길 때까지 시설에서 나온 것을 후회하지 않고 인간다운 품위와 삶의 의미를 찾으면서 살아갈 수 있을지, 그녀는 자신이 없다.

최저임금 적용에서 제외된 장애인노동자

유엔장애인권리협약 전문에 따르면, '장애'의 개념은 '손상' 그 자체가 아니라 손상을 지닌 사람들의 사회참여를 저해하는 태도 및 환경적인 장벽 간의 '상호작용'이다. 탈시설 운동은 이처럼 손상 그 자체를 문제 삼는 것이 아니라 손상을 지닌 사람들을 둘러싼 환경 간의 상호작용을 문제 삼았고, 장애인의 사회참여를 촉진할 수 있도록 다양한 변화를 만들어 왔다. '혼자서 아무것도 못 한다'거나 자립생활 '능력'이 부족하다고 여겨졌던 중증장애인이 함께 살 수 있는 조건을 만들어 지역사회에서 살아갈 수 있게 한 것이다.

최저임금법 제7조에 따르면, "정신장애나 신체장애로 근로능력이 현저히 낮은 자"는 사업주가 고용노동부 장관의 인가를 받아 최저임금 적용에서 제외시킬 수 있다. 그러나 앞서 말했듯이 장애가 손상을 지닌 사람들을 둘러싼 환경 간의 상호작용에서 기인하는 것이라면, 중증장애인의 근로 능력이 낮다고 문제 삼을 것이 아니라 중증장애인의 노동을 '현저히 낮은' 근로 능력으로 여기는 사회, 즉 비장애인의 생산성을 기준으로 장애인의 생산성을 평가하여 최저임금을 보장하지 않는 사회를 문제 삼아야 한다.

    2017년 11월 21일부터 2018년 2월 13일까지 85일간 한국장애인고용공단 서울지사를 점거했던 '중증장애인 노동권 투쟁'은 중증장애인 노동권을 보장하기 어렵게 만드는 환경적인 장벽에 주목하며 국가의 역할을 정책으로 제안했다. 투쟁의 결과로 고용노동부·전문가·장애계가 중증장애인 공공일자리 1만 개 도입을 위한 TF와 최저임금 적용제외 제도 개편을 위한 TF(이하 최저임금 TF), 이렇게 두 개의 TF를 구성하여 정책과 예산을 협의한 바 있다.

    그중 최저임금 TF는 열 차례에 걸쳐 회의를 진행했고, 고용노동부와 보건복지부는 TF 논의 내용을 바탕으로 '최저임금 적용제외 장애인노동자 지원방안'을 발표했다. 최저임금 TF의 취지대로라면, 장애인노동자가 최저임금을 받기 위해 최저임금법 제7조를 삭제하는 방안이 담겨야 했다.

    그러나 정부가 준비한 방안은 직업재활시설 지원에 초점이 맞춰져 있었다. 직업재활시설이란 보호고용을 하는 시설로서, 일반적인 작업환경에서 일하기 어려운 장애인이 특별히 준비된 작업환경에서 직업훈련을 받을 수 있도록 돕는다. 최저임금 적용제외 장애인의 85%가 직업재활시설에서 근무하고 있기 때문에 그곳을 지원하면 해당 장애인노동자가 혜택을 받을 수 있다는 발상이다.

    직업재활시설을 지원하고 그 규모가 커진다고 시설 거주인의 생활 여건이 나아질까? 장애인 거주시설을 지원한다고 해서 거주인의 삶이 나아지지는 않는다는 사실을 우리는 알고 있다. 1985년 노르웨이 정부의 공식 보고서에 따르면, "시설에서 발달장애인이 처해 있는 생활 여건은 인간적으로나, 사회적으로나, 문화적으로 용납될 수 없는 것이다. 시설을 재조직하거나 시설에 자원 공급을 더 한다고 해서 그러한 상황이 실질적으로 변화될 수는 없다"고 하였다. 이후 노르웨이 정부는 시설해체법(1988)을 제정하여, 시설의 신규 입소 금지와 폐쇄 정책을 시행했다.

보호고용에서 일반고용으로의 전이가 불가능한 근본적인 이유

직업재활시설의 설립 취지는 중증장애인이 보호고용(중증장애인만 일하는 시설)을 통해 직업훈련을 받고 일반고용(개방된 노동시장)으로 전이되는 것이다. 그러나 실제 현장에서 직업재활시설은 주간보호시설, 직업훈련소, 사업장이 혼재된 상태로 기능하고 있다. 우선 직업재활시설 안에서 생산성이 가장 낮다고 평가되는 중증장애인은 당연히 개방된 노동시장으로 전이되기 어렵고, 대부분 낮 시간 동안 갈 데가 없어서 직업재활시설에 머무른다. 반면 생산성이 높다고 평가되는 사람 역시 최저임금을 받지 못하면서도 직업재활시설에 머무르는 문제가 발생하기도 한다. 다른 중증장애인에 비해 작업 속도가 빨라 직업재활시설 측에서 내보내지 않으려 하기도 하고, 개방된 노동시장에 적응하는 데 어려움을 느껴 다시 직업재활시설로 돌아오기도 한다.

　　장애인노동자가 보호고용에서 일반고용으로 활발하게 전이되지 않는 이유는 직업재활시설에 대한 지원이 부족해서가 아니다. 본질적인 문제는 비장애인 중심으로 설정된 능력 평가에 있다. 현재 직업재활시설은 낮은 생산성으로 인해 경쟁력이 떨어져 최저임금을 지급할 만한 충분한 수익을 내지 못한다고 한다. 하지만 장애인노동자가 아무리 훈련을 받는다고 해도 '비장애인 기준의 노동'을 새롭게 정의하지 않는다면, 중증장애인의 노동은 '현저히 낮은' 근로 능력으로 평가될 수밖에 없다. 직업재활시설은 중증장애인을 훈련생 또는 최저임금 적용제외 노동자 신분으로 유입하며 규모를 키워 왔다. 이는 세계적인 흐름과도 맞지 않다. 유엔장애인권리위원회는 "보호작업장은 개방된 노동시장으로 진입하는 것을 목표로 하지 않고 있다"며 이를 더 이상 지속하지 말 것을 권고하였다.

중증장애인의 노동을 재정의하기

마지막으로, 중증장애인 구직자 A씨의 이야기를 소개하고자 한다. A씨는 거주시설 내 보호작업장에서 10여 년을 일하다가 자립생활 체험홈에 입주하면서 보호작업장도 그만두게 되었다. 이후 직장을 구하기 위해 한국장애인고용공단에 찾아간 그는 공단 직원으로부터 "당신 같은 중증장애인이 일할 곳은 없다"는 말을 들었다. 이는 굉장히 모욕적인 말이지만 사실이기도 하다. 왜냐하면 비장애인 중심의 노동만이 유일한 기준일 때, 중증장애인이 일할 곳은 없기 때문이다.

현재의 최저임금법 제7조 최저임금 적용제외 조항은 오직 비장애인의 생산성만 인정하고, 그렇지 않은 존재들(특히 중증장애인)의 생산성과 노동은 인정하지 않겠다는 의미다. 사실 어떤 노동은 최저임금을 받을 만하고 어떤 노동은 그렇지 않다는 발상 자체가 최저임금제 도입의 취지, 즉 저임금 노동자의 생활 안정을 위한 최소한의 조치라는 취지와 맞지 않는 것이다.

따라서 비장애인에 '미달'하는 노동으로 정의되었던 중증장애인의 노동을 '다른 가치를 만들어 내는' 활동으로 다시 정의해야 한다. 자립할 수 있는 사회적 조건을 만들어 내야 거주시설이 아닌 지역사회에서 함께 살 수 있는 것처럼 말이다. 이를 위해 전국장애인차별철폐연대에서는 중증장애인이 하고 있는 동료상담, 자조모임, 권익옹호, 인권교육, 문화예술과 같은 활동을 가치 있는 것으로 인정하고 공공일자리로 만들라고 요구하고 있다. 중증장애인의 노동을 다시 정의하는 것은, 자본주의사회가 요구하는 이윤과 생산성에 맞추는 것이 아니라 다양한 소수자들의 활동 그 자체를 가치 있게 평가하고 인정하라는 투쟁이다.

16
장애인의 권리를 빼앗는 소비자주의와 바우처제도

조현수 ◦ 전 전국장애인차별철폐연대 활동가

개인예산제는 장애등급제의 대안이 될 수 있는가

2019년 6월 19일, 서울지역장애인소비자연대(이하 소비자연대)와 서울시장애인자립생활센터총연합회는 국회 정문 앞에서 활동지원서비스의 유연화를 촉구하는 기자회견을 개최하였다. 소비자연대는 "서비스 총량(시간) 확대와 더불어 사람에 따라 유연하게 변화되는 활동지원제도의 유연화를 쟁취하자"라는 제목의 회견문을 통해, "복지서비스를 통해 각 개인의 주관적 선호를 충족하는 것이 개별유연화personalisation"이며 "이를 가장 빠르게 실현할 수 있는 것은 바우처의 유연화와 현금화"라고 주장했다.

이와 관련해 서울시는 이른바 '서울형 장애인 개인예산제'

도입을 검토하고 있으며, 장애인 거버넌스 기구인 서울시장애인 통거버넌스를 통해 단체들의 의견을 수렴하겠다고 밝혔다. 의견 수렴을 위한 기초문서를 보면, 개인예산제를 "장애인 당사자가 받는 복지서비스를 화폐로 환산, 총액 범위 내에서 당사자의 기호대로 사용할 수 있도록 하는 제도"라고 설명하고 있다. 덧붙여 이 제도의 최대 장점은 "장애인 당사자가 서비스 내용과 시기, 서비스 제공자 및 제공처를 스스로 결정할 수 있다는 점"이라고 언급한다.

서울시는 서울형 장애인 개인예산제 시범사업의 실행 방안을 개발하기 위해 연구용역을 발주하며, 그 필요성을 다음과 같이 설명한다.

◇ 현행 장애인복지법은 의학적 장애등급 판정에 따라 사회서비스를 차등 지급하도록 규정되어 있으나, 장애인등급제의 단계적 폐지에 따라 이를 대체할 새로운 제도가 필요함.

◇ 이에 장애인이 자신의 니즈needs에 따라 자기 삶을 계획하고 실현하기 위해 지원받는 사회서비스를 선택할 수 없는 현행 제도의 한계를 극복하기 위하여, 개인의 선호(당사자와 가족의 자기선택적 관점)와 객관적 목표(보호와 성장의 관점) 등이 반영된 개별 계획을 수립하고 실천하는 '장애인 개인예산제 시범사업 방안'을 제시할 필요가 있음.

◇ 궁극적으로 장애인들이 개별 지원계획에 따라 직접 사회서비스를 구매하고 계약하는 주체가 됨으로써 삶의 질뿐만 아니라 서

비스의 질적 향상을 도모할 수 있음.

'낙인의 사슬'이자 '생사의 저울'로서 한국사회의 장애인에 대한 차별의 역사 그 자체였던 장애등급제가 폐지된 이후, 그 자리를 대신할 제도가 어떠해야 하는지는 장애계뿐만 아니라 정부도 이야기하고 있다. "수요자 중심", "맞춤형", "개인별", "종합지원체계" 등 언뜻 듣기에는 대부분 동의할 수밖에 없는 방향의 언어들이지만 여기저기 넘쳐 나는 탓에 공허하게 들리기까지 한다. 여하간 정부는 그것을 실현시킬 구체적인 제도로 서비스지원 종합조사를 시행 중에 있으며, 소비자연대 등 장애계 일각에서는 개인예산제 또는 현금지급제 도입을 주장하고 있다.

왜 개인예산제가 장애등급제의 대안처럼 언급되는지 장애인 운동의 역사적 과정을 통해 바라보면 다소 황당하기는 하지만, 그만큼 장애등급제가 강력한 제도였다는 것을 확인시켜 주는 듯하다. 자칫하다가는 장애등급제 폐지운동이 제기되었던 배경과 그 지향은 사라지고, '권리'가 아닌 '구매력(자기결정 능력)', '권리주체'가 아닌 '소비자'의 시장 각축전만 남게 될 것이다. 지금부터 그 이유를 살펴보자.

누구에게, 얼마나, 그리고 어떻게

사회보장제도의 판정 및 사정은 결국 누구에게 얼마나 지원할 것인지의 문제다. 2006년부터 시작된 '장애인활동보조 권리쟁취 투쟁'(이하 활동보조 투쟁)은 이와 관련해 중요한 원칙을 내세웠는데, 그것은 바로 "필요한 사람에게 필요한 만큼" 보장되어야 한다는 것이다. 누구에게 지원할 것인지의 문제에 있어서, 한국사회는 장애등급이라는 의학적 기준을 절대적 기준으로 삼아왔다. 필요한 사람에게 필요한 만큼 보장할 것을 요구하는 투쟁은 그 절대적 기준과 마주할 수밖에 없었다. 얼마나 지원할 것인지의 문제는 장애인이 어떠한 삶을 살아야 하는지를 결정하는 질적 수준의 문제이다. 그렇기에 목숨만 부지하는 마이너스 수준이 아니라 최소한 '0'의 수준은 될 수 있도록 보장하라고 요구해 왔다.

이렇듯 필요를 둘러싼 경합은 결국 장애인이 인간답게 살 최소한의 권리를 요구하는 투쟁이었다. 활동보조 투쟁이 그렇고, 장애등급제 폐지투쟁이 그렇다. 필요한 사람에게 필요한 만큼 보장되어야 한다는 것은 '어떻게' 보장할 것인가의 문제와 무관할 수 없다. 사회서비스의 공급주체가 누구인지, 어떤 방식(체계)으로 전달되는지는 서비스를 제공받는 사람과의 관계와 그 성격까지 규정하게 된다. 그래서 활동보조 투쟁은 당연하게도 '사회서비스 시장화 저지투쟁'과 이어질 수밖에 없었다. 시장화의 흐름 전체를 막을 수는 없었지만, 활동지원제도 내에서 시장화를 막아 내기 위한 작은 투쟁들은 계속되었다.

활동보조 투쟁은 제도 도입 초기부터 바우처제도를 반대했고, 도입 이후에도 원칙적으로 반대해 왔다. 바우처제도가 필요한 사람에게 필요한 만큼 서비스를 지원하는 체계가 아니라고 생각했기 때문이다. 하지만 바우처제도에 대한 무비판적이고 우호적인 의견이 장애계 내에서도 나타났는데, 이는 해당 제도가 서비스를 제공받는 장애인의 '자기결정권'을 보장할 수 있는 방식이라고 여겨졌기 때문이다.

자기결정권은 당사자주의와 함께 중증장애인 자립생활 운동의 핵심적 가치이자 원칙으로 이야기되곤 한다. 일상적인 분리와 차별로 인해 소외와 배제를 겪을 수밖에 없었던 장애인은 일상생활 전반에 있어 자신의 삶을 통제할 수 있는 기본적 권한을 박탈당해 왔다. 역사적이고 집단적인 부정적 경험들은 장애를 가진 이의 사회적 가치에 손상을 가져다주었다. 이러한 사회적 존재에게 본래의 권한을 되찾아야 한다는 선언은 충격적이고 강렬하게 다가올 수밖에 없었을 것이다.

바우처제도는 이를 실현할 수 있는 구체적 방식으로 보이기에 쉽게 광범위한 동의를 얻었고, '어떻게(방식)'가 중요한 나머지 '누구에게(대상)'와 '얼마나(서비스양)'의 문제가 간과되거나 왜곡되기도 하였다. 대표적인 것이 활동보조제도 도입 초기, 자기결정권을 마치 일종의 자격이자 능력으로 여김으로써 나타났던 '만 18세 이하 연령 제한'과 '발달장애인 제외' 문제였다. 최근 소비자연대는 기자회견을 통해 "결국 정부는 활동지원사의 고용 안정과 정규직화 등을 보장하기 위해 사회서비스원을 통한 활동지원서비스의 국영화를 추진"한다고 주장하며, 공공성 강화가 장애인의 선택권과 충돌한다는 인식을 드러내기도 했다.

아직도 가야할 길이 멀지만, 활동보조 투쟁과 장애등급제 폐지투쟁으로 누구에게, 얼마나 지원할 것인지와 관련된 권리의 문제는 조금씩 성과를 만들어 가고 있다. 보편적 권리를 주장하며 장애등급제의 대안으로 엉뚱하게도 개인예산제가 제시되는 지금, 바우처제도와 같은 사회서비스 시장화 문제를 정치적으로 제기하는 것은 '어떻게' 지원할 것인가를 둘러싼 권리쟁취 투쟁이라고 볼 수 있다. 이는 '누구에게'에 있어 권리가 아닌 자격이 자리를 차지하는 것을, '얼마나'에 있어 충분한 서비스가 아닌 '칸막이 제거'가 자리를 차지하는 것을 막는 싸움이기도 하다.

'선택권'이라는 허구와 함정

소비자연대는 지금의 활동지원제도는 당사자의 선택권을 보장하지 못하며, 개별유연화를 통해 선택권을 보장하는 것만이 중요한 가치라고 일관되게 주장하고 있다. 아무리 음식이 수백수천 가지로 늘어나도 먹을 수 있는 음식과 먹는 시간, 먹는 방식까지 누군가 일방적으로 정해 놓으면 그것도 고역이라는 비유로 이를 설명하고 있다.

바우처의 유연화와 현금화를 통해 장애인의 통제 권한을 보장해야 한다고 주장하는 단체의 이름이 '소비자'연대인 것은 우연이 아닐 것이다. 이른바 소비자주의는 구매력을 가진 소비자가 권한을 발휘할 수 있어야 한다는 것이고, 이는 다른 권리보다 일종의 소비자 주권을 되찾겠다는 것처럼 느껴진다. 앞서 언급했지만 장애인에게 자기결정권을 포함한 '선택권'이라는 말은 너무나 강렬해서 그 앞에서는 다른 것을 언급하기 어렵다.

강상경은 취약계층 위주의 서비스는 경쟁 유발 가능성이 낮아 다양한 민간 부문이 참여하는 데 한계가 있기에 이용자의 선택이 반드시 보장되는 것은 아니라고 말한다. 오히려 잔여적 사회복지가 전통적으로 관심을 두어 온 취약계층은 선택권이 늘어나기보다 소외될 위험성이 있다고 지적한다.[1] 결국 사회서비스에서는, 특히나 시장화된 사회서비스에서는 소비자연대가 기대하는 것과 다르게 '최악을 피하는 선택'만이 가능하다는 것이다. 게다가 구매경쟁까지 하게 되는 상황을 어떻게 선택권 보장이라고 할 수 있겠는가?

이런 의미에서 발달장애인 자립지원의 핵심이 당사자의 선호대로 서비스를 구매하여 이용하는 것이라는 소비자연대의 주장은 적절하지 않다. 발달장애인이 다른 장애인과 구매경쟁을 하면 적절한 서비스를 이용하지 못할 것이고, 결국 자신에게 필요한 서비스노동의 강도가 낮으면 낮을수록 구매경쟁에서 유리할 수밖에 없을 것이다. 이는 시장의 논리에 정확하게 들어맞는다.

최정은은 사회서비스 시장화 전략이 내세우는 소비자선택

---

[1] 강상경, "사회복지 실천의 민영화, 한국적 상황에서 대안인가?", 「한국사회복지학회 2008년 춘계학술대회 논문집」, 한국사회복지학회, 2008, 151-163쪽.

모델은 "비용 절감과 수익 추구 → 공급자간 경쟁 치열 → 영세한 공급자 양산 → 돌봄노동자 근로조건 열악 → 질 낮은 서비스 제공 → 이용자 불만 → 이용자 축소"와 같은 식으로 악순환된다고 말한다. 또한 영국과 독일에서의 시장화 추진 과정의 부정적 결과를 보장성, 선택권, 서비스의 질적인 측면에서 다음과 같이 언급한다.[2]

◇ 시장화로 민간주체가 다변화되면서 시장 규모가 확대되었으나, 예산을 보수적으로 운영하면서 이용자의 자격 조건이 높아지고 보장성이 축소되어 이용자 욕구 충족이 안 됨.

◇ 현금급여 확대로 선택 여건은 개선되었으나, 정보와 지원체계 미비로 실질적인 선택권 행사가 제약되고 있음.

◇ 서비스 질은 일부 개선되었으나 비용 감축과 경쟁의 심화, 독점화, 규제의 미비, 서비스 인력 근무여건 악화 등 고질적 문제 양산.

◇ 더불어 선별주의, 접근성 장애, 불법 인력 사용 등 서비스 질과 관련된 여러 문제 야기.

상황과 맥락을 제거한 문자 그대로의 선택은 존재하기 어렵다. 자신과 타인에게 어떤 영향을 미칠지 고려하지 않은 선택

---

2   최정은, "돌봄서비스까지 '시장화' 이대로 괜찮은가?", 새로운사회를여는연구원, 2014년 12월 2일자 게시물, http://saesayon.org/2014/12/02/15316 (검색일: 2020. 8. 4.)

역시 바람직한 것이 아니다. 특히 사회서비스와 같이 관계가 서비스의 목적과 내용에 영향을 미치는 경우는 더욱 그러하다.

장애문제에 있어 선택은 어떤 함정을 만들어 내는데, 대표적으로 탈시설을 할 때 당사자의 선택을 우선시하는 것이 그렇다. 장기간의 시설 생활로 이미 낙인이 내재화되고 '시설화'된 당사자가 시설 밖 삶을 상상하고 선택한다는 것은 사실상 무모한 도전에 가깝다. 그런 상황과 맥락을 제거한 채, 그저 선택하라고 묻는 것은 적절하지 않으며 물음 자체가 성립될 수 없다. 이처럼 선택의 논리는 탈시설을 가로막고 시설화를 유지한다. 장애인도 만 65세가 되면 활동지원서비스 대신 노인장기요양서비스 또는 노인요양시설을 이용해야 한다는 연령 제한이 과연 우연히 만들어진 것일까? 장애인의 권리를 파괴하는 곳은 교묘하게 '선택'과 '형평성'의 논리를 앞세우고 시설화 유지의 논리를 숨긴다.

제도 도입의 함의와 평가는 역사적·사회적 맥락에서 살펴보아야 한다. 이런 점에서 바우처제도가 한국의 사회복지서비스 역사 속에서 어떤 의미로 도입되었고 또 실행되는지 살펴보는 것이 필요하다. 한국 사회복지서비스의 가장 큰 특징은 국가가 서비스를 직접 공급하지 않고 지원과 감독만 했다는 것이다. 이와 다르게 과거 서구 유럽은 주로 정부 기관이 서비스를 공급해 왔다. 역사적 상황이 다르니 같은 제도가 도입되더라도 그 의미는 다를 수밖에 없다. 서구 유럽의 경우는 '공공화에서 민영화로의 이행'이지만, 한국의 경우는 '공공화가 생략된 민영화'라고 볼 수 있다.

바우처제도가 본격적으로 도입되었던 2007년, 기존에 관련 인프라가 없었기 때문에 당시 정부의 중요 과제는 빠르게 전달체계를 확립하는 것이었다. 즉 '시장 형성'과 이를 통한 민간 중심의 '(질 낮은) 일자리 창출'이었다. 이처럼 바우처제도를 단순히 이용자의 선택권 증진으로만 볼 것이 아니라 신자유주의 및 시장주의의 흐름이라는 맥락에서 평가하는 것이 필요하다.

선택권이 중요하지 않다는 것이 아니다. 다만 그것이 어떤 맥락에서 사용되고 있고, 어떤 효과를 낳고 있는지 아는 것이 중요하다. 절대적으로 시장화된 상황에서 선택권은 문제의 본질을 흐리게 한다. 우리에게 필요한 것은 '선택'이 아닌 '필요'와 '권리'의 문제로서 사회서비스 문제에 접근하는 것이다.

공공성 강화의 방향으로

남찬섭은 민영화는 전통적으로 국가와 관련된 것으로 간주되던 합리성이나 개방성, 투명성, 관용, 평등, 공정과 같은 가치들이 국가가 아니라 민간 부문, 나아가서는 시장의 영리 부문에 의해 더 잘 실현될 수 있다는 주장을 바탕으로 하며, 이는 국가의 관료주의에 대한 비판을 중요한 축으로 하고 있다고 말한다.[3] 이런 점에서 보면 소비자연대의 주장은 관료주의에 대한 비판이라고 볼 수도 있을 것 같다. 하지만 단순히 비판을 제기한 부분을 뒤집어, 시장에서 구매력을 갖춘 소비자가 되면 다 해결되는 것처럼 주장하며 기존 도식을 답습하는 것은 해결책이 될 수 없다.

장애인의 권리를 위해서는 오히려 자기결정권과 반대되는 개념으로 여겨지는 '의존'에 대해서 이야기해야 한다. 또한 돌봄의 사회적 가치와 돌봄의 윤리에 대해서 이야기해야 한다. 사회서비스의 목적에는 결국 그 서비스를 필요로 하는 존재의 사회적 가치에 대한 규정이 포함되어 있다. 그 가치를 회복하기 위해서는 서비스가 필요한 사람에게 필요한 만큼 지원될 수 있도록 정책의 방향을 잡아야 한다. 이런 점에서 장애인 사회서비스의 최우선 과제는 장애의 유형·영역별로 필요로 하는 사회서비스를 도입·구축하고 충분한 예산을 확보하는 것이다. 그리고 급속도로 시장화된 흐름을 바꿔, 사회서비스가 필요한 이들에게 이를 권리로서 보장해 주는 '공공성 강화'의 방향으로 나아가야 한다. 이는 장애인이 일상 전반에 걸쳐 충분한 서비스를 지원받으면서 삶의 권한을 회복할 수 있는, 진정한 의미에서의 선택권 보장으로 이어질 수 있을 것이다.

---

3   남찬섭, "공공성과 인정의 정치, 그리고 돌봄의 윤리", 「한국사회」 13권 1호, 고려대학교 한국사회연구소, 2012, 87-121쪽.

5부
저항의 현장

17
쉼터는 어떻게 시설화를 넘어설 수 있을까

여름 ○ 장애여성공감 활동가

현재 폭력피해여성 보호시설(이하 쉼터)은 성폭력, 성매매, 가정폭력 등 피해 유형을 구분하여 운영된다. 또한 장애인, 외국인, 이주민 등 입소자 유형을 나누어 운영되기도 한다. 이 글에서는 성폭력 피해자를 위한 쉼터를 중심으로 논의를 이어 가고자 한다. 보통 쉼터를 떠올릴 때 피해자들이 안전하게 머무를 수 있는 공간으로 인식하는 경우가 많다. 긴급지원이 필요한 경우, 피해자에게 그 공간은 피해의 경험을 넘어 삶의 방향을 바꿀 수 있는 중요한 조건이 되기도 한다. 과연 현재 쉼터의 운영 방식과 피해자에 대한 사회복귀 요구가 피해자가 주체적인 삶을 계획하는 데 실질적인 도움이 되고 있는지 시설화의 관점에서 다뤄 보고자 한다.

보호의 대상이 아닌 권리의 주체로 살 수 있어야 한다

1990년대 초에 이르러, 여성운동은 성폭력을 가능하게 하는 남성중심적인 섹슈얼리티의 문제로, 일상적인 여성억압의 문제로 대두되기 시작했다. 성폭력이 여성의 성에 대한 폭력으로 인식되면서 '성적 자율권의 침해'로 개념화되었다.[1] 궁극적으로 불평등한 권력관계를 문제 삼는 여성운동의 흐름 속에서, 피해자 보호는 피해자의 권리 확보의 측면에서 적극적으로 사유되었다.

권리의 이름으로 시작된 쉼터는 현재 제도적으로는 사회복지 영역에 포함되어 있으며, 사회복지사업법상 시설 규정을 따라 운영된다. 쉼터 지원에 있어 입소자를 어떤 관점에서 볼 것인지는 그래서 중요하다. 사회복지 대상자로서 피해자는 '성폭력 피해자다움'에 부합한 사회적 약자의 모습을 기대받기 쉽다. 복지 혜택을 받기 위해서 피해자는 자신의 피해를 증명해 내야 하는 것이다. 반면 성폭력이 발생하는 사회구조적인 문제의식을 바탕으로 여성인권의 관점에서 피해자를 지원한다는 것은, 피해자를 단일한 정체성에 가두지 않고 권리의 주체로 인정한다는 뜻이다. 나아가 장애가 있는 피해자에게는 더욱 교차적인 관점이 요구된다. 폭력에 노출된 피해자의 사회적인 위치는 어떠한지, 재발을 막기 위한 사회적인 조건은 무엇인지 질문해야 한다.

---

1 한국 여성운동의 역사와 흐름에 대해서는 『한국 여성인권운동사』(한국여성의전화연합, 한울아카데미, 2020)를 참고할 수 있다.

피해 경험이라는 공통점 이외에 개별 피해자의 다양한 정체성을 고려하고, 지원에 직접적인 영향을 미치는 조건과 내용으로서 적극적인 의미의 자립지원에 대한 검토가 필요하다.

성폭력 피해자가 쉼터에 입소하게 되는 가장 큰 이유는 지친 몸과 마음의 회복을 위한 안전한 공간의 필요 때문이다. 그러나 대부분의 쉼터는 공동거주 방식으로 집단생활을 한다. 쉬기 위해 간 곳에서 가장 먼저 낯선 타인을 마주하고 함께 생활해야 하는 것이다. 게다가 집단생활에는 필수적으로 규칙이 존재한다. 모두를 위해서라고는 하나, 귀가 시간을 정해 두는 것처럼 규칙적인 일상생활을 유지하도록 하는 것이 피해자의 회복과 어떤 연결성이 있는지 돌아볼 필요가 있다. 집단생활을 감수해야 하기 때문에 사회경제적인 조건이 열악한 피해자가 최후의 대안으로 어쩔 수 없이 쉼터에 입소하게 된다. 상황이 이러한데도 개인 공간이 확보되지 않은 쉼터의 구조적인 문제가 언급되는 경우는 거의 없다. 피해자가 처한 열악한 사회적인 조건에 대해 문제를 제기해도 쉼터 확충을 요구하는 것으로 받아들여질 뿐이다.

쉼터에 머물 수 있는 몸은 제한되어 있다

지체장애여성 A씨는 가정폭력·성폭력 피해자였고, 안전하게 머물 공간을 찾아 여러 차례 가출을 시도했다. 쉼터를 찾아갔지만 휠체어 이용자인 A씨가 머물 수 있는 쉼터는 생각보다 많지 않았다. 갈 곳이 마땅치 않을 때마다 어쩔 수 없이 A씨를 찾아 나선 가족에게 돌아가기를 반복했다. 가정폭력이 두려웠지만 그래도 집은 자신이 머물 수 있는 유일한 장소이기도 했다. 휠체어 접근성이 있는 쉼터를 찾았던 적도 있지만 B형 간염 바이러스를 가졌다는 이유로 입소를 거절당했다. 결국 A씨의 마지막 선택지는 쉼터가 아닌 요양병원이었다.

쉼터 자체가 많지 않기 때문에 입소할 수 있는 인원 또한 많지 않은 것이 현실이다.[2] 이런 상황과 맞물려, 성폭력 피해를 입은 장애여성은 장애를 이유로 지원기관을 찾지 못해 결국 폭력이 발생한 집으로 돌아가기도 한다. 쉼터가 아닌 장애인 입소가 가능한 노숙인 시설이나 장애인 시설에 들어가는 경우도 있다.

쉼터에 입소한 장애여성의 생활은 어떨까? 장애여성성폭력상담소는 2017년 서울시 복지거버넌스 여성분과 용역사업으로 폭력피해여성 지원기관의 장애여성 지원실태 및 지원방안을 조사했다. 이 조사로 쉼터 종사자가 경험하는 어려움이 드러났는데, 이를 통해 장애여성의 생활을 짐작해 볼 수 있다. 종사자가 겪는 어려움의 상당 부분은 사회에 만연한 장애와 장애인에 대

---

[2] 서울시 내부 자료에 따르면, 2016년 말을 기준으로 성폭력, 가정폭력, 성매매, 이주여성 포함 피해자 보호시설은 총 35개이고 입소 정원은 405명이다.

한 편견, 장애인 지원 필요성에 대한 공론화와 결단의 부재, 장애인 지원 경험의 부족 등으로부터 비롯된다. 비장애인 내담자의 경우, 쉼터 종사자는 개별 상황에 따라 다른 욕구를 갖는다는 점을 자연스럽게 받아들이고 그것이 업무를 가중시키더라도 지원 방법을 찾아내려 한다. 반면 장애인 내담자의 장애와 관련된 필요에 대응하는 것은 '부가적인' 지원으로 인식하고, 장애인 전문기관으로 연계하고자 하는 태도가 나타난다. 이러한 태도는 장애여성의 쉼터에의 접근성을 떨어뜨린다.

 쉼터에 입소한 장애여성은 '피해자'보다 '장애인'으로 인식되기 쉽다. '피해를 경험하는 장애인'이라는 통합적 정체성에 대한 이해가 부족한 것이다. 그로 인해 피해자로서 필요한 지원을 받기 어려운 상황에 놓이기도 한다. 또한 쉼터에서는 피해자의 장애 유형에 따라 지적장애, 지체장애, 정신장애순으로 지원 여부를 결정한다. 시설 내 물리적인 접근성에 크게 구애받지 않는다는 면에서 지체장애보다는 (경도의) 지적장애가 입소 가능성이 높다. 돌발행동에 대한 우려가 높은 정신장애는 쉼터 입소가 매우 어렵다. 다른 장애 유형보다 정신장애에 대해 우리 사회에 만연한 경계심과 두려움이 쉼터 안에서도 고스란히 드러난다.

 쉼터라는 공간이 상상하고 바라는 입소자의 조건이 있다. 장애와 질병이 없어야 한다. 장애가 있더라도 신변처리 등 일상생활을 혼자 관리해야 하고, 단체생활에서 타인을 '위협하는' 전염성 질환이 없어야 한다. 반면 장애인 쉼터는 다른 맥락으로 이어진다. 사회가 요구하는 노동이 불가능한 몸이기에 재활과 사회복귀를 요구받지 않고 입소 기간이 길어질 가능성이 높다. 그만큼 쉼터의 구조에 순응하는 몸이 되어 관리에 용이해진다. 입소 기간이 길어질수록 독립이 가능한 주체로서 인정받기 어려워지는 것이다. 이렇게 시설 관리의 측면에서 효율성을 중시하다 보면, 장애 정도가 약한 입소자가 종사자를 대신하여 장애 정도가 심한 입소자를 관리하는 중간관리 역할을 하는 상황이 벌어지기도 한다.

쉼터가 요구하는 '사회복귀'라는 목표는 한계가 있다

성폭력 피해자를 대상으로 진행하는 치료회복 프로그램은 쉼터의 역할 중 중요한 부분을 차지한다. 이 프로그램은 "성폭력 피해로 인하여 손상된 심신 및 정서의 회복을 지원하여 건강한 사회구성원으로 신속한 복귀를 도모함"을 목적으로 한다. 여기서 치료회복의 의미를 짚어 볼 필요가 있다. "성폭력 피해로 인하여 손상된 심신 및 정서"는 어떤 상태일까? 장애로 인해 그 상태를 인지하기 어렵거나 말과 언어로 표현하기 어려운 상황이라면 어떻게 해야 할까? "건강한 사회구성원으로 신속한 복귀를 도모"한다는 것이 피해 이전의 상태를 고려한 것이라면, 애초에 사회구성원으로 인정받지 못하고 배제되었던 피해자에게 "신속한 복귀"는 어디를 향하는 것일까? 치료회복 프로그램을 비판적으로 재구성하지 않을 때 한계는 명확하다. 피해자를 치료회복의 대상으로만 바라보는 시각이 변하지 않는다면, 피해자의 권리로서 국가에 책임과 역할을 요구하는 것과 그의 주체성 회복은 어렵다. 또한 해당 프로그램은 매년 공모사업 방식으로 운영되고 있어 장기적인 계획을 세우기도 어렵다.

쉼터에서의 치료회복 프로그램은 피해자에게 사회적 약자의 위치에서 최소한의 지원을 통해 사회에 적응하는 것이 최선이라는 메시지를 전달한다. 사회적인 변화를 전제하지 않은 채 피해자 개인이 변화를 만들어 내도록 요구하는 것은 분명한 한계 지점이다. 이러한 점을 종합해 볼 때, 해당 프로그램을 통해 피해자가 복귀할 '사회'는 다양한 정체성과 사회 변화에 대한 요구를 수용하는 공간이 아니라 일방적으로 피해자를 정상성 기준에 부합시키는 공간이다. 결국 개별 주체로서 피해자의 역동적인 삶의 변화를 기대하지 않고 피해자 정체성을 공고히 한다. 피해자는 지원을 받는 수동적인 위치에 머무르게 되는 것이다.

퇴소 이후의 자립생활을 염두에 두고 이뤄지는 다양한 지원은 성폭력 재피해 방지라는 중요한 목적을 갖고 있다. 그러나 현장에서 활동하는 사람으로서 체감했을 때, 안타깝게도 장애여성의 성폭력 재피해 발생률은 높다. 그 이유는 피해자가 살아가고 있는 사회환경이 변하지 않는다는 사실에 있다. 장애여성 피해자의 사회적인 위치는 쉼터 안팎으로 큰 차이 없이 열악한 조건에 있는 경우가 많고, 그를 함부로 폭력의 대상으로 삼는 가해자 집단은 항상 가까운 곳에 있기 마련이다. 근본적으로 사회적 약자에 대한 폭력을 용인하지 않는 사회를 만들기 위해 애쓰지 않는 한 피해자 개개인의 노력으로 성폭력 재피해를 막는 것은 불가능하다.

어떤 존재를 복합적이고 교차적으로 이해하기 위해 그의 사회적인 조건과 위치 혹은 개별적인 특성을 살피는 과정은 주체에 대한 존중을 전제한다. 지원 대상이 장애가 있고 성폭력 피해를 입었다는 사실만을 중심으로 상담과 치료에만 집중하고, 관계 맺기를 위한 상호 고민을 건너뛴 채 일방적인 지원 매뉴얼을 요구하는 방식으로는 장애여성 피해자의 주체성을 높일 수 없다. 성폭력 피해가 사회구조적으로 어떤 맥락 안에서 발생하는지 비판적으로 분석함으로써, 그것이 개인의 문제가 아님을, 특히 장애로 인한 것이 아님을 명확히 하는 것은 지원의 방향을 정하고 쉼터의 역할을 재배치하는 데 필수적이다.

피해 이후의 삶을 구체화해야 한다

쉼터에서 이루어지는 자활이 체험이나 학습으로 끝나서는 안 된다. 고정적인 경제활동으로 연결되는 실질적인 취업 보장과 퇴소 이후 자립해서 지낼 수 있는 안정된 거주 지원이 제도적으로 이루어져야 한다.[3]

---

3   2020년 기준 퇴소자립지원금은, 만 19세 미만의 미성년자로 보호시설에 입소한 후 1년 이상 경과하고 만 19세 이상 도달한 자가 퇴소할 경우에 한하여 1회 500만 원이 지급된다.

장애여성공감에서 10년 가까이 활동한 지적장애여성 회원이 있다. 30대 1인 가구로서, 일상의 즐거움 중 하나는 반려견과 함께 지내는 것이다. 최근에는 월세 부담이 늘긴 했지만 이전보다 조금 더 안전하고 깨끗한 곳으로 이사도 했다. 몇 문장으로 간단히 설명되는 상황이지만, 이러한 것들이 그녀의 일상이 되기까지의 이야기는 간단하지 않다. 장애여성, 특히 지적장애여성을 독립주체로 여기지 않는 우리 사회의 통념을 넘어선 삶이 담겨 있기 때문이다. 이런 구체적인 삶의 이야기는 장애여성에 대한 지원이 전반적으로 확대되기 위해서 어떤 변화가 필요한지 고민하는 데 중요한 참고자료이다.

장애가 있는 성폭력 피해자의 경우 비장애인에 비해 입소 기간 연장의 폭이 길다. 이것은 물론 장애를 고려한 지원이지만, 동시에 장애여성의 주체성이나 독립된 삶을 기대하지 않기 때문이기도 하다. 굳이 시설이 아닌 집에서 사는 장애인을 지칭하는 '재가장애인'이라는 말이 있듯이, 사람들은 장애인에게 상상되는 삶의 배경으로 시설을 당연하게 생각한다. 현장에서 보면 지적장애의 정도가 심하지 않은 피해자 중에 입소가 장기화되는 경우가 종종 있다. 사례마다 다르겠지만, 재피해 우려가 높은 경우 피해를 방지하기 위해 안전한 시설에 머무르게 한다는 논리이다. 그 논리의 끝에서 피해자의 탈시설 이후의 삶의 모습은 쉽게 그려지지 않는다. 장기 입소자는 성폭력 피해를 입은 피해자로서, 혹은 장애로 인해 성폭력 피해를 입을 가능성이 높은 사회적 약자로서 고정된 이미지로 대상화될 뿐이다.

그렇기에 폭력을 피하기 위해 찾는 쉼터가 집단거주시설과 다르지 않음을 인식하는 것은 중요하다. 또한 시설에서는 입소자의 권리가 보장되기보다는 누락될 가능성이 높은 것에 대한 긴장 또한 필요하다. 쉼터 구성원을 '가족'이라 말하고 가족관계 호칭을 사용하여 종사자를 '엄마'라고 부르는 식의 상황은, 피해자가 쉼터에서 자신의 권리를 요구하는 것과 폭력이 발생했을 경우에 대처하는 것을 어렵게 만들 수 있다.

주거권 보장은 주체적인 삶의 필수조건이다

여성폭력 피해가 발생하는 사회적인 조건과 주거권이 보장되지 않는 상태는 밀접하게 연결되어 있다. 주거가 확보되지 않은 피해자는 피해로 인해 쉼터에 가게 되고, 그곳에서의 삶은 시설화되며 점점 변화를 추구하기 어려워진다. 이 악순환을 끊어 내는 방안으로서 주거권 확보가 시급하다. 구조적 폭력의 피해자에 대한 국가책임으로서 주거권 보장은 필수사항이다. 성폭력 피해자, 사회복지 대상자, 장애여성이라는 정체성을 둘러싼 낙인과 무능화의 서사라는 두터운 현실을 뚫고 나가기 위한 최소한의 조건으로, 독립적인 주거권 보장을 위한 급진적인 방안 모색을 제안한다.

장애인 당사자가 지역사회에서 자신의 삶 전반을 선택하고 결정할 수 있도록 주체성을 확보하고 사회구조를 변화시키려는

'장애인 자립생활 운동'(이하 IL 운동)을 참고할 수 있다. IL 운동은 중증장애인 당사자가 경험하는 차별과 억압이 장애인이 극복해야 하는 '개인'의 문제가 아니라 '사회환경'의 문제임을 분명히 하였다. 장애를 바라보는 관점의 변화는 장애인 스스로 자신의 권리가 무엇인지 깨닫게 하였다. 장애인의 권리 인식은 강한 신념이 되어, 사회를 변화시키는 주체로서 힘을 가지고 활동할 수 있는 현장을 만들어 냈다. 이것이야말로 IL 운동의 가장 큰 의의와 긍정성이라고 할 수 있을 것이다.

마지막으로, 사회적 안전망으로서 쉼터의 필요성은 여전하다. 다만 '긴급상황 구제'라는 강력한 제한이 필요하다. 긴급쉼터를 운영하기 위해서는 필수적으로 다음과 같은 사항을 보장해야 한다. 1인 1실을 통해 사생활 보호가 가능하고, 규칙은 최소한으로 정해져야 하며, 독립을 전제로 일정 기간 안전하게 머물다 갈 수 있어야 한다. 각자의 사회적인 조건과 무관하게 한 사람의 시민으로서 일상을 영위할 수 있는 공간을 가질 권리를 보장하는 방향으로 사회적인 논의가 이어져야 한다.

18

탈시설 운동으로 나아가는 엑시트와 자립팸[1]:
청소년과 '동료-하기'를 수행하는 현장에서

한낱 ◦ 청소년자립팸 이상한나라 활동가

'탈시설'이라 이름 붙인 적은 없지만

"비가 오나 눈이 오나, 추석에나 설날에나, 언제나 당신 곁에 엑시트!"

1   엑시트는 사단법인 들꽃청소년세상과 사회복지법인 함께걷는아이들이 거리 청소년을 지원하기 위해 만든 기관이다. 38인승 버스 내부를 청소년이 놀고 먹고 쉴 수 있는 곳으로 개조해 정해진 장소에서 주 2회 아웃리치를 진행한다. 2020년 4월 현재, 매주 목요일은 수원역(오후 8시~새벽 1시)에서, 금요일은 신림역(오후 8시~새벽 2시) 인근에서 활동한다. 버스 활동을 하지 않는 날에는 인연을 맺은 청소년을 유연하게 지원한다. 기관전화를 매개로 청소년과 24시간 365일 소통하며, 필요시 긴급출동을 하기도 한다. 엑시트와 자립팸의 활동 철학에 대한 보다 자세한 안내는 『그런 자립은 없다』(인권교육센터 들, 교육공동체벗, 2019)를 참고할 수 있다.

움직이는청소년센터 EXIT(이하 엑시트) 사무실 앞에 커다랗게 붙어 있는 현수막 문구는 이곳의 지향을 선명히 보여 준다. 2011년 활동을 시작한 이래 엑시트는 매주 정해진 장소에서 한 번도 빠짐없이 거리청소년[2]을 만나 왔다. 늦은 밤 거리에 머무는 청소년의 사연은 다양하다. 어린 시절부터 학대 수준의 폭력을 견디다 살기 위해 집이나 시설을 뛰쳐나온 이도 있고, 양육자의 지나친 간섭이 싫어 그들과 마주치지 않을 시간을 기다렸다 몰래 귀가하는 이도 있다. 한 명 한 명의 속사정은 고유하지만 가만히 듣다 보면 공통적인 처지가 드러난다. 가정이나 학교에서 존재감 없이 유령처럼 살아왔거나 늘 문제를 일으키는 골칫거리 취급을 받았다는 것, 인간적 존중을 겪어 본 적이 거의 없다는 것, 탈가정·탈학교 이후 생존을 유지할 자원조차 확보하기 어렵다는 것. 그렇기에 하루하루 살아남기에 골몰할 수밖에 없고, 예측 불가능한 변수로 둘러싸인 일상은 덜컹거리기 일쑤다.

그런 일상 속에 변치 않는 상수처럼 '엑시트 버스'가 온다.

[2] 엑시트와 자립팸이 주로 만나는 청소년은 각종 사업이나 법률에서 흔히 '위기청소년'으로 분류된다. '위기청소년'이라는 개념과 그 개념이 유통되는 과정에는 대개 일탈, 위험, 결핍, 부적응, 장애, 질병 등의 이미지가 결부된다. 특정한 위기의 국면을 통과하고 있는 이들을 별도의 개념으로 분류하는 것이 타당한가, 다양한 위기의 측면을 '위기'라는 말 하나로 집단화하는 것은 가능한가, 그러한 분류 자체가 낙인의 위험성을 내포하는 것은 아닌가라는 근본적인 질문이 필요하다. 이 글에서는 '거리청소년'이라는 용어를 사용하고자 한다. 가정, 학교 등 사회의 주요 장소로부터 밀려나, 불안정하지만 한편 자유로운 경계 지대인 '거리'에 임시적으로 머물고 있다는 의미를 강조하고 싶어서다.

적어도 일주일에 한 번은 맘 편히 밥 먹고 이야기 나누며 쉴 수 있는 장소가 생긴다. 엑시트가 공들여 쌓아 올린 시간은 청소년에게 '늘 곁에 있다'는 안정감을 선사하고 '여긴 좀 믿을 만하다'는 신뢰로 이어진다. 이곳에는 하루 평균 적게는 30명, 많게는 60명까지 청소년들이 찾아온다. 그렇다고 이 버스에 엄청 특별한 게 있는 건 아니다. 다만 초면에 반말을 턱턱 걸어오는 무례한 비청소년과 밤늦은 시간 집으로 돌아가라고 종용하는 '꼰대'가 없을 뿐이다. 활동가들은 엑시트를 "가성비 좋은 현장"이라고 표현하기도 하는데, 이는 '사람 대 사람'으로서 기본적 존중을 지키려 노력할 뿐인데도 청소년에게 엄청난 사랑을 받기 때문이다. 그만큼 기본이 지켜지지 않는 보호시설이나 지원 현장이 많다는 방증일 것이다.

　　내가 엑시트를 처음 만난 건 인권교육센터 들에서 일하던 2013년 무렵이었다. 진지하게 현장의 고민을 털어놓는 엑시트 활동가 중 누구도 '탈시설'이라는 용어를 쓰진 않았다. 그러나 지금 와서 생각해 보면, 그들이 건네 온 질문과 고민들은 청소년 보호체계의 시설화를 비판하는 자락에 위치해 있었다. 첫째, 엑시트 활동가들은 '가정 복귀'와 '시설 수용'으로 이분화된 청소년 보호정책이 거리청소년의 주거권을 얼마나 침해하고 있는지 우려했다. 폭력이 발생한 가정으로 되돌아가는 것도, 꽉 짜인 프로그램과 엄격한 생활 관리를 강제하는 쉼터 등의 시설로 들어가는 것도 대안이 될 순 없었다. 이를 온몸으로 증명하듯 청소년들은 계속 거리로 쏟아져 나왔다. 둘째, 엑시트의 활동이 시설성을 띠지 않도록 늘 긴장했다. 이를테면 끼니를 대충 때우는 게 식사가 될 순 없었다. 한 끼를 먹더라도 눈치 보지 않고 따뜻하게 먹을 수 있도록 정성스레 밥상을 대접했다. 버스에 오는 청소년은 단순히 '손님'에만 머물지 않았다. "평화와 셀프"를 원칙 삼아 자기 역할과 지분을 가질 수 있도록 그와 관계를 맺고 사업을 운영했다. 셋째, 결국 청소년이 살아갈 곳은 지역사회라는 것을 잊지 않았다. 버스가 정차한 곳에 청소년이 몰려드는 모습을 못마땅하게 여기는 주변 상인들의 인식을 바꾸려 노력했다. 성폭력, 임금체불 등 청소년이 세상살이 하며 겪는 부당한 일들을 해결하기 위해 함께 움직이고 싸웠다.

자립팸, 버스가 낳은 집

이토록 훌륭한 버스가 낳은 집이 현재 내가 일하고 있는 '청소년자립팸 이상한나라'(이하 자립팸)[3]이다. 엑시트는 말 그대로 비상구이자 탈출구다. 거리청소년이 이전과는 다른 관계와 세상을 경험하는 동토였지만 버스가 '집'이 될 순 없었다. 버스 활동이 끝난 후에도 여전히 거리에 남아 있는 청소년과 함께 사무실에서 잠을 청하는 날이 늘어 갔다. 활동가의 고단함도 문제였지만

---

3   자립팸은 만 18세에서 만 24세 사이의 여성 청소년이 최장 2년 2개월간, 최대 다섯 명까지 거주할 수 있다.

청소년이 일상을 쌓아 가고 안정을 취할 삶터가 무엇보다 절실했다. 밥을 굶지 않고 잠을 청할 수 있다고 해서 그것이 집은 아니다. 머물 때 마음이 편하고 떠나오면 다시 돌아가고 싶은 곳이 '집다운 집' 아닐까.

"인간이면 누구나 살고 싶은 곳에서 살 수 있는 권리가 있다." 엑시트는 거리청소년에게 집은 선택이 아닌 당위의 문제, 즉 인권의 문제임을 선언했다. 그리고 선언이 공허해지지 않도록 기어코 집을 만들어 냈다. 2013년 법인 후원자로부터 방 세 개짜리 빌라를 전세로 지원받아 '이상한나라'를 건국했다. '가출팸에 사는 이상한 청소년'이라는 눈총을 받아 온 이들이 "사회가 더 이상한 것 아니냐"[4]며 스스로 집을 '자립팸'으로 명명했다. 자립팸 활동가와 엑시트 활동가가 돌아가면서 숙직하는 형태로 청소년 두 명과 함께 살기 시작했다.

탈시설화는 때때로 '대형 시설의 소규모화' 정도로 논의되곤 한다.[5] 물론 1인 1실 구조와 같이 프라이버시를 더욱 보장할

---

[4] 인권교육센터 들, "이것저것 해 보고 싶어지는 집, 청소년자립팸 이상한나라", 『그런 자립은 없다』, 교육공동체벗, 2019.

[5] 급진적 장애인 운동의 성과로 정부와 지자체가 더 이상 탈시설화 정책을 모른 척 할 수 없는 시점이 도래했다. 그러나 탈시설화의 의미와 철학을 둘러싼 논쟁이 벌어지고 있다. 보건복지부 등이 탈시설화를 '탈시설+화'로 해석하고, 기존의 소규모화 정책과 같이 시설보호 정책을 개선하는 노력을 탈시설화라 주장하는 것은 '탈+시설화(De+Institutionalization)'라는 용어의 유래와 의미를 오해한 것이다(⟨장애인 탈시설 방안 마련을 위한 실태조사⟩, 국가인권위, 2017). 폐쇄성, 집단성, 통제와 규율, 방임, 방치, 강요된 무기력과 같은 시설의 속성 자체에 주목해 시설을 문제화할 필요가 있다.

수 있는 생활환경의 변화를 이끌어 내고, 집단생활의 압력을 완화할 수 있는 제도와 장치를 마련하는 것 역시 탈시설의 과정일 수 있다. 그러나 시설은 청소년을 어떤 존재로 규정하며, 시설화의 결과 청소년은 무엇을 학습하고 어떤 '몸'이 되어 가는지를 더욱 치열하게 질문해야 한다. 시설이 거리청소년을 "통제와 관리의 대상", "사회적 비용을 발생시킬 수 있는 우범 집단", "미성숙하며 스스로 판단할 수 없는 존재", "서사와 맥락이 삭제된 비인격체", "정상적인 성장 배경을 갖추지 못한 불쌍하고 결핍된 존재"로 규정할수록 청소년은 "일방적 통제가 사라진 자유로운 상태를 상상하거나 감각하기 어려운", "제도적 지원에서 배제되지 않기 위해 규율에 순응하거나 적극적으로 무력화를 선택하는", "갑작스럽고 강요된 집단생활에 적응하기 위해 극도로 긴장하는", "인간적 신뢰를 경험하지 못하고 고립에 익숙해지는" 몸이 되어 간다.[6]

엑시트를 통해 자립팸을 소개받고 '입국'[7]을 신청하는 청소년은 대부분 탈가정 후 1~2년 넘게 전국의 쉼터를 '유랑'하며 살아온 이들이다. 강제 퇴소와 무단 퇴소를 반복하며 시설 '블랙리

---

6   2019년 11월 26일 청소년주거권네트워크에서 진행한 전체회의 내용을 참고해 정리했다.

7   시설에서 사용하는 '입/퇴소'라는 표현은 되도록 사용하지 않는다. 자립팸이 단순한 거주 공간이 아니라 관계와 삶을 나누는 너른 터전이 되길 바라고, 거주 기간이 지나 공간을 떠나더라도 우리가 맺은 관계는 지속되길 원하기 때문이다. 자립팸 명칭이 이상한'나라'이므로 '입/퇴소'를 대체하는 용어로 '입/출국'을 사용하고 있다.

스트'에 오른 이도 있다. 시설 생활을 힘들어했던 청소년이 자립팸을 설명할 때 가장 먼저 꺼내 드는 단어는 '자유'다. 담배, 외박, 귀가 시간, 휴대전화 통제 등 청소년이 어려워하는 규칙이 자립팸엔 없다. 청소년들이 서로 합의해 공동생활을 유지하기 위한 최소한의 약속을 만들며, 필요시 언제든 가족회의를 요청해 유동적으로 약속을 조정할 수 있다. 활동가는 상주하지 않고 주 1~2회 숙직하며 따로 지원이 필요하면 약속을 잡아 진행한다. 자립팸 활동가는 청소년에게 적절한 조력자이자 삶의 동료가 되는 것을 지향한다. 스스로 판단하고 선택하고 결정하는 '몸'으로, 그리하여 자유롭고 동등한 '인간'으로 만나길 고대한다.

이상적인 대안처럼 보이는 자립팸의 실제는 진흙탕이다. 매일 고군분투의 연속이다. 인간은 통제가 사라진다고 해서 곧장 자율적 존재로 탈바꿈하지 않는다. 인간의 변화는 지난하고 복잡한 과정을 거쳐 조금씩 이루어진다. 게다가 청소년 대부분은 지친 몸과 마음, 무거운 삶의 과제를 안고 자립팸 생활을 시작한다. 철저하게 이기적으로 살아야만 생존이 가능했던 거리 생활의 습관이 구석구석 남아 있기도 하다. 서로에게 불편을 주지 않기 위해 만들어 놓은 생활약속을 번번이 어기거나, 자기 삶의 과제임에도 활동가가 대신 해결해 주길 바라는 경향도 보인다. 자유는 개인적 결단 차원의 문제가 아니며 요령이나 꼼수를 부릴 영역도 아니다. 이는 관계 차원의 문제이며 온몸으로 겪으며 '맛'을 봐야 비로소 감지할 수 있는 가치다. 자립팸 활동은 구성원들이 서로 부대끼며 자유로운 삶이 무엇이고, 타인과 동료가 되는 기쁨이 무엇인지 자기 언어와 서사를 만드는 과정이다. 활동가 역시 이 과정을 함께 통과하며 성장한다.

당사자'끼리'가 아닌 당사자 '사이'의 동료성

자립팸이 자유로운 공간이기 위해서는 구성원들의 관계가 평등해야 한다. 즉, 서로 동료가 되어야 한다. 자립팸 활동 초반에는 청소년'끼리' 동료가 되길 무척 바랐다. 처지와 경험을 공유하는 만큼, 사람에 목마르고 외로워 함께 살기로 선택한 만큼 좀 더 쉽게 서로의 곁이 될 수 있을 줄 알았다. 그러나 '공동'을 위한 품을 들이기에는 청소년 각자에게 삶의 여유가 너무 없음을 깨달았다. 크고 작은 다툼이 끊이지 않았고 '남에게 피해를 끼치지 말자'는 선에서 갈등이 봉합되곤 했다. 각자의 입장에서 무엇이 불편한지 토로하긴 했지만 상대의 이야기를 경청하긴 어려웠다. 화자만 있고 청자가 없을 때 동료관계의 형성은 불가능하다. 듣는 사람이 있을 때 비로소 발하는 의미를 갖고 서로의 말과 삶에 대한 책임을 공유할 수 있기 때문이다.

청소년에게 소통과 연대의 능력이 없다고 진단해선 곤란하다. 그동안 살아오면서 대안을 찾기 위한 협상적 소통을 어디에서도 경험해 보지 못했다는 데 주목해야 한다. "남의 말을 잘 들어야지"와 같은 도덕적 훈계로 청소년의 귀를 열 수는 없다. 내

말이 존중받고 관계에 실질적인 영향을 미치는 경험을 충분히 해야 한다. 그래야 '타인의 말을 들어야 할 이유'와 '소통의 고됨을 견뎌야 할 이유'가 자기 안에 차오를 수 있다.

당사자'끼리' 동료성을 형성하는 건 어렵지만 활동가가 당사자 '사이'에 소통하고 교류할 틈새를 만드는 건 가능하다. 정례화된 가족회의가 아니더라도 자립팸엔 의논하고 결정하는 순간이 차고 넘친다. 저녁식사는 뭘 해 먹을지, 샴푸는 어떤 향으로 살지, 재떨이는 누가 어떤 순서로 비울지 등 일상의 모든 것을 상의해서 결정한다. 불편한 게 있으면 무작정 참지 말고 서로 대화를 나누자고 권한다. 청소를 하지 않아 집의 상태가 심각해지면 무엇이 어려운지 어떻게 하면 좋을지 잠정적 대안을 찾아 적용해 본다. 청소년은 "귀찮다", "힘들다", "모르겠다"는 말을 자주 하면서도 스스로 의견을 내고, 차이를 조정하고, 함께 실천해야만 이 집이 유지된다는 사실을 알아 간다. 이 과정 속에서 다른 사람의 수고와 노력에 대해 지지와 인정을 보내는, 그리하여 기다림을 기꺼이 감수하는 청소년이 때때로 등장한다. '동료'의 탄생이다.

아무래도 여러 명이서 서로 맞춰 가면서 살아가는 곳이라 충돌이 있을 때 방법을 생각하는 과정에서 생각이 잘 안 나는 게 제일 힘들다. 그러나 갈등이 생기는 게 당연하다고 생각한다. 각자 살아온 환경이 다른데 어떻게 하루아침에 맞춰질 수 있나? 나도 지키지 못하는 게 있듯이 다른 앨리스들[8]도 지키지 못하고 깜빡하는 것뿐이다. 같이 옆에서 도와주면서 얘기하면 조금씩 변화가 있을 것이라 생각한다. 그리고 실제로 그러고 있는 중이고.[9]

청소년과 '동료-되기'에서 '동료-하기'로

청소년 사이의 동료성을 일구는 것도 어렵지만, 비청소년인 활동가와 청소년이 동료가 되는 길도 험난하다. 예결산 집행이나 정보접근성 등 활동가와 청소년 사이의 권한의 격차는 손쉽게 좁혀지지 않는다. 청소년운영위원회나 가족회의를 운영하는 것 정도로는 부족하다. 평등을 향해 끊임없이 수렴해 갈 수는 있어도 끝내 도달할 수는 없다는 냉정한 인식이 필요하다. '이 정도면 동등하다'는 섣부른 착각을 경계할 때, 오히려 예민하게 현장을 살필 수 있다. 청소년과 '동료-되기'는 어쩌면 불가능한 목표일지 모른다. 지금, 여기에서 '동료-하기'를 수행할 수 있을 뿐이다.

청소년 인권운동에 10년 정도 발을 걸쳐 왔음에도 나의 '꼰대성'을 매일 자각한다. 꼰내싱의 핵심은 통제 욕망이며, 내 맘대로 되지 않는 상황이나 존재를 볼 때 괴로운 이유도 여기에

---

8 청소년자립팸 이상한나라에서는 거주하는 청소년을 '앨리스'라고 부른다.
9 "앨리스가 소개하는 자립팸", 청소년자립팸 이상한나라 블로그, 2020년 4월 20일자 게시물, https://blog.naver.com/alicehome77/221918921844 (검색일: 2020. 8. 4.)

있다. 그동안 엑시트와 자립팸 활동가들이 일궈 온 소중한 문화는 선택, 판단, 결정의 권한을 청소년에게 되돌려 주기 위한 노력으로 채워져 있다. 관계 맺기의 원칙 중 몇 가지 핵심적인 것을 정리해 보면 다음과 같다.

◇ 활동가 입장에서 손쉬워 보이는 해법이 있어도 청소년에게 끊임없이 묻는다. 뱅뱅 돌아가는 길이어도 청소년이 생각해 낸 방식으로 지원하려 노력한다. 활동가의 정답을 강요하지 않고 청소년이 시행착오를 겪으며 자신에게 가장 적절한 길을 스스로 찾길 바라기 때문이다. 우려의 마음을 감추지도 않는다. 청소년의 선택이 낳을 결과를 함께 예측해 보고 무엇을 감당해야 하는지 따져 본다.

◇ "… 하면 이용 금지"와 같이 자칫 활동가의 협박성 '무기'가 되거나 청소년만 따라야 하는 규칙은 만들지 않는다. 문제 상황이라 판단되면, 청소년이든 활동가든 동등하게 문제를 제기할 수 있다. 무엇이 문제의 핵심이며 어떻게 상황을 책임질지 끝까지 대화한다. 서로 싸우고 화해하고 다시 싸우는, '지지고 볶음' 속에서 변화를 겪고 서로에 대한 이해가 쌓인다.

◇ 모든 활동과 지원은 제안의 형식으로 이루어진다. 의무나 동원의 논리는 들어설 자리가 없다. 어떻게 하면 청소년이 관심을 가질 수 있을지, 해당 활동이 매력적인 이유를 찾기 위해 골몰하고 회의한다. 청소년이 꺼내 놓는 아이디어나 제안을 크게 환영하고, 이를 반영해 사업을 기획하고 진행한다. 같이 이 공간을 채

우고 만드는 경험 속에 '내 자리'가 있음을 느끼고 진한 '동지애'를 나눈다.

"동료가 그에게 돌려줘야 하는 것은 바로 세계이고 세계 안에서 수고하는 삶이다."[10] 우리는 청소년을 도와주는 사람이 아닌, 고생과 수고를 함께 나누는 동료가 되고 싶다. 자원의 제공이나 연계에만 머물지 않고 무수한 만남과 부대낌을 조직하는 이유다. 활동가 입장에서 많은 품이 들지만 '청소년 상임활동가 프로젝트' 등을 시도하거나, 신입활동가 교육 때 꼭 청소년 강사를 배치하는 것도 유사한 맥락이다. '사례관리'가 아닌 '삶 지원'을 지향하고, 활동가 역시 자기 삶의 일부를 내어놓는 용기를 내어 이들 곁에 서려 노력한다. 잦은 야근에, 주말 숙직에, 예측할 수 없는 긴급출동도 종종 있다. 청소년의 삶이 출렁이는 만큼 우리의 활동도 출렁인다. 그러나 파고를 따라 항해하다 보면 이따금 좋은 날도 만난다. 이웃 주민들이 자립팸을 달가워하지 않자 직접 반상회에 나가 부당한 오해를 풀고 이후에도 쭉 반상회에 참여한 용감한 청소년들이 있다. "우리는 집회 안 가? 다 같이 가자", "내가 살 집을 함께 구해 줬으니까 사정이 급한 청소년이 있으면 작은방에서 재워 줄게", "필요한 일 있으면 바로 연락해. 뭐든 도와줄게"라고 말해 주는 '출국'한 청소년들이 있다. 든든하고 가슴 벅찬 장면들이었다.

---

10   엄기호, 『우리가 잘못 산 게 아니었어』, 웅진지식하우스, 2011, 223쪽.

결국 동료시민으로 만날 수 있어야

활동가가 청소년을 동료로 만나고 싶어도 청소년이 먼저 '선'을 긋는 경우도 꽤 많다. '쌤'이라 부르지 말고 이름으로 불러 달라고 해도 늘 깍듯하게 활동가를 대하는 청소년이 있다. "활동가와 청소년은 친구가 될 수 없어요. 쌤과는 서로 부탁을 할 수 없잖아요"라는 한 청소년의 말을 듣고 내가 무엇을 놓치고 있었는지 깨달았다. 친구나 동료라면 '서로' 부탁을 할 수 있어야 한다. 부탁에 응답하고 도움을 주려면 자원이 있어야 하는데 지금 청소년의 조건에선 자원을 확보하기 어렵다. 그러니 활동가가 시혜가 아닌 권리의 문제로 조력하려 해도 청소년 입장에선 늘 부채감(고마움)이 남을 수밖에 없고, 활동가를 친구처럼 대하는 건 상당히 무례한 행동이라 생각하게 되는 것이다.

관계적 차원의 해법만으로는 돌파할 수 없는 구조적 한계를 직시하며 2018년부터 자립팸은 기본소득제도를 도입했다. "이상한나라의 모든 청소년에게, 증빙이 필요 없는, 현금 30만 원을, 매월 1일 직접 지급한다"라는 원칙을 바탕으로 3년째 사업을 이어 가고 있다. 자격, 성취, 노력 등을 따져 묻지 않고 '자립팸에 살고 있다'는 조건 하나면 충분하다. 처음엔 왜 이런 공돈을 자신에게 주는 건지 의심하던 청소년들이 지금은 그 어떤 사업보다 기본소득을 필요로 한다. "자립팸은 인권을 중시하고 평등한 세상을 꿈꾸는 곳이다"라는 메시지가 사업 자체로 구현되니, 활동가가 어떤 마음으로 청소년을 만나고자 하는지 설명할 수 있는 언어가 풍성해졌다. 재미있는 현상 중 하나는 활동가에게 선물을 주는 청소년이 늘어났다는 점이다. 약속 시간을 지키지 못하면 어디 들어가서 차라도 한잔 마시라며 기프티콘을 보내 준다. 이전과 달리 활동가에게 뭐라도 해 줄 수 있어서 좋다고 말한다. 경제적으로 조금 숨통이 트였을 뿐인데도 이런 변화가 나타난다.

우리는 청소년이 엑시트와 자립팸 '안'에서 자유와 평등의 가치를 조금이라도 맛보길 바란다. 그러나 청소년과 우리가 함께 살아갈 세상은 훨씬 더 넓고 황량하다. 자원과 힘을 동등하게 공유하며 동료시민으로 만나려면 세상을 움직여야 한다. 서로 돕고 기댈 수 있는 사회경제적 여건을 만들기 위한 엑시트와 자립팸의 노력은 각종 연대활동으로 이어졌다. 416도보행진, 퀴어퍼레이드, 청소년참정권 집회 등에 청소년들과 함께 참여했다. 특히 416기억과행동 청소년실천단은 올해로 6년째 활동을 이어가고 있는데, 이제 청소년들에게 세월호 참사는 '내 사건'이다. 유가족의 이야기를 듣고 함께 싸운 시간이 이들의 세계를 확장했다. 삶의 비참이 어디서 오는지, 잔혹한 세계를 바꾸기 위해서는 어떻게 해야 하는지 감정, 언어, 서사가 쏟아져 나왔다. 자신과 닮은 고통을 가진 구체적 얼굴들을 만나고 자신의 몫과 책임을 느끼며 동료시민으로서의 유대감을 맛보지 않았을까. 그랬기에 416실천단의 이름으로 성매매 이슈를 공부하고, 장애등급제와 부양의무제 폐지를 외치는 광화문농성장을 방문하고, 동물권을 알리는 서명운동까지 벌일 수 있었을 것이다.

인생의 굴곡을 숱하게 버티고 넘어온 청소년들을 이곳에서 만난다. '나라면 지금까지 살아남을 수 있었을까'를 자문할 때마다 이들에 대한 존경심이 마음 가득 차오른다. 재난 참사로 불릴 법한 유년의 환경을 살아 낸 이들에게 '집을 나온 문제아', '중학교도 졸업하지 못한 꼴통', '몸을 함부로 굴리는 날라리'라는 꼬리표를 붙이는 건 가혹하고 부당하다. 그렇다고 '불쌍하게' 치부하며 멋대로 동정하고 시혜하지도 말자. 적절한 생활환경을 갖춘 주거를 보장하는 것, 생존을 넘어 삶을 가꿀 수 있는 소득 기회를 제공하는 것, 인간답게 살기 위해 필요한 그 모든 권리로부터 청소년을 배제하지 않는 것. 이것이 우리 사회가 청소년을 동료시민으로 대하는 최소한의 예의이자 책무일 것이다.

19
시설화된 관계를 넘어 동료시민으로 살아가기: 발달장애인과 조력자의 관계를 중심으로

진은선 ○ 장애여성공감 활동가

시민의 자격은 누구에게 주어지는가

지난 2017년 10월 20일, 신길역 1·5호선 환승장에서 휠체어 리프트를 이용하려던 고 한경덕 씨가 역무원 호출 버튼을 누르려다 계단 밑으로 추락해 사망했다. 당시 신길역은 유족들에게 "리프트를 이용하던 중 사망힌 것이 아니므로 우리에게 책임이 없다. 고인 과실로 인한 사망"이라며 책임을 회피했다. (…) 서울교통공사는 "도의적 안타까움은 통감하지만 법적 책임은 없다"고 답변했다.[1]

1 "장애인의 죽음은 왜 아무도 책임지지 않습니까? 장애인들이 지하철을 두 시간 동안 붙잡은 이유", 《비마이너》, 2018년 6월 14일자.

국가가 장애인의 이동권과 안전을 보장하지 않아 참사가 일어났지만 아무도 책임지지 않았다. 그 무책임한 태도에 분노하면서 서울장애인차별철폐연대는 '지하철타기행동'을 진행했다. 전동휠체어가 지하철에 오르내리는 과정에서 10분 남짓 지하철이 연착되었고 고함과 욕설이 난무했다. 많은 사람들은 시민들 불편하게 뭐하는 짓이냐며 장애인이 '시민'의 권리를 침해한다고 말했다. 분명 방금 전까지만 해도 신기함과 동정 어린 눈빛으로 "오늘 행사가 있냐? 어디 가냐?"라며 친절하게 질문하던 이들은 장애인이 차별에 저항하는 모습을 보며 비난했다.

일상에서도 투쟁 현장에서도 장애인들이 모여 있는 '광경'은 어디 좋은 행사쯤 가는 것으로 인식되는 것이 당연한 사회다. 이런 사회에서는 내가 살고 있는 공간, 내 주변에서 볼 수 없는 낯선 존재를 타자화하고 경계해야 할 대상으로 규정한다. 장애인이 권리를 주장하는 것이 불편하다고 말하는 이들에게 "장애인은 시민이 아닙니까?"라고 묻자 그들은 "이런 방식으로는 자격이 없다"고 답했다. 장애인이 동정과 시혜의 대상이 아닌 권리의 주체가 되는 순간 '시민의 자격'을 박탈했다. 이는 마치 장애인이 행동의 주체가 아니라 사회복지 '대상'이 되는 것이 그 자격을 유지하기 위한 조건인 것처럼 착각하게 만든다.

그러나 국가가 수용시설 정책을 옹호하고 시설을 재생산하는 구조에서 장애인은 동료시민으로 살아갈 수 없다. 조미경에 따르면, 국가는 "사회적으로 문제 있는 자를 수용시설에 격리시킴으로써 사회통치력을 유지"한다. "문제 있는 자가 거주하는 곳이라는 의도된 특수성은 거주인을 비정상 범주로 낙인화하여 정상 범주를 강화시키고 사회구성원간의 서열화를 공고하게 만드는 것이 목적"이므로 장애인에게 시민의 자격은 부여되지 않는 것이다.[2] 김순남은 시설이 "단순히 물리적인 장소로서의 분리"만을 의미하는 것이 아니라 "내가 사는 지역에서 공존하고 싶지 않은 대상이 누구인지를 적극적으로 호명하는 기제"로 작동해 왔다고 말한다. 고립의 원인을 "존재에 내재한 문제"로 인식할 때, 장애인에 대한 차별과 혐오는 특수한 일이 아니다.[3]

지난 2018년, 장애인 시설이 있으면 자녀가 위험하다는 이유로 강서구 지역주민들이 장애인 특수학교 설립을 반대했다.[4] 장애인이 이웃이 되면 집값이 하락한다는 우려 때문에 자립생활주택 입주를 거부, 주차 구역을 막아 버리는 사건도 있었다.[5] 두 사건 모두 장애인은 타인에게 피해를 끼칠 수 있고 내 주변에 존재하는 것 자체가 위험하다는 전제가 깔려 있다. 결국 장애인은 누군가의 보호를 필요로 하는, 안전한 삶을 위해 통제가 당연시되는 존재가 된다. 지역이 아닌 시설에서 살아야 하는 환영받지 못하는 존재가 되는 것이다. 이러한 혐오와 배제가 어떤 이

---

2   조미경, "무엇으로부터 '탈脫'할 것인가? 교차적 관점에서 시설화 대항하기", 《2019년 IL과 젠더 포럼》 자료집(2019년 11월 5일), 장애여성공감, 11쪽.
3   김순남의 글(35쪽)을 참고하라.
4   "강서구 특수학교 설립 논란, 기로에 선 통합교육", 《비마이너》, 2017년 12월 12일자.
5   "장애인 이웃 안 돼. 車로 막고 연판장 돌리고", 《한국일보》, 2018년 5월 31일자.

들의 '안전'을 지키기 위한 것인지는 분명하다.

존재에 대한 자격, 자격이 부여되는 몸

국가가 "장애, 인종, 민족, 성별, 성적 지향 등을 이유로 사람들을 구분 짓는 행위는 그 자체로 어떤 집단에 낙인을 부여하고 열등하게 취급하는 효과"[6]를 만든다. 국가가 정체성을 기반으로 집단을 구분하고 각 집단의 필요와 요구에 맞는 정책을 만드는 것은 중요한 역할이다. 그러나 서비스의 대상, 즉 수혜자를 선별하고자 할 때 당사자를 '생물학적 당사자'로 협소하게 규정하면 다양한 삶의 맥락과 경험을 해석해 내지 못한다. 또한 효율과 생산성을 중시하는 자본주의사회에서 제도에 편입되기 위해서는 자신의 '무능력함'을 증명해야만 한다. 예를 들어, 장애인 활동지원은 식사하기, 목욕하기, 옷 입기, 화장실 이용하기 등의 기능제한으로 타인의 도움이 얼마나("일부/상당히/전적으로") 필요한지에 따라 서비스의 양이 결정된다. 이 증명의 결과는 개인의 삶을 제한할 수 있을 정도로 파급력이 크지만, 당사자의 장애 특성이나 환경, 사회적 조건 등은 전혀 고려되지 않는다.

국가가 제도 안에서 소수자의 삶을 통제하고 차별과 혐오

---

[6] 김지혜, "사회복지시설은 왜 '집'이 아니라 '시설'이 되었나", 《2018년 IL과 젠더 포럼》 자료집(2018년 10월 23일), 장애여성공감, 58쪽.

에 대항하지 못하게 만드는 구조적인 문제는 자신의 존재를 최대한 드러내거나 혹은 드러내지 않는 방식으로 구현된다. 국가는 한정된 자원 안에서 '효율적인' 예산 집행을 위해 '더' 자격 있는 대상을 가려내는 '합리적인' 방식을 원한다. 장애를 가진 몸이 이 사회에서 얼마나 쓸모없는지에 따라 취약함을 점수 매기는 방식으로 자격을 더욱 강화한다. 장애를 가진 이들이 어떤 삶을 살고 싶은지, 그 삶을 살기 위해서 보장해야 할 권리는 무엇인지에 대해서는 질문하지 않는다. 결국 장애인 당사자는 문제를 최대한 드러내면서 자신이 국가가 허용하는 대상이라는 것을 끊임없이 입증해야 한다. 집단에 대한 낙인은 개인이 감당할 몫으로 남는 것이다. 소수자에 대한 차별과 혐오를 정당화하는 사회는 장애인, 청소년, 성소수자가 가족이나 주변 사람, 친밀한 관계를 맺은 사람들로부터 받는 보호와 통제를 당연시한다. 이러한 불평등한 위치에서 당사자는 자신의 존재를 온전히 드러낼 수 없으며 관계 안에서 주도권을 가지고 등장하기도 어렵다. "차별을 받는 순간에도 이상한 장애인이 되지 않기 위해 예의와 정중함으로 자격을 증명"[7]하는 것이다.

국가, 가족, 진밀한 이들에 의해 자신이 원하는 삶을 살아갈 권리가 제한되면 시설화된 삶으로 이어질 수밖에 없다. 따라서 국가가 규정한 기준에서 "우리는 누구인지가 아닌 우리가 성

---

7   이진희, "혐오에 맞서는 증거자들의 연대", 「공감」 19호, 장애여성공감, 2017, 19쪽, https://wde.or.kr/19호-주제-장애인-혐오 (검색일: 2020. 8. 4.)

취하고자 하는 것이 무엇인지가 중요하며 장애 유형, 장애 정도, 성별, 경제적 상황, 가족상황 등 사회적 조건과 상황에 따라 경험으로 연대감과 공감대를 형성할 수 있음을 인식"[8]해야 한다. 자신의 이웃으로, 친구로, 애인으로 상상되지 않는 존재는 누구인지, 그들과 일상에서 관계 맺고 살아갈 수 있는지 질문함으로써, 평등에 대한 당위적인 외침이 아닌 평등을 어떻게 실현할 것인지 그 가능성을 말해야 한다.

시설화된 관계를 넘어서는 동료의 의미

한국의 장애인 자립생활 운동(이하 IL 운동)은 비장애 중심의 사회구조를 비판하며, 장애인이 주체성을 가지고 동등한 시민으로 살아갈 수 있는 권리를 확보하는 기반이 되었다. 운동에 많은 성과가 있었고, IL 운동의 제도화 또한 안정된 현장을 구축하는 데 중요한 토대가 되었다.

그러나 국가는 IL 운동이 제도화되는 과정에서 자립생활센터가 복지관과 다른 점은 무엇인지 그 정체성 자체를 의심했다. 차별성을 증명하기 위해 치열하게 투쟁해 온 과정은 결과적으

---

[8] 조미경·박현, "장애인 자립생활 운동 역사를 통해서 본 자립생활센터의 역할 및 전망", 《한국장애인자립생활센터협의회 11주년 기념 자립생활 정책토론회》(2014년 10월 20일), 노들장애인자립생활센터·한국장애인자립생활센터협의회.

로 행정과 실무 위주의 평가가 강조된 제도화로 이어졌다. 자립생활센터의 평가지표를 보면, 국가가 자립생활센터를 어떻게 인식하고 있는지 적나라하게 드러난다. 평가지표는 장애인 활동가를 수량적으로 평가하는 '당사자 참여', 관리자 및 직원의 전문성을 점검하는 '역량 강화', 운영의 '체계성' 등의 항목을 중심으로 구성되어 있다. 특히 "자립생활센터의 대표는 장애인이어야 한다"는 규정은, 대표가 직접 조직의 비전과 방향을 제시하는 인터뷰를 통해 점수화되어 이뤄진다. 결국 장애인의 역량에 대한 검증인 것이다. 제도화가 장애인의 몸에 맞지 않는 효율과 속도를 강요한다고, 그 가운데 장애인의 활동은 무가치하게 평가된다고 비판하면서도, 동시에 IL 현장이 전문화되어 가는 모순적인 상황에서 장애인은 밀려날 수밖에 없다.

또한 IL 현장에서 모든 장애인이 평등하다고 전제하는 것은 장애 유형, 젠더, 상담자와 내담자의 위치 등에서 발생하는 위계를 드러내지 못한다. 특히 비발달장애인 중심의 관계, 소통 방식, 문화로 인해 발달장애인은 정보와 자원을 차단당하고 제한적인 관계를 맺기 때문에 더 차별적인 위치에 놓일 수밖에 없다. 평등을 지향하기 위해서는 '사이'에 대한 성찰이 필요하다. 실제로 현장에서는 지체장애인이 발달장애인과 관계 맺기 어렵다고 호소하면, 발달장애인에게 도전적·문제적 행동 수정교육을 실시한다. 전문가주의와 의료적인 관점을 거부한다고 하면서도 발달장애인과 비발달장애인의 관계를 '문제행동'으로 규정하는 것이다.

이러한 문제의식을 토대로, 2018년 장애여성독립생활센터 [숨]은 한국장애인자립생활센터협의회와 '발달장애인 조력자 활성을 위한 워크숍'을 진행하였다. 발달장애인 주변 사람들이 자신의 차별을 인식하는 것에서부터 스스로를 점검하는 시간을 가졌다. "발달장애로 인해 조력이 필요한 부분에 대한 지원을 하는 것과 발달장애가 있다는 이유로 성인이 되어도 주체로 인정하지 않은 채 미숙한 존재로 취급하는 것의 인식의 차이는 크고, 그 차이를 아는 것은 발달장애인 조력자에게 중요한 사안"[9] 이며, 나아가 발달장애인을 대상화하지 않는 소통의 중요성을 이해하는 것이 필요하다. 발달장애인의 행동을 문제시하거나 고쳐야 할 대상으로 보는 것이 아닌 조력자의 관점에 대한 점검이 선행되어야 하는 것이다.

발달장애인과 관계 맺기에 대한 논의의 핵심은 행동을 규제하거나 대처 방법을 강구하는 치료적 접근이 아니다. 발달장애인이 IL 운동의 주체로서 등장하지 못하는 것은, 제도화된 현장에서 동료성이 사업으로 구획되고 발달장애인과 관계 맺기가 일상 안에서 이뤄지기보다 사업의 유형으로 파편화되기 때문이다. 이러한 구조로 인해 발달장애인과 비발달장애인은 관계를 지속해 나가기 어려울 뿐만 아니라, 발달장애인이 주체적인 위치에 서는 것 또한 거의 불가능해진다. 이진희는 발달장애

---

[9] 여름, "발달장애인과 조력자의 상호 연대가 가능한 관계 맺기가 필요하다", 장애여성공감 웹소식지 2019년 8월호, https://wde.or.kr/8월-웹소식지기획 (검색일: 2020. 8. 4.)

인은 "주변 사람들에 의해 '보호'라는 이름으로 사실상 '통제'하에 살아가야 하는 위치에 놓인다"고 말한다. 그들은 "스스로 선택해야 하는 상황을 제안받은 경험이 적기 때문에 그런 상황이 낯설" 수밖에 없다는 것이다.[10] 시설화된 상태를 '몸에 대한 지속적인 통제'라고 정의한다면, 발달장애인이 어떠한 피드백이나 조언 등을 받을 수 없는 상태에 있는 것 또한 몸이 시설화되는 과정이라고 할 수 있다.

발달장애인이 "지역사회 안에서 동료시민으로서 접촉하고, 관계 맺고, 갈등하고, 도전하고, 실패하는 과정이 필요"[11]하다. 지역사회에서 어떻게 동료가 될 것인지, 가족관계 안에서 어떻게 소통할 것인지, 일상의 관계는 어떻게 만들어 갈 것인지, 발달장애인이 주체적으로 관계 맺을 수 있는 구조를 상상하며 시설화된 관계를 탈피한 새로운 모델을 만들어야 한다. 주거 공간은 "단순히 사는 곳이 아니라 관계 맺을 수 있는 공간이어야 하며, 그 공간이 타자에게 개방되고 열릴 때 고립된 개인으로서의 삶이 아니라 관계적 삶의 장소성이 획득"[12]된다. 발달장애인이 시설이 아닌 지역사회에서 함께 산다는 것은 물리적인 공간의 이동만이 아닌 '관계성'을 포괄하는 의미이다. 따라서 '발달장애

---

10 이진희, "피해자 되기를 넘어, 얼굴을 가진 피해자로 싸우기", 《세계인권선언 70년 연속토론회: 문제적 인권, 운동의 문제》 자료집, 인권운동더하기, 2018, 178쪽.
11 앞의 글, 178쪽.
12 김순남, "정주할 권리, 이동할 권리, 관계를 맺을 권리", 《2018년 IL과 젠더 포럼》 자료집(2018년 10월 23일), 장애여성공감, 59쪽.

인과 평등한 관계가 가능한가?'라는 질문을 통해, 비발달장애인 중심의 구조를 성찰하고 동료의 의미를 재구성해야 한다.

동료성에 대한 도전과 연대

피플퍼스트People First 운동은 "발달장애인이 주체가 되어 활동하는 조직과 운동"을 말한다. 이때 조력자는 "발달장애인 간의 모임 구성 및 발전을 위한 매개가 되기 위해 자신이 가진 자원과 능력을 사용"[13]해야 한다. 조력자는 당사자와 일방적으로 관계 맺는 것이 아니라 상호적인 관계에서 영향을 주고받기 때문에 조력의 "목표와 가치에 따라 치료, 극복, 학습, 상담 등 다양한 위치에 서게 될 가능성"[14]이 크다.

    발달장애인과 관계 맺는 방식을 고민하는 것은 비발달장애인 중심의 현장에서 '동료성'에 대한 도전을 필요로 한다. 발달장애인과 조력자의 관계에서 당사자의 발언권을 존중하고, 비발달장애인과의 위계를 경계하는 등 긴장을 유지하는 것은 매우 중요하다. 하지만 그것이 단순히 조력자가 당사자의 의견에

---

13 최복천 외, 〈발달장애인 자조집단 지원 매뉴얼〉, 한국장애인개발원, 2014, 32쪽.
14 이진희, "피플퍼스트가 요청하는 일상과 운동의 변화", 「공감」 17호, 장애여성공감, 2016, 13쪽, https://wde.or.kr/17호-기획-피플퍼스트 (검색일: 2020. 8. 4.)

모두 동의하는 것을 의미하지는 않는다. 당사자의 자기결정권을 존중하는 방식이 '선택하고 결정할 수 있는 기회'만을 의미할 때, 그 결과에 대한 책임은 오로지 당사자의 몫이 된다. 조력의 역할을 어떻게 규정하는지에 따라 책임의 한계선이 명확해지는 것이다. 발달장애인과 조력자의 관계가 지속될 것을 기대하지 않을 때, 조력의 내용은 발달장애인의 의사소통을 보조하거나 정보를 제공하는 역할로 협소하게 인식된다.

　IL 현장은 발달장애인을 문제행동의 '대상'으로 규정하는 것을 비판적으로 바라봐야 한다. 어떤 것이 문제인지, 그것이 왜 문제인지에만 초점을 두고 발달장애인을 대상화하는 것이 아니라 조력자의 관점과 역할, 조력의 내용에 대해 논의해야 한다. 조력자와 당사자는 서로 갈등하고 개입할 수 있는 관계 안에서 다양한 역동을 만들어야 한다. 이를 통해 당사자가 '실패할 수 있는 권리'를 갖는 것이 중요하다. IL 현장에는 이미 다양한 정체성을 가진 사람들이 등장하고 있다. 동료성을 재구성하지 않으면 다층화된 현장에서 이들이 가진 삶의 경험을 이해하기 어렵다.

> 연대 안에서 존중을 기반으로 한 동료로서의 다양한 관계 맺기는, 자신의 정체성이 고정되지 않고 변화할 수 있음을 경험함으로써 시설화를 통하여 규정되었던 정형화된 관계와 위치에서 벗어나, 시설화에 대항하는 주체이자 동료로서 자신의 존재성을 확인할 수 있게 할 것이다.[15]

시설화된 관계를 넘어 소수자 정체성을 가진 이들의 경험이 교차할 때 운동의 지형을 넓힐 수 있다. 연대는 장애인의 문제만을 특권화함으로써 이뤄지는 것이 아니다. 결국 동료로서 관계 맺기 위한 고민은 비단 발달장애인뿐만 아니라 IL 현장이 운동의 동료를 어떻게 조직할 것인가에 대한 질문이다. 연대를 통해 다양한 정체성을 가진 이들과 관계 맺고, 치열한 논의와 실패를 통해 서로의 존재를 확인하며 운동의 동력을 만드는 것이 IL 운동의 중요한 과제이다.

---

15 조미경, "탈시설 운동의 확장을 위한 진지로서의 IL센터", 《2018년 IL과 젠더 포럼》 자료집(2018년 10월 23일), 장애여성공감, 50쪽.

20
장애인 탈시설 운동에서 이뤄질 '불구의 정치' 간 연대를 기대하며

조미경 · 장애여성공감 공동대표

집단수용에 문제를 제기하다

최근 코로나바이러스감염증-19(이하 코로나19)로 인하여 전 세계가 신종 바이러스 감염에 대한 두려움에 휩싸인 가운데, 국내에서는 집단거주시설에서의 연이은 감염이 문제가 되었다. 대표적으로 경북 청도군의 청도대남병원 정신과 폐쇄병동에 있던 정신장애인 중 2명을 제외한 103명 모두가 코로나19에 감염되었고 8명이나 사망하였다. 처음 확진 판정을 받고 안타깝게 숨을 거둔 A씨와 B씨는 모두 장기 입원 환자였으며, 이들은 한 달간 외출이나 면회 기록도 없었다. A씨는 20년 넘게 폐쇄병동에 입원해 있었고 사망 당시 몸무게는 42kg에 불과했다. 오랫동안 폐쇄병동을 나간 적이 없었던 B씨는 확진 판정 후 치료를 위해 병원을 나서며 의료진에게 "바깥나들이를 하니 기분이 너무 좋다. 빨리 갔다 오겠다"고 하였으나 그 또한 숨지고 말았다.[1] 이 사건이 알려지자 인권운동 진영에서는 정신장애인을 폐쇄병동에 가두고 장기간 외부와 단절된 채 살아갈 수밖에 없게 만드는 인권침해적인 사회시스템이 집단감염을 불가피하게 만들었다고 목소리를 높였다.[2]

얼마 후, 청도대남병원에 이어 장애인 거주시설인 경북 칠곡군의 밀알사랑의집과 대구시의 성보재활원 또한 거주인과 종사자가 집단으로 코로나19 확진 판정을 받았다.[3] 이는 외부와 단절된 집단수용시설이 이러한 감염 위기에 얼마나 취약한 구조인지를 여실히 증명함으로써, 비리나 폭력이 아닌 또 다른 관점에서 수용시설에 문제를 제기할 수 있게 하였다.

1 "참혹한 병원에 코로나가 앉다", 《한겨레21》, 2020년 2월 28일자.
2 2019년 국가인권위원회는 OECD 회원국들의 조현병 환자 정신병원 재원 기간은 평균 50일(2016년 기준)인데 반해, 한국의 재원 기간은 303일에 달한다고 발표하였다. 정신건강복지법 개정으로 재원 기간이 215일로 약간 감소했지만 입원 환자 수에는 변화가 없다. 원하지 않는(비자의=강제) 입원 역시 37.1%에 달한다. 선진국은 병상을 줄이고 환자가 지역사회에서 살아가도록 전환하는 추세이지만 한국은 오히려 병상이 늘고 있다. 법 개정 이후에도 정신병원 입원자는 철저히 지역사회로부터 격리되어 있다. 전국장애인차별철폐연대 외, 〈[성명서] 죽고 나서야 폐쇄병동을 나온 이들을 애도하며: 청도대남병원 코로나19 집단감염 사태, 집단수용시설의 본질을 묻다〉, 2020년 2월 24일, http://sadd.or.kr/data/13637 (검색일: 2020. 8. 4.)
3 중증장애인 시설인 밀알사랑의집은 거주 장애인 19명과 종사자 5명이 코로나19 확진 판정(2020년 3월 8일 기준)을 받았고, 성보재활원 또한 거주 장애인 5명과 종사자 4명이 확진 판정(2020년 3월 4일 기준)을 받았다.

그러나 이러한 문제의식과는 달리, 코로나19 예방이라는 명목 아래 장애인 거주시설과 폐쇄병원을 중심으로 '코호트 격리(동일집단 격리)'가 확대 중이어서 논란이 되고 있다.[4] 이미 집단이 거주하는 시설은 감염에 취약하다는 사실이 증명되었기에, 코호트 격리가 시설 안에서 감염을 확산시킬 위험이 있다는 것은 충분히 예상 가능하다. 그럼에도 개인의 삶을 잃고 시설에 격리되어 집단으로 호명된 이들은 자신의 안전보다 시설 밖 사람들의 안전을 위해 관리되어야 하는 '위험집단'이 되었다. 애당초 집단으로 격리되지 않고 개별적 존재로서 지역사회에서 필요한 정보와 조치를 받을 수 있었다면 필요 없었을 코호트 격리는, 이들을 철저히 개인이 아닌 집단으로만 존재시키고 외부와 단절된 삶을 또다시 당연하게 만들었다.

코로나19를 통하여 집단거주시설의 문제가 드러나던 중인 지난 3월 4일, 서울시와 국가인권위원회(이하 인권위)는 장애인 거주시설인 루디아의집 운영자가 거주 장애인에 대한 상습폭행과 폭언, 감금과 가혹행위, 보조금 횡령 등을 하였다는 사실을 발표했다. 인권위는 관할 지자체인 서울시와 금천구에 시설 폐쇄, 위탁법인에 대한 설립허가 취소, 관내 장애인 거주시설 지도감독 등을 권고했다. 서울시도 "시설 폐쇄 등 행정처분이 불가피하다"고 밝혔다. 이에 장애인 인권운동 진영에서는 시설 폐쇄

---

4 "격리로 집단감염 됐는데 또?' 코호트 격리 논란", 《시사주간》, 2020년 2월 26일자.

는 물론, 루디아의집에 거주하는 장애인들을 타 시설로 이전시키지 말고 시설에서 나와 지역사회에서 자립할 수 있도록 대책을 마련하라고 서울시에 요구하였다.[5] 더불어 장애인 거주시설에서의 인권침해는 오래전부터 지속된 문제이며, 이는 단지 인권의식이 없는 시설장이나 종사자 개인의 문제가 아니라 장애인을 관리되어야 하는 대상으로 만듦으로써 벌어지는 구조적 문제라고 강조하였다. 장애인 거주시설에서의 인권침해나 코로나19 집단감염의 원인은 근본적으로 장애인을 사회와 분리시키는 수용시설 정책에 있음을 분명히 한 것이다.

현재 장애인 탈시설 운동의 주요 쟁점은 거주시설 전면 폐쇄이다. 따라서 장애인 탈시설 운동을 이야기함에 있어서 시설 폐쇄가 가지는 의미를 살펴보아야 할 것이다.

탈시설 운동, 무엇으로부터 '탈脫'할 것인가

장애인 자립생활 운동(이하 IL 운동)은 탈시설 운동의 동력이다. IL 운동은 장애인이 경험하는 억압과 차별은 개인이 갖고 있는 장애에서 기인하는 것이 아니라 장애를 문제로 만드는 '사회구조와 환경'에서 비롯된다고 말한다. 장애인이 타인에게 귀속되

---

5 "인권침해 발생한 '루디아의 집', 장애계 '거주인 전원 탈시설' 요구", 《비마이너》, 2020년 3월 5일자.

지 않고 독립적인 주체로서 '자신의 삶을 선택하고 결정하며 살아갈 수 있는 권리'를 확보하는 것에 주요 목적을 두고 있다. 이러한 IL 운동은 삶의 존엄성과 선택권을 박탈하는 국가의 시설수용 중심의 정책을 비판하며 탈시설 운동을 전개해 나가고 있다.

한국의 탈시설 운동은 지속되는 시설 비리와 인권침해의 문제를 바로잡으려는 '사회복지시설 민주화 투쟁'으로 시작되었다. 석암재단 비리척결 투쟁 중이던 2009년, 재단 산하 시설에서 생활하던 여덟 명의 장애인이 시설에서 나와 지역사회에서 독립할 수 있도록 대책을 마련해 달라고 요구했다. 이전과는 다른 탈시설-자립생활 권리 확보를 위한 투쟁이 본격화된 것이다. 이는 장애인 당사자가 '탈시설은 권리'라고 이야기하며 운동의 주체가 되었다는 점에서 큰 의미를 가진다. 이를 계기로 탈시설 운동은 IL 운동의 주요 실천의제가 되었고, 서울 송전원, 대구 희망원 등 전국적으로 문제가 된 시설의 폐쇄와 탈시설-자립생활 지원체계 구축을 위한 운동으로 확산되고 있다.

탈시설을 위한 IL 운동이 끊임없이 지속되자 정부는 장애인 탈시설화 정책을 발표하였다. 하지만 수용시설 폐쇄와 그에 따른 실제적인 지원계획이 아니라, 체험홈이나 자립생활주택을 운영할 수 있는 권한을 시설에 주는 식으로 수용시설을 소규모화하여 유지하고자 하는 정책 기조에는 변함이 없다.[6] 이러한 정책 기조는, 집단수용시설에서의 코로나19 확산이 문제가 되자 보건복지부에서 각 지방자치단체에 장애인 거주시설 1인 1

실 기능보강 수요조사를 요구한 사례를 통해 엿볼 수 있다. 장애인 운동 진영에서는 이러한 기능보강은 수용시설을 폐쇄하기보다 유지·강화시키려는 의도가 아니냐며 "정부가 진정으로 거주시설 장애인을 위한다면 기능보강에 투여할 예산을 코로나19 재난대응 '장애인 탈시설 긴급예산'으로 편성하라"[7]고 강력히 촉구하였다.

이러한 정책 기조 때문에 탈시설 운동 현장에서 "지역사회에서 힘들게 사느니 좋은 시설에서 생활하는 게 안전하고 편하지 않겠느냐"라는 이야기를 듣는다. 지역사회의 지원체계를 어떻게 만들고 바꾸어 나갈 것인지를 고민하고 이를 실행하기보다는, 여전히 중증장애인에게 최선의 대안은 수용시설이라고 쉽게 이야기된다. 그러나 잊지 말아야 할 것은, 소위 1인 1실을 갖춘 아무리 좋은 시설이라도 '관리되어야 하는 대상'이라는 거주인의 위치는 변하지 않는다는 사실이다. 수용시설의 근본적인 문제는 타인 또는 국가권력에 의해 거주인이 삶에 대한 선택권

---

6   보건복지부의 〈제5차 장애인 정책 종합계획(안)[2018-2022]〉, 서울시의 〈제2차 장애인 거주시설 탈시설화 5개년 계획[2018-2022]〉, 〈2019년 장애인 거주시설 운영 지원계획〉을 참고할 수 있다. 보건복지부가 발표한 장애인 거주시설 현황에 따르면, 거주 인원은 2009년 23,243명에서 2018년 30,152명으로 약 1.5배가 증가하였다(출처: e-나라지표). 최근 몇 년간 장애인 탈시설 운동의 영향으로 거주 인원이 소폭 감소하였으나, 당초 정부와 지자체가 약속한 인원에는 미치지 못한다. 거주시설에서 운영하는 체험홈이나 그룹홈으로 이전된 이들도 탈시설을 한 인원으로 포함하여 문제시되고 있다.

7   전국장애인차별철폐연대 외, 〈[성명서] 정부는 코로나19를 핑계로 한 장애인 거주시설 1인 1실 기능보강 예산 확보를 즉각 멈춰라!〉, 2020년 3월 21일, http://sadd.or.kr/data/13934 (검색일: 2020. 8. 4.)

을 빼앗긴다는 데 있다는 것을 기억해야 한다.

탈시설 운동 진영에서는 2018년 4월 장애인차별철폐의 날을 맞이하며 장애인거주시설폐쇄법 제정을 촉구하고, 장애인 수용시설 전면 폐쇄와 이에 따른 계획 수립이 국가와 지방자치단체의 책무임을 선언하였다. 이러한 선언과 함께 탈시설 운동은 또 다른 국면에 돌입했다고 할 수 있다. '모든 수용시설 폐쇄'라는 명확한 목표는 단순히 물리적으로 시설에서 나오는 것만을 목표로 하지 않는다. 어렵게 탈시설을 하여도 장애인을 배제하는, 지역사회라는 또 다른 시설에 갇혀 지내지 않기 위해 탈시설을 이야기할 때 '무엇으로부터 탈脫할 것인가'를 질문할 필요가 있다.

시설화는 지배권력이 특정 개인이나 집단을 '보호/관리'의 대상으로 규정하고, 사회와 분리하여 권리와 자원을 차단함으로써 '불능화/무력화'된 존재로 만들며, 자신의 삶에 대한 통제권을 제한하여 주체성을 상실시키는 것이라고 할 수 있다. 이를 전제로 할 때, 탈시설 운동의 목적과 의미는 시설화를 유지하는 지배권력이 무엇인지 분석하고, 이에 대항하여 상실한 삶의 주체성과 권리를 되찾고, 나아가 시설화를 가능하게 만드는 정상성 중심의 사회에 균열을 내는 것이라 하겠다. 이러한 목적을 달성하기 위해서는 탈시설 운동을 통해 어떻게 정상성에 균열을 낼 것인지에 대한 실천방향과 전략이 필요하다.

불구들의 연대로 시설화 대항하기

시설화는 정상성을 중심으로 사회구성원을 서열화시킴으로써 유지된다. 시설화는 시민과 비시민, 자활이 가능한 자와 불가능한 자, 사회적 규범에 적합한 자와 거기서 이탈한 자 등을 끊임없이 구분하고 선별하고 배제함으로써, 인권을 당위적인 것이 아닌 '자격'이 주어져야만 누릴 수 있는 권리로 만든다. 자격을 얻기 위해서는 필연적으로 자격 미달인 비정상 범주를 재생산할 수밖에 없다. 이때 정상 범주에 들지 못하는 존재가 삶에서 선택권을 갖지 못하는 것은 '어쩔 수 없는 개인의 문제'가 된다. 따라서 시설화에 대항하기 위해서는 인간의 존엄성을 지키는 권리가 자격을 갖춰야만 얻을 수 있는 보상이 아님을, 문제는 개인이 아닌 사회구조와 권력에 있음을 분명히 할 필요가 있다.

코로나19로 인해 누가 인권 사각지대에 놓였는지 다양한 현장에서 드러나고 있다. 단적으로 국가의 수용시설 정책 때문에 코로나19에 집단감염된 이들은 목숨을 잃은 이후에야 비로소 시설 밖으로 나올 수 있었다. 공적마스크 구매는 생명을 지키기 위한 최소한의 방어책인데도 건강보험증과 외국인등록증을 제시할 수 없는 이주민,[8] 학교를 다니지 않아 학생증이 없는 청소년[9] 등을 자격 미달로 정책 대상에서 제외하는 문제는 시설화와 무관하지 않다.

탈시설 운동은 장애인을 비롯한 사회부적격자를 만들고 배치해 온 사회시스템에 문제를 제기하고 변화를 촉구하는 운동이며, 견고한 정상성에 균열을 내기 위한 싸움이다. 어느 활동가의 표현처럼 "나의 몸 세포 사이사이에 스며 있는 정상성"에 균열을 내기 위해서는 비정상으로 규정된 소수자들과의 교류와 연대를 통하여 촉각을 예민하게 만들 필요가 있다.

이에 '불구不具'라 불리며 이 사회에서 배제되었던 비정상들이, 스스로를 '불구不救'라 부르며 의존과 연대로써 온전하지 않은 서로를 지탱하고, 스스로 구할 수 없는 것은 사회적 책임을 물으며 시대의 요구에 순응하지 않고 불화不和하는 '불구의 정치'를 제안한다. 모든 인간은 존엄하다. 그러나 시대마다 그 존엄을 스스로 증명하고 외쳐야 하는 사람이 있었다. 장애인을 비롯한 불화하는 존재는 불구라고 낙인찍혔다. 장애여성은 몸의 차이로 비정상적인 존재가 되었지만, 그의 경험과 위치는 단일한 정체성으로 환원할 수 없는 수많은 이들의 존재를 일깨운다. 정상성을 강요받는 다른 몸들, 불구의 존재들과 함께 폭력적인

---

8   2020년 3월 5일에 발표된 정부의 마스크 수급 안정화 대책을 보면, 약국에서 공적마스크 구매 시 내국인은 신분증만 있으면 되지만 외국인과 이주민은 건강보험증과 외국인등록증을 함께 제시하도록 되어 있다. 따라서 건강보험에 가입하지 못한 6개월 미만 체류 이주민, 난민, 유학생, 사업자등록 없는 사업장, 특히 농어촌 지역에서 일하는 이주노동자, 미등록 체류자 등 수십만 명이 광범위하게 배제되어 문제가 되었다. 전국 이주인권단체 일동, 〈[공동성명] 마스크 구매마저 이주민을 차별하는가! 차별 없는 대책을 실시하라!〉, 2020년 3월 6일.
9   청소년의 경우 청소년증으로 마스크를 구매할 수 없어서 논란이 되었고, 이후 구매가 가능하게 바뀌었다. "40만 학교밖 청소년은 공적마스크 제외? 본인 확인서 청소년증 빠져", 《이데일리》, 2020년 3월 9일자.

운명을 거부한다.[10]

시설화를 경험하는 소수자가 자신의 '비정상성'을 더 드러내며 이 시대의 차별과 폭력, 배제의 문제에 대항하기를 기대한다. 불구의 존재는 이 시대가 배제하는 시민이 구체적으로 누구인지 폭로할 수 있게 한다. 그가 경험하는 억압과 차별이 그 증거이다. 역사적으로 민주주의는 '시민'을 전제로 평등을 이야기했고, 시민의 범주에 들어가지 못하는 이를 배제해 왔다. 인간으로서의 존엄성을 지키기 위한 권리는 시민이 되어야만 '획득'할 수 있기 때문에 민주주의사회는 시민의 범주를 확대해 나가는 데 애써 왔다. 그러나 언제나 비시민은 존재했고, 이제 존재 자체만으로 권리를 보장받을 수 있는 사회가 요구된다. '불구의 정치'는 이러한 사회를 만들기 위한 실천이다.[11]

장애인거주시설폐쇄법이 제정되고, 이를 시작으로 장애인거주시설만이 아닌 지역 곳곳에 있는 다양한 형태의 시설이 폐쇄되어 더 이상 시설화가 일어나지 않는 사회를 꿈꾼다. 다양한 소수자가 '탈시설'이라는 의제 아래 연대의 깃발을 휘날리며 모여 있는 풍경은 상상만으로도 가슴이 벅차고 두근거린다. 촛불혁명 이후 또 다른 배제와 차별이 일어나는 지금, 서로의 존재를

---

10 장애여성공감, 〈20주년 선언문: 시대와 불화하는 불구의 정치〉, 2018년 2월 2일, https://wde.or.kr/20주년-선언문 (검색일: 2020. 8. 4.)
11 조미경, "교차적 관점에서의 시설화 비판, 탈시설 운동 전망 찾기", 《2019년 한국여성학회 추계학술대회: 페미니즘, 민주주의로 '민주주의'를 넘어서다》 (2019년 11월 16일), 한국여성학회.

일깨우며 이 시대에 더 많은 불화를 일으킬 수 있도록 불구들의 연대가 필요하다.

서로 연결되지 않았던,
연결되지 않는다고 생각했던
시설들 '사이'에서

우리는 어떻게 만나야 할까

시설사회

시설화된 장소, 저항하는 몸들

초판 1쇄 펴냄   2020년 9월 14일
개정판 1쇄 펴냄   2025년 2월 3일
개정판 2쇄 펴냄   2025년 5월 19일

지은이   나영정 외 20명
엮은이   장애여성공감

편집·디자인   하늘
제작   책과6펜스

펴낸곳   와온
출판등록   2019년 2월 14일 제484-251002019000023호
주소   전라남도 광양시 용지1길 8 2층
팩스   0504-261-2083
이메일   waonbooks@gmail.com

ISBN   979-11-967674-6-4   03330

이 책은 저작권법에 의해 보호받는 저작물이므로 무단 전재와 복제를 금합니다.
책의 전부 또는 일부를 이용하려면 저작권자와 출판사 양측의 동의를 받아야 합니다.